오늘날 기독교에 대한 도전은 교회 바깥의 무신론에만 있는 것이 아니다. 도리어 교회 안에 있는 이른바 "신자"들의 현실적인 무신론과 신앙생활을 욕구 충족의 수단으로 보는 소비주의가 훨씬 더 무서운 내부의 적이다. 그럼에도 교회 바깥의 무신론에 그리스도인이 무관심할 수 없다. 왜냐하면 이런 유의 무신론은 기독교 신앙을 지적으로나 도덕적으로 신뢰할 수 없는 것으로 보고 과학만이 유일하게 참된 지식과 도덕의 원천이며 기준이라고 보기 때문이다. 따라서 지식과 도덕에서 기독교 신앙이 가진 위치와 의미를 알기 위해서라도 과학과 신앙의 관계를 제대로 알아야 한다. 이 책은 신앙주의와 과학주의, 이 둘 가운데 어느 쪽에도 빠지지 않으면서 온전한 신앙과 온전한 과학을 함께 추구할 수 있음을 보여준다. 기쁜 마음으로 추천한다.

강영안 서강대학교 철학과 명예교수

과학시대에 사는 현대인들은 무선 통신을 비롯한 수많은 전자기기, 의학 및 생명과학, 그리고 에너지의 활용 등 일상의 많은 부분에서 현대 과학의 혜택을 입고 산다. 그럼에도 불구하고 많은 기독교 공동체에서 과학 및 과학자들을 바라보는 눈은 그리 따뜻하지 않다. 심지어 우주의 역사, 생명의 진화 등 현대 과학이 밝혀낸 사실들이 성경의 문자적인 해석과 맞지 않는다고 여겨 교회 내에서 이와 같은 이야기들을 꺼내는 것 자체가 금기시되는 경우도 없지 않다. 다른 한편으로는 현대사회에 만연한 과학주의 무신론의 공격에 대처하여 기독교 신앙을 지키기 위한 그리스도인 전문 과학자의 역할이 어느 때보다도 중요해졌다. 이 책은 은하 및 블랙홀 연구의 권위자인 그리스도인 천문학자가 교회 현장에서 맞닥뜨려온 이 양면의 공격에 대해 어떻게 현명하게 대처해야 하는지를 제시하는 값진 내용을 담고 있다.

나 역시 그리스도인 과학자로서 이 책에서 저자가 지적한 대로 그리스도인 전문 과학자들이 그동안 교회 내에서 과학에 대해서 제대로 가르치지 않은 책임이 있음을 통감하게 된다. 많은 그리스도인이 하나님이 쓰신 또 하나의 책인 자연을 통해 더욱 위대하고 크신 창조주 하나님을 볼 수 있도록 하기 위해, 그리고 비그리스도인들에게 진리를 전파하기 위한 이성적인 대화를 할 수 있도록 지성적인 힘을 기르기 위해 그리스도인 과학자들이 담당해야 할 역할을 지적하고 있다는 점만으로도 이 책은 가치를 지닌다.

하나님의 질서 있는 자연법칙에 따라 우주와 생명이 움직이고 성장해 나아가는 그 자체가 섭리이고 은혜이며 기적이다. 책의 뒷부분에서 저자는 물리적으로 하나도 특별할 것이 없는 우주의 변방에 놓인 지극히 작고 평범한 행성인 지구에 사는, 지극히 평범한 존재인 우리를 하나님이 계획하고 선택하고 인격적인 존재로 사랑하시기 때문에 우리가 특별한 존재가 된다고 고백한다. 이 고백은 현대 과학이 밝혀낸 138억 년 우주의 역사, 생물학의 발전 등을 통해 하나님이 창조하신 세계가 우리가 과거에는 상상조차 할 수 없었던 위대한 규모의 풍요로움을 갖추고 있음을 깨닫게 됨으로써 가 능해졌다. "과학은 자연이라는 실재에 대해 점점 더 가까이 가는 영원한 근사"라는 저 자의 말을 통해 우리는 과학을 절대시하지 않으면서 동시에 과학을 통해 우주를 창조 하시고 모든 피조물을 이끄시는 하나님의 위대함을 더 풍성히 깨닫고 감사의 고백을 드리게 되는 것이다. **권영준** 연세대학교 물리학과 교수

성경은 고대의 세계관과 우주관을 기반으로 하여 영원한 진리를 우리에게 전하고 있 으니, 오늘날 우리 시대의 하나님 말씀의 진리는 오늘날 과학과 세계가 보여주는 틀을 통해 표현되는 것이 당연할 것이다. 그러므로 과학과 기독교 신앙은 근본적으로 충돌 할 수 없고 오히려 서로 보완한다. 과학은 우리가 살아가는 세상이 실제로 어떻게 생 겼고 어느 정도의 크기이고 역사인지 우리 시대의 용어로 생생히 보여준다. 기독교 신 앙이 과학과 충돌한다면, 그것은 성경이 지닌 고대적 세계관을 오늘날 현실에 무차별 적용하거나, 과학이라는 오늘의 세계관이 하나님의 영원한 진리의 말씀이라는 영역까 지 좌우지하려고 침해하기 때문일 것이다. 본서는 과학과 신앙이 어떻게 제자리를 잡 고 본연의 역할을 다할 수 있는지를 명료하게 보여준다. 과학자가 우선적으로 과학과 연관하여 쓴 글이지만, 또한 성경을 어떻게 읽어갈 것인가에 대한 진지하고 설득력 있 는 내용이 곳곳에 가득하다는 점에서 성경과 연관된 다른 현실 문제에 접근하는 방법 을 알아가는 데도 매우 유용하다. **김근주** 기독연구원 느헤미야 학술부원장

성경은 다양한 장르의 문서 집성물로서 현대적 기준에서 학술서적으로 분류될 수 있 는 장르는 거의 없다. 가장 논증적인 책으로 분류되는 바울 서신도 목회적·선교적 쟁 점을 다루는 맥락에서 교훈적이며 논증적인 문체를 보일 뿐이다. 구약성서의 율법서 중 일부가 종교적 권면문체를 구사한다. 특히 우주의 기원이나 인간 창조를 다루는 창 세기 1-11장이나 예언서, 시편, 욥기의 중요한 창조 관련 구절들은 고도로 압축된 시 적 산문이거나 아니면 압축적 비유시구들이다. 따라서 이런 구절들을 가지고 문자적 인 해석을 시도하거나 특정 신념의 지도를 받아 체계적으로 읽으려고 시도할 때는 황 당한 결론에 이르게 된다. 성경에 대한 창조과학자들의 근본주의적이고 문자주의적인

읽기는 그 선한 동기와 의도에도 불구하고 성경에 근거해서 교조적이고 경직된 결론을 내릴 때가 있다. 예를 들어 "성경은 창조를 지지하고 진화를 거부한다", "진화론을 주장하는 과학은 틀렸고 심지어 무신론이다" 등이 그렇다. 본서는 성경을 창조과학 교과서로 읽으며 모든 현대 과학적 성과들(천체물리학, 생물학, 지질학 등)을 깡그리 무시하는 경건한 창조과학 신자들에게 귀한 깨우침과 도전을 안겨준다. 저자는 과학적 지식을 바탕으로 "하나님이 없다"는 식의 종교적 담론을 전개하는 과학절대주의적 형이상학을 거부하면서도 과학의 최신 성과들을 무시하는 몇몇 성경 구절에 대한 특수 해석에 고착된 경건하지만 순진하기 짝이 없는 복음주의 계열 신자들을 차분하게 설득하고 있다. 본서를 다 읽고 나면 광대무변한 우주를 창조하신 정말 광대하시고 세밀하신 창조주 하나님을 찬양하게 될 것이다. **김회권** 숭실대학교 기독교학과 교수

지성을 소홀히 여겼던 한국교회의 흐름은 과학을 두려워하고 거부하는 결과를 낳았다. 이를 개선하기 위한 우종학 교수의 성실한 노력은 우리에게 축복이다. 그의 이전 저서 『무신론 기자, 크리스천 과학자에게 따지다』가 과학과 신앙 간에 대화의 문을 열었다면, 이 책은 그 대화를 더 넓고 깊은 곳으로 안내한다. 이 분야의 고전인 버나드 램의 『과학과 성경의 대화』가 나온 지 벌써 60년이 넘었다. 『과학시대의 도전과 기독교의 응답』이 그 뒤를 이어, 과학을 바로 이해함으로써 놀라운 하나님을 더 잘 알게 되는 기쁨을 선사하기를 기대한다. **이재호** 미국 특허 변호사

성서는 하나님의 말씀이요, 자연은 하나님의 작품이다. 따라서 성서를 해석하는 신학과 자연을 해명하는 과학 사이에는 모순이 있을 수 없다. 하지만 현실은 정반대다. 물론 성서와 과학에는 잘못이 없다. 문제는 극단적인 문자주의와 과학주의 무신론에 있다. 우종학 교수는 양극단에 대항하는 방법을 보여주고 있다. 복음의 진리는 어렵지 않다. 마음을 열면 보인다. **이정모** 서울시립과학관 관장

눈부시게 발전해온 과학은 우주와 생명에 대한 인류의 이해를 바꾸어왔으며, 이러한 이해의 변화는 지금 이 시각에도 다양한 분야의 첨단 과학에 의해 현재 진행형으로서 왕성하게 이루어지고 있다. 세상은 편평하고 하늘의 해와 달과 모든 별이 우리가 살고 있는 세상을 중심으로 펼쳐져 있다는 고대의 인식이 더 이상 유효하지 않듯이 새로운

과학적 발견과 발전 앞에서 기존의 이해는 늘 진위를 판단받고 변화를 요구받는다. 그렇다면 하나님이 지으신 세계 속에서 예수 그리스도를 고백하는 기독교 신앙은 이러한 새로운 과학의 발전을 어떻게 바라보고 수용할 수 있을까. 이 책의 저자는 신앙인이자 천체물리학자인 자기 자신이 오랜 시간에 걸쳐 고민하고 탐구해온 질문과 답변을 바탕으로 소중한 신앙고백과 정직한 지성 중 그 어느 편도 희생시키지 않은 채 과학과 신앙의 건강한 조화를 논구한다. 이 책에서 저자는 우리들이 제기할 수 있는 거의 모든 질문을 언급하고, 그 질문 하나하나에 대해 깊이 있고 설득력 있는 대답들을 제시하는 경이로운 작업을 완성하였다. 이 책이 과학과 기독교의 관계에 대해 고민하며 길을 찾는 모든 사람에게 빛을 비출 최고의 안내서라 믿어 의심치 않는다.

장승순 미국 조지아 공과대학교 재료공학과 교수

하나님의 창조가 얼마나 광대한지! 이 책은 천문학이 읽어낸 우주의 크기와 나이를 친절하게 설명하면서 시작한다. 그러나 창조의 광대함은 우주의 크기와 나이 이상의 주제다. 하나님의 창조는 자연이라는 책을 통해서도 자신을 드러내시는 하나님의 과감하심과 넉넉하심으로 인해 더욱 광대하다. 간혹 구체적인 내용에서 저자와 의견을 달리하는 독자라 하더라도 과학과 신앙의 관계에 대한 큰 그림을 그려주는 이 책을 부정할 수는 없다. 어떤 때는 저자의 날카로운 설명에 자기 생각이 칼에 베이듯 아플 수 있겠지만, 원래 수술칼은 날카로운 것이 미덕이다. 칼날이 날카로울수록 베었던 상처는 더 깨끗하게 아물 것이다. 자연이 하나님이 쓰신 또 하나의 책이라는 설명을 읽고 나서 보는 밤하늘의 은하수는 (보이기만 한다면!) 더 이상 예전에 보던 은하수가 아니리라 확신한다. 하나님의 광대한 창조를 드러내는 은하수의 고요하면서도 웅장한 찬양이 우리 영혼을 울릴 것이다.

전성민 밴쿠버 기독교세계관대학원 학장

우리는 육의 눈, 마음의 눈, 영의 눈을 통해 모든 실재를 인식하고 판단한다. 육의 눈을 너무 강조하면 과학주의에 빠지기 쉽고, 영의 눈을 너무 강조하면 영지주의에 빠지기 쉽다. 균형을 이루는 세 눈의 바라봄을 통하여야 그나마 실재를 바로 알 수 있지 않을까 한다. 이제 과학시대를 넘어 트랜스휴먼의 시대가 도달하더라도 휴먼으로서 우리는 이러한 균형 잡힌 세 눈의 바라봄을 잃지 않아야 살 수 있다. 이 책은 바로 이 세 가지 눈의 균형 잡힌 바라봄이 무엇인지를 알게 해주는 귀중한 책이라 생각한다.

최승언 서울대학교 지구과학교육과 교수

과학시대의 도전과

기독교의 응답

과학시대의
도전과 　기독교의
응답

우종학 지음

Holy
WavePlus

차 례

프롤로그 ⋯ 11

서론 ⋯ 17

1부 과학, 자연을 읽어내는 도구 ⋯ 27

　1장　자연, 하나님이 주신 일반계시의 책 ⋯ 29

　2장　창조세계: 우주는 얼마나 클까? ⋯ 41

　3장　우주의 역사는 얼마나 오래되었나? ⋯ 65

　4장　과학의 한계와 중립성 ⋯ 77

2부 성경과 과학 ⋯ 93

　5장　성경은 과학과 모순되는가? ⋯ 95

　6장　성경 해석의 역사 ⋯ 119

3부 과학주의 무신론의 도전 ⋯ 131

　7장　과학주의 무신론의 주장과 한계 ⋯ 139

　8장　과학은 무신론의 증거가 될 수 있나? ⋯ 161

　9장　자연현상이 과학으로 설명되면 무신론이 될까? ⋯ 175

　10장　창조의 특성 ⋯ 191

4부 근본주의와 문자주의의 오류를 넘어 ⋯ 205

　11장　주일학교를 떠나겠다는 선언 ⋯ 207

　12장　지구의 연대에 관한 혼란 ⋯ 215

　13장　다양한 창조론 ⋯ 241

　14장　과학의 발전과 성경 해석의 변화 ⋯ 263

　15장　문자주의 해석의 한계를 넘어 ⋯ 285

　16장　창조과학 ⋯ 295

5부 과학과 신학의 대화 ⋯ 323

　17장　인류 원리 ⋯ 325

　18장　창조를 이해하는 틀 ⋯ 333

　에필로그 ⋯ 349

　참고문헌 ⋯ 353

프롤로그

여호와 우리 주여 주의 이름이 온 땅에 어찌 그리 아름다운지요, 주의 영광을 하늘 위에 두셨나이다. 주의 손가락으로 만드신 주의 하늘과 주의 베풀어두신 달과 별들을 내가 보오니 사람이 무엇이관대 주께서 저를 생각하시며 인자가 무엇이관대 저를 권고하시나이까(시 8편).

그저 별이 좋았습니다. 밤하늘을 총총 메우는 반짝이는 별들은 이 세상과 구별되는 거룩한 세계로 홀연히 저를 데려가곤 했습니다. 마치 별들의 속삭임에 귀를 기울이듯 지구 밖 저 머나먼 우주로 눈을 돌리는 것만으로도 어린 제 가슴에는 벅차오르는 감격이 있었습니다. 그 세계는 한낱 지구인이 품기에는 너무나 황홀하고 신비로운 광대한 창조의 세계였습니다. 모태신앙인으로 자란 저에게 우주는 바로 창조주 하나님의 세밀한 손길이 담긴 예술작품이었습니다.

그래서였을 겁니다. 제가 천문학자가 된 것은. 하나님이 제게 주신 소명이 무엇인지 고민하던 어린 시절부터, 인류의 활동 무대인 지표면보다는 저 우주 공간에 펼쳐진 하나님의 역사가 더욱 궁금했습니다. 별과 은하와 인터스텔라의 우주를 연구하는 일이 이 세상에서 가장 신나는 직업이자 제게 딱 맞는 삶의 예배일 거라고 생각했습니다.

"하늘이 하나님의 영광을 선포하고 궁창이 그의 손으로 하신 일을 나타내는도다"라는 시편 저자의 고백은 현대 천문학의 세례를 받고 제 안에서 무한히 증폭됩니다. 1,000억 개의 별들이 오색찬란하게 나선 모양으로 휘감아 도는 은하들의 모습을 목격하거나, 무도회장에서 춤추듯 수소 원자들이 블랙홀 주변을 돌고 도는 모습을 분석할 때면, 그리고 100억 년의 시간 동안 변화무쌍하게 달라진 우주의 모습에 넋을 잃을 때마다, 저는 창조주의 지혜와 지식의 풍성함에, 창조세계 시공간의 장엄함에, 그리고 저와 우리 인류를 향한 감히 풀어낼 수 없는 하나님의 계획과 사랑에 그저 할 말을 잃을 뿐입니다.

창조주 하나님의 모습을 제게 새롭게 알려준 천문학과 현대 과학은 그러나 어떤 그리스도인들에게는 신앙의 걸림돌이 되기도 합니다. 구약시대 사람들이 맨눈으로 보고 그렸던 고대의 상식 안에 하나님을 가두어둔 사람들은 지구가 편평하지 않고 둥글다는 사실에 놀랐고, 지구가 정지해 있지 않고 움직인다는 지동설에 당황했으며, 우주나 지구가 6천 년 전에 만들어진 것이 아니라 하나님의 창조가 100억 년 넘게 진행되어왔다는 사실에 기겁을 합니다. 하나님의 흔적과 창조의 기록은 누구나 볼 수 있도록 우주 안에 세세히 담겨 있지만 그 우주에는 눈을 감아버리고 자신의 좁은 생각 안에 하나님을 제한하는 사람들이 무척이나 안타깝습니다.

과학으로 증명되는 것만을 믿겠다는 사람들도 용감하게 목소리를 높입니다. 과학은 그저 자연의 작동원리를 알려줄 뿐이지만 과학주의와 증거주의에 경도된 사람들은 과학으로 신을 증명해내라고 요구합니다. 그들의 요구에 맞장구를 치는 일부 그리스도인들은 성경을 과학으로 증명하려고 부단히 노력하기도 합니다. 하지만 신앙은 과학이 아닙니다. 우리는 하나님이 과학으로 증명되기 때문에 믿는 것이 아닙니다.

신앙은 오히려 과학을 넘어섭니다. 예수의 삶은 역설이었습니다. 신이 인간의 몸을 입고 이 땅에 왔다는 증언은 철저한 믿음의 고백입니다. 그분은 왕이 되어 세상을 정복하지 않았고 오히려 죽음으로 구원의 길을 열었습니다. 신앙은 반-과학적이기보다는 초-과학적입니다. 우리의 삶이 과학으로 증명되지 않는 수많은 믿음을 기초로 세워져 있듯이 신앙은 과학의 언어가 아니라 신앙의 언어로 이야기할 수 있을 뿐입니다.

기독교에서 말하는 믿음은 단지 지적인 이해나 동의를 넘어섭니다. 믿음은 구원의 약속을 주신 분에 대한 신뢰입니다. 단순히 고개를 끄덕거리는 일을 넘어 삶을 걸고 그분을 따라서 순례의 길을 걷는 것이 신앙입니다.

신앙의 언어는 과학의 언어와는 다릅니다. 신앙은 과학을 초월하며, 과학은 과학 시간에 배우는 것만으로 충분할지도 모릅니다. 그럼에도 불구하고 우리는 그리스도인으로서 신앙과 과학을 함께 묶어 이야기할 필요가 있습니다.

그 이유는 첫째, 저의 경험처럼 과학은 창조주를 알려주는 또 하나의 풍성한 도구이기 때문입니다. 곧 신을 증명하는 방식이 아니라, 신을 믿고 고백하는 그리스도인들의 창조 신앙을 풍성히 해주는 밑거름이 되기 때문입니다. 과학자가 아니더라도 우주에 담긴 창조주의 영광을 볼 수 있다면 얼마나 좋겠습니까?

둘째, 과학이 신앙의 적이라는 오해를 풀어야 하기 때문입니다. 과학과 신앙을 각각 제대로 이해하는 일이 복음의 진보에 중요하기 때문입니다. 과학주의 무신론자들의 공격을 넘어, 과학을 무신론의 도구가 아닌 창조 신앙의 도구로 적합하게 사용하려면 신앙과 과학을 함께 살펴보아야 합니다.

셋째, 한국교회 안에 만연해 있는 과학에 대한 불필요한 오해와 반지성적인 경향을 넘어야 하기 때문입니다. 신앙인으로서 과학을 바라보는 바른 관점을 배우고 신앙의 언어 안에 과학을 품어낼 수 있는 지식과 실력을 갖추어야 합니다. 또한 과학의 시대인 현대를 사는 그리스도인들에게 그런 준비와 훈련이 요구되기 때문입니다. 이제 교회의 미래를 내다보며 보다 건전하고 의미 있는 대화와 고민을 시작해야 할 때입니다.

신앙과 과학에 대한 강의를 한 지 10년이 훌쩍 넘었습니다. 『무신론 기자, 크리스천 과학자에게 따지다』라는 책을 낸 지도 8년이 되었습니다. 신앙의 언어와 과학의 언어가 다르기 때문에 수많은 오해에 부딪히기도 합니다. 과학의 언어를 모르는 분들은 신앙의 언어로 과학을 판단하고, 신앙의 언어를 모르는 분들은 과학의 언어로 신앙을 재단합니다. 신앙과 과학을 제대로 이해하려면 두 언어를 다 배워야 하니 처음부터 무리한 작업일지도 모릅니다. 그러나 현대를 사는 그리스도인들은 신앙의 언어뿐만 아니라 과학의 언어도 조금은 알아들을 수 있어야 합니다. 과학의 언어를 유창하게 사용할 필요는 없지만 두 언어를 구별할 줄은 알아야 합니다. 그래야 엉뚱한 해석과 오해를 피할 수 있습니다. 최소한 과학의 언어를 인정해주는 자세부터 배워야 합니다.

과학자가 고백하는 창조주 하나님에 관한 이야기를 해보고 싶었습니다. 두 개의 다른 언어를 섞어 신앙과 과학을 함께 풀어내는 힘들고 고단한 작업에 노력을 기울인 이유는 바로 그동안 만난 사람들 때문이었습니다. 설령 그리스도인에게 강의를 하고서 진화론자라는 오해를 받더라도, 그로 인해 강의를 들은 100명 중 한 사람의 신앙이 회복된다면 그 일을 감당해야 합니다. 과학과 신앙을 양자택일해야 하는 갈림길에서 신앙을 잃어버릴 뻔하다가 제 강의와 글을 통해 신앙을 회복했다는 한 사람의 이야기를 들으면 성령이 주시는 힘이 솟아납니다. 그런 경험이 조금씩 반복되면서 어떤 비난이나 오해도 감수할 내공이 쌓였나 봅니다. 잃어버린 양과 같은 그들이야말로 제가 품어야 할 관심의 대상이며 사역의 대상이라고 누군가가 귀에 속삭이는 듯합니다.

신앙과 과학을 간단히 풀어간 첫 번째 책을 내고 나서 보다 자세하고 면밀한 내용을 담고 싶다는 마음이 있었습니다. 결국 그 결실을 이 책에 담습니다. 원고를 마무리하면서 "글은 완성되지 않는다"는 명제를 떠올립니다. 고치고 다듬고 싶은 부분이 보이지만 그래도 더 늦출 수는 없습니다. 과학에 대한 혼란과 오해의 과도기를 넘어 교회가 건강한 미래로 나아가기 위해서 이 책이 하나의 밑거름이 되기를 간절히 기도합니다.

과학과 신학의 대화를 통해 한국교회를 섬기고자 연구와 교육을 중심으로 사역하는 단체인 "과학과 신학의 대화"의 자문위원/연구위원들과 이사님들, 그리고 섬기는 분들께 감사드립니다. 책을 출판해 주신 새물결플러스 출판사의 김요한 목사님과 직원들께도 감사드립니다. 과학과 신앙을 풀어가는 사역을 위해 기도해주시고 지원해주시는 많은 분께 동역자의 마음을 전합니다. 끝으로 가장 가까이서 든든한 후원자와 동역자가 되어주는 아내 이지은에게 사랑과 고마움을 전합니다.

2017년 5월 2일
관악산 자락에서
우종학

서론

지난 100년 동안 과학 지식은 기하급수적으로 늘어났다. 근대 이전의 사람들은 상상도 하지 못할 수많은 과학 내용들이 이제는 보편적 상식이 되었다. 우주의 역사, 지구의 기원, 생물의 세계와 같은 경이롭고 놀라운 내용들을 포함하여, 인류의 역사 동안 비밀스럽게 닫혀 있었던 다양하고 복잡하며 논리적이고 신비롭기만 한 과학의 내용들은 21세기를 사는 현대인들의 지적 밥상 위에 풍성하게 차려져 있다. 타임머신을 타고 수백 년 전으로 날아가서 그 시대를 살아가는 사람들에게 우리가 가진 과학 상식들을 얘기해준다면 아마도 그들은 전혀 믿으려 들지 않을 것이다.

21세기를 살아가는 우리는 수백 년 전, 심지어 가깝게는 100년 전에 살았던 사람들의 삶의 모습과 비교해도 매우 다른 모습으로 살아가고 있다. 아침이면 스마트폰의 알람 소리에 일어나 제일 먼저 밤새 차곡차곡 들어온 메시지를 확인하면서 하루를 시작한다. 발달된 대중교통이나 자동차를 이용해서 하루종일 걸어야 겨우 갈 수 있는 거리의 직장에 손쉽게 출퇴근을 하고 컴퓨터를 이용하여 엄청난 양의 자료를 한꺼번에 빠르게 분석하고 처리한다. 육체 노동의 경우도 마찬가지다. 농업의 현장이건 공업의 현장이건 기계와 전자로 대표되는 발명품들의 도움으로 연간 전 세계에서 생산되는 식량과 제품의 양은 상상할 수 없을 정도로 많아졌다. 가사일은 또 어떤가? 전기밥솥이 알아서 맛있는 밥을 지어주고 청소는 청소기가, 빨래는 세탁기가 담당한다. 여전히 인간의 손길이 필요하지만 만약 100년 전 시대로 돌아가서 살아야 한다면 우리 중 누구도 불평하지 않을 사람이 없을 것이다. 곰곰이 생각해보면 과학의 발전으로 인류가 누리는 혜택은 실로 엄청나다.

우리의 사고방식도 과학에 큰 영향을 받았다. 우리의 일상은 과학적 사고방식에 좌우된다. 무언가를 결정해야 하는 상황에서 우리는 다양한 데이터를 놓고 비교분석하여 합리적인 결정을 내린다. 경험적인 증거가 있어야 사실로 받아들이는 증거주의에 익숙하고, 과학이 아니면 진리에 도달할 수 없을 듯한 과학주의에 노출되어 있으며, 과학에 커다란 권위를 부여하는 시대에 살고 있다. 그래서 21세기는 과학의 시대라고 부를 만하다. 현대인은 과학 지식을 통해 우주와 인생을 조망하며, 합리적인 논리와 경험적인 증거들을 통해 사고하고 판단하면서 하루하루를 살아간다.

하지만 과학으로 점철되는 현대사회의 흐름과는 달리, 그리스도인들은 과학으로부터 유리되어 고립된 모습을 보인다. 스마트폰과 위성통신 및 첨단기술과 같은 과학문명의 이기는 매일 누리고 있지만, 과학이 던지는 자연의 역사나 그 신학적 의미에 관해서는 관심이 없고 과학을 통해 드러나는 창조 역사의 놀라움과 풍성함도 누리지 못한다. 과학을 통해서 자세히 들여다본 자연의 세계는 놀라울 정도로 조화롭고 정교하며 또한 인간의 이성에 도전하는 새로움으로 가득하다. 사실 창조주의 작품인 자연은 하나님의 동일하고 신실한 속성을 반영하고 있으며, 과학의 눈으로 자연세계를 이해하고 품는 과정에서 우리는 창조주를 훨씬 더 깊이 이해하고 창조세계의 경이로움 때문에 창조주를 더 찬양하게 된다. 성경을 통해 드러나는 창조주의 모습뿐만 아니라, 일반계시인 자연을 통해 드러나는 창조주의 섭리와 역사는 새로운 차원의 놀람과 감격을 자아낸다. 하지만 작금에 한국교회의 상황을 보면 과학의 영역은 마치 무신론자들의 손에 넘어가 있는 듯하며, 그리스도인들은 과학을 통해 누릴 수 있는 복에서 완전히 멀어져 있는 듯하다.

〰

두 청년이 대화를 한다. 한 청년은 그리스도인이고, 다른 청년은 무신론자다. 그리스도인 청년은 무신론자 청년에게 복음을 소개하려고 기회를 보고 있지만 쉽지가 않다. 무신론자인 청년은 상당히 똑똑하고 논리적인 데다가 풍부한 과학 지식까지 갖고 있기 때문이다. 한번은 교회에 가보지 않겠냐고 말을 꺼냈더니 무신론자 청년이 이렇게 대답했다.

"신이 존재하지 않는다는 걸 과학이 다 밝혔잖아? 그런데 왜 나에게 신을 믿으라고 하는 거니? 창세기에 나오는 이야기가 거짓이라는 걸 과학이 밝혔는데 교회에 나갈 이유가 있을까?"

과학을 들먹이며 신이 존재하지 않는다고 답하는 그 청년에게 어떻게 복음을 소개해야 할지 말문이 막혀버린 그리스도인 청년은 복음을 소개할 기회도 갖지 못한 채 에둘러 화제를 바꿀 수밖에 없었다.

이런 대화는 우리 주변에서, 곧 직장이나 학교 혹은 사석에서, 그리고 인터넷과 SNS 영역에서 흔히 일어날 수 있다. 과학에 근거해서 신이 존재할 수 없다고 생각하는 사람들이 많기도 하고, 과학을 증거로 삼아 무신론을 주장하는 논쟁이나 공격에 속수무책인 그리스도인들도 많다. 그러나 과연 과학이 무신론의 증거일까?

무신론자 청년의 주장처럼 과연 과학이 신이 존재하지 않는다고 증명한 적이 있었던가? (반대로 신이 존재한다는 직접적인 증거를 과학이 제시한 적도 없다.) 과학은 자연세계를 초월하는 초자연적 존재인 신이 존재하는지 그렇지 않은지에 대해 확실한 답을 해줄 능력을 갖고 있지 않다. 과학은 자연세계의 인과관계를 체계적으로 알려주는 하나의 설명 체계일 뿐이기 때문이다. 과학은 우리가 오감으로 느끼고 만지고 볼 수 있는 다양한 경험적인 데이터를 이용해서 자연현상에 대한 인과관계를 찾고 그 원리를 밝혀내는 학문이다. 그래서 과학은 자연현상을 잘 다룰 수 있지만, 데이터를 얻을 수 없는 초자연적인 현상은 과학의 대상이 아니다.

과학이나 철학에서 통용되는 중요한 원리 중 하나가 "증거의 부재가 부재의 증거는 아니다"이다. 가령 먼 외계 행성에 외계인이 살고 있다는 과학적 증거는 없다. 그러나 증거가 없다고 해서 외계인이 존재하지 않는다고 결론 내릴 수는 없다. 엄밀하게 말해서 증거의 부재는 그저 모른다는 잠재적 결론을 줄 뿐이다. 신의 경우도 마찬가지다. 신의 존재에 대한 과학적 증거가 없다는 것은 과학으로는 신의 존재에 대해 답할 수 없다는 뜻이 된다. 즉 증거가 없다는 사실이 반드시 신이 존재하지 않는다는 증거가 되는 것은 아니다.

그럼에도 불구하고 많은 그리스도인들이 누군가가 과학의 권위를 빌려 기독교 신앙에 의문을 제기할 때 적합하게 대처하는 방법을 잘 모르는 것 같다. 과학적 사고방식이 일상이 된 시대를 살아가는 사람들에게 우리가 믿는 바를 효과적으로 설명할 수 있도록 훈련받은 적도 거의 없다. 교회에서는 구역장이나 교사 혹은 성경공부 리더를 하면서 성경을 가르치지만, 하나님의 은혜, 구속과 같은 기독교 용어를 모르는 사람들에게 우리가 믿는 바를 그들의 언어로 잘 설명하는 훈련은 되어 있지 않은 듯하다. 그러다 보니 과학시대를 사는 사람들에게 기독교 복음은 케케묵은 고대의 설화처럼 취급되기 쉽다.

과학적으로 확실한 것만 믿겠다는 과학주의에 물들어 있는 이 시대의 사람들에게 우리가 믿는 바를 그들의 언어로 체계적으로 잘 설명해줄 수 있는 연습이 되어야 하지 않겠는가? 우리에겐 이런 훈련이 필요하다. 베드로는 그의 서신에서 우리가 믿는 바를 잘 설명할 수 있도록 항상 잘 준비되어 있어야 한다고 도전한다(벧전 3:15).

과학과 신앙이 충돌하는 듯한 현상을 접할 때 그리스도인들이 보이는 가장 일반적인 반응은 회피다. 과학에 관한 지식이 부족하기 때문에 일단 과학 관련 논쟁이나 대화는 피하고 보자는 그리스도인들이 많다. 사실 과학에 관심이 없기는 비그리스도인들이나 그리스도인들이나 매한가지다. 우리나라 과학 교육은 그리 성공적이지 못하기 때문이다. 과학에 매력을 느끼는 소수의 특별한 그룹을 제외하고 나면 중고교 시절 살짝 배웠던 과학은 모두에게 어렵고 따분한 먼 나라의 이야기처럼 느껴지는 것도 사실이다. 때문에 과학 상식이 풍부하거나 과학적 사고에 능한 비그리스도인들을 과학에 관심도 없고 무지한 그리스도인들이 상대하는 일은 쉽지 않다. 특히 과학을 논거로 삼는 무신론자의 주장을 과학에 문외한인 그리스도인들이 감당해야 한다면 결과는 뻔하다. 누군가가 과학의 권위에 기대어 신이 존재하지 않는다고 주장하면 독자들은 어떻게 응답하는가? 어떻게 합리적으로 반론을 제기해야 할지 대답이 궁색하지 않은가?

궁색한 대답으로 회피하는 반응 다음으로, 그리스도인들이 많이 취하는 일반적인 태도는 과학이 틀렸거나 불확실하다는 반론이다. 과학이 무신론의 증거라고 주장하는 무신론자의 주장에 대해서, 무신론의 증거라는 그 과학이 가설에 불과하다거나 충분한 증거가 없는 검증된 과학이 아니라는 식으로 과학 자체를 공격하는 경우가 많다. 무신론자들이 주장하는 과학의 내용이 검증된 것도 아니고 엄밀한 정설도 아니라면 증거로서 권위를 갖지 못하게 될 테니 좋은 전략이라고 생각할 수도 있겠다. 하지만 그 과학의 내용이라는 것이 과연 가설에 불과한 것인지 아니면 그 분야의 전문 과학자들이 동의하고 인정하는 내용인지를 분별하는 것이 더 중요하다. 만일 과학으로 분명히 입증된 내용인데도 불구하고 가설에 불과하다고 엉뚱한 주장을 한다면 오히려 역효과를 내기 때문이다. 가령 지동설이 무신론의 증거라는 주장에 반대해서, 지동설은 과학이 아니고 가설에 불과하다고 방어한다면 여기에 설득될 사람은 아무도 없을 것이다.

과학을 통해 드러나는 창조의 신비가 가득하지만 그것을 그리스도인들이 제대로 누리지 못하는 것 같아 참으로 안타깝다. 더 큰 문제는 과학을 적대시하는 태도다. 과학을 통해 밝혀지는 자연의 역사가 기독교 신앙을 공격한다는 오해가 많기 때문이다. 그렇다면 21세기

과학이 기독교에 던지는 도전에는 과연 어떤 것들이 있을까?

과학시대에 교회가 직면한 세 가지 도전

21세기 과학이 기독교에 던지는 도전에 대해 검토하고, 이 도전들에 어떻게 반응해야 하는가를 고찰하는 것이 바로 이 책의 목적이다. 과학과 관련해서 교회가 직면한 도전은 크게 세 가지로 구분할 수 있다.

첫 번째 도전은 바로 과학 그 자체다. 과학이 우리에게 알려주는 내용 자체가 상당히 큰 도전이 될 수 있다는 말이다. 과학은 지속적인 발전을 통해 우리에게 계속해서 자연의 새로운 모습들을 보여준다. 많은 경우 과학은 우리가 그동안 알고 있던 자연의 모습과는 상당히 다르고 이질적인 모습을 알려주면서 충격을 가한다. 수천 년 동안 믿어왔던 지구가 우주의 중심이라는 생각을 깨트리거나, 천지창조가 수천 년 전 최근에 있었다는 믿음을 뒤집는 결과들을 보여주기도 한다. 과학이 밝혀낸 자연의 역사는 그동안 우리가 하나님이 이렇게 저렇게 창조하셨다고 믿고 생각해왔던 그림과는 너무나 다르기 때문에 우리는 종종 충격을 받는다. 그래서 과학 자체가 하나님의 창조와 모순되는 것 같다고 느끼기 쉽다. 과학이 새로운 자연의 얼굴을 발견해서 내놓을 때마다, 기독교 신앙을 갖고 있는 사람들은 자칫 이것이 하나님이 이 세상을 창조하셨다는 신앙을 공격하는 것이 아닌가 하는 도전으로 받아들이기 쉽다.

그러나 과학은 하나님이 창조하신 자연의 역사를 밝혀낼 뿐이다.

과학은 하나님이 쓰신 자연이라는 책을 읽는 방식이다. 하나님이 쓰신 책은 두 가지다. 특별계시인 성경과, 일반계시인 자연이라는 책이 그것이다. 성경을 읽어내는 방식이 신학이며 그것이 우리의 신앙이라면, 자연이라는 책을 읽어내는 방식이 과학이다. 원칙적으로 따지면 성경이라는 책과 자연이라는 책은 둘 다 동일한 하나님이 쓰신 책이기 때문에 그 책들이 서로 모순될 수는 없다. 문제는 자연을 읽어내는 방식인 과학과 성경을 읽어내는 신학에 해석의 오류가 있을 수 있기 때문에 과학과 신앙이 모순되는 듯이 보이는 일이 발생할 수 있다는 점이다. 그러나 그런 문제는 성경과 자연에 대한 해석이 얼마만큼 잘 되었는지를 점검해야 함을 알려준다. 이 책의 앞부분에서는 첫 번째 도전, 곧 과학 자체가 기독교에 던지는 도전을 어떻게 이해하고 반응해야 할지를 다루려고 한다.

21세기 기독교가 직면한 두 번째 도전은 과학을 무기 삼아서 기독교를 공격하는 과학주의 무신론의 도전이다. 최근 리처드 도킨스(Richard Dawkins)를 중심으로 소위 새로운 무신론자 과학자들은 "과학이 바로 무신론의 증거"라고 주장하면서 종교는 폐기되어야 한다고 외친다. 기독교 외부에서 오는 이런 무신론자들의 공격을 교회는 어떻게 대처해야 할까? 과학주의 무신론의 공격으로 인해 신앙을 잃었다는 경우들을 종종 접한다. 교회에서 리더 훈련도 받고 열심히 섬기던 청년이 리처드 도킨스의 책들을 읽고는 더 이상 교회에 나오지 않는다는 이야기도 그중 하나였다. 우리 주변에는 이런 일들이 꽤나 많이 일어나고 있다. 실상 그리 강력한 공격이 아님에도 불구하고 무신론자들의 공격에 신앙이 무너지는 그리스도인들이 많다는 이야기는 거꾸로 그동안 그리스도인들의 믿음이 이해를 추구하는 신앙과 너무나 거리가 멀었음을, 그리고 우리의 신앙의 지성적 토대가 얼마나 취약한지를 방증하는 것 같아 안타깝다. 과연 무신론자들의 주장의 내용은 무엇이며, 그것이 우리 기독교 신앙에 도전이 되는가? 이 책에서는 두 번째로 교회가 과학주의 무신론에 어떻게 대응해야 할지를 다룰 것이다.

교회가 직면한 세 번째 도전은 기독교 외부가 아닌 내부에서 발생했다. 이 문제는 특히 그리스도인들에게 가장 중요한 책인 성경을 어떻게 읽을 것인가와 관련된다. 하나님께서 성경을 통해 우리에게 주시고자 하는 메시지가 무엇인지를 찾는 일은 매우 중요하다. 그러나 성경의 저자가 의도하지 않은 내용까지 읽어내려고 한다면 우리는 심각한 오류에 빠질 수 있다. 특히 근본주의적인 방식으로 성경을 읽고 극단적인 문자주의에 빠진다면 성경이 의도하지 않은 내용까지 읽어내는 실수를 범할 수 있고, 실제로 그런 내용을 토대로 과학을 판단하고 재단하여 성경과 과학이 모순된다는 잘못된 주장을 하는 경우가 많다. 이런 방식의 성경 읽기는 교회를 상당히 왜곡된 신앙으로 인도할 위험이 있다. 따라서 근본주의/문자주의의 오류를 교회가 어떻게 이해하고 극복할 것인가가 과학과 관련된 세 번째 도전이다. 이 책에서는 세 번째로 이 문제를 다룰 것이다. 자, 이제 이 세 가지 도전을 하나씩 다루어보자.

과학,
자연을 읽어내는
도구

1장

자연, 하나님이 주신
일반계시의 책

성경과 자연은 하나님을 알려주는 두 가지 책이다

기독교 전통은 하나님께서 우리에게 두 가지 책을 주셨다고 고백한
다. 그리스도인 모두에게 익숙한 첫 번째 책은 바로 성경이다. 흔히
특별계시라고 불리는 성경은 예수가 그리스도임을 알려주고 구원의
길을 제시해주며 하나님의 백성이 어떻게 살아야 하는가를 가르쳐
주는 책이다. 신실한 신앙을 가진 그리스도인이라면 성경을 매우 중
요하게 생각하는 것은 당연하다. 성경에는 복음의 핵심이 담겨 있으
며, 우리가 살아가는 동안 무언가 결정해야 하는 다양한 상황에서 하
나님의 뜻이 무엇인지를 구할 때 일반적인 원칙을 제시해주기 때문
이다. 많은 그리스도인들이 성경을 통해 오늘 나에게 주시는 하나님
의 말씀이 무엇인지 묵상하고 기도한다. 성경은 그리스도인들의 신앙
생활에 필수적이며 그 성경이 우리에게 주어졌다는 것은 참으로 감사
한 일이다.

우리에게는 또 하나의 책이 주어졌다. 그것은 바로 자연이라는 책이다. 자연은 성경처럼 문자로 기록된 한 권의 책이 아니다. 그 책은 우리 앞에 펼쳐져 있는 우주와 지구 그리고 생물의 세계를 포함하는 창조세계 전체를 지칭한다. 자연은 하나님이 세상을 어떻게 창조하시고 우주의 역사를 어떻게 섭리하시는지를 보여주는 책이다. 하나님이 지으신 창조세계를 의미하는 자연은 하나님의 창조 역사와 섭리에 관해 배울 수 있는 중요한 책이다.

자연이라는 책에는 성경에 담기지 않은 많은 내용들이 포함되어 있다. 가령 성경은 하나님이 천지를 창조한 창조주이심을 선포하지만, 하나님이 구체적으로 "어떻게" 창조하셨는가에 관해서는 별로 많은 내용을 담고 있지 않다. 반면 자연이라는 책을 보면 창조주 하나님이 우주를 창조한 과정과 방법이 세세히 담겨 있다. 물론 우리는 아직 자연이라는 책을 완벽하게 다 읽어내지 못한다. 하나님의 창조는 여전히 수많은 신비를 담고 있다. 하지만 자연이라는 책에 담긴 창조주 하나님의 창조 역사를 읽어가며 배우는 일은 성경을 읽으며 하나님을 알아가는 일만큼 흥미진진하다. 따라서 자연이라는 책을 우리가 볼 수 있다는 사실이 무척이나 감사하다.

우리는 의식적으로 혹은 무의식적으로 하나님이 주신 두 가지 책, 곧 성경과 자연의 내용을 접하면서 매일의 삶을 살아간다. 이른 아침을 알리는 새들의 지저귐에 눈을 뜨며 하루를 시작하기도 하고, 성경을 펴놓고 경건의 시간을 갖거나 성경에 등장하는 믿음의 선배들의 삶에 비추어 오늘 나에게 주시는 하나님의 말씀이 무엇인지 묵상하기도 한다. 붉게 물든 해 질 녘의 하늘을 보면서 하나님의 창조물에 감탄하기도 하고, 노곤한 하루를 마치며 시편 저자들이 고백했던 변함없고 동일하신 하나님을 떠올리기도 한다. 인생의 과정을 거쳐 인격과 지식이 성숙해가는 동안 성경에 대한 이해가 깊어지고 자연에 대한 지식이 늘어날수록 우리는 하나님 그분 자신과 그분의 창조세계에 대해 점점 더 깊이 배워가며 풍성한 신앙을 갖게 된다. 그리고 두 책을 읽어가며 창조주와 창조세계에 관한 지식이 늘어감에 따라 점점 더 풍성하고 깊이 있는 고백으로 하나님을 찬양하게 된다.

성경을 통해서 하나님이 모든 만물을 창조하신 창조주임을 배웠다면, 자연을 통해서는 하나님이 어떻게 창조하셨는지 그 창조의 역사를 배울 수 있다. 그런데 때때로 우리는 우물가에서 숭늉을 찾는 실수를 범하기도 한다. 우리가 어떻게 살아가야 할지 성경을 통해 배우는 대신에, 자기계발서와 처세술을 담은 책들을 읽으면서 본받지 말아야 할 세상의 흐름을 열심히 따라가기도 한다. 좁은 길로 가라 하신 예수의 도를 가르쳐야 할 교회에서는 종종 부자가 되는 법이나 성공하는 법을 가르치기도 한다. 반대의 경우도 흔하다. 하나님이 주신 자연이라는 책을 읽어가며 하나님의 창조에 대해 공부해야 함에도 불구하고 자연이라는 책은 덮어버리고 고작 미신적이고 비과학적인 생각으로 하나님의 창조를 제멋대로 상상하거나 왜곡하기도 한다. 성경에서 과학적인 질문의 답을 찾으려는 태도는 우리가 종종 범하는 실수다. 몸이 아프면 의사를 찾아가야 하고 차가 고장 나면 자동차 정비사를 찾아가야 한다. 몸이 아픈 아이를 자동차 정비공장에 데려가거나 외과의사를 불러서 자동차를 정비해달라고 할 수 없듯이 성경과 자연이라는 두 책은 각각 주어진 목적에 맞게 올바로 읽고 적용해야 한다.

성경과 자연, 이 두 책의 저자는 한 분 하나님이기 때문에 이 두 책은 서로 모순될 수 없다. 그럼에도 흔히 과학과 기독교가 서로 모순되듯이 보이는 다양한 현상이 생기는 이유는 성경과 자연 그 자체가 서로 모순되기 때문이 아니다. 그런 현상들이 발생하는 이유는 사람들이 성경과 자연 이 두 책을 잘못 읽었기 때문이다. 즉 성경이나 자연을 제대로 읽고 해석하지 못하면 마치 성경과 자연이 서로 모순된다고 잘못 판단하게 된다.

성경과 자연이라는 두 책을 읽는 방법, 그리고 이 두 책을 적합하게 사용하는 방법을 우리 모두 배워야 한다. 성경을 마치 주문이 담긴 주술서처럼 사용해서도 안 되며, 다채로운 자연현상들을 마치 귀신이나 영들이 일으킨 것으로 보는 미신적 독해법도 넘어서야 한다. 올바른 기독교 신앙을 가지려면 성경을 어떻게 읽어야 하는지 충분히 공부해야 한다. 하지만 여기서는 자연이라는 책을 어떻게 읽어야 할지에 대해서 조금 더 생각해보자.

자연이라는 책을 읽는 법, 과학

자연이라는 책은 말 그대로 창조세계 전체를 담은 방대한 책이다. 문자로 기록되지 않은 자연이라는 책은 과연 어떻게 읽어야 할까? 인류의 역사를 살펴보면 자연을 읽는 방법은 다양했다. 그러나 근대 과학의 태동 이후에는 자연을 읽어내는 방법으로서 과학이 자리잡았다. 자연을 읽어내는 가장 유용한 방법을 인류가 찾은 셈이다.

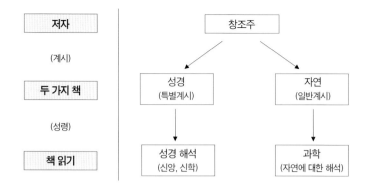

그림 1. 두 가지 책의 전통. 하나님이 우리에게 주신 책은 특별계시인 성경과 일반계시인 자연이라는 두 책이다. 성경을 해석하고 이해한 내용이 우리의 신앙과 신학의 바탕이며 자연을 해석하고 이해한 내용과 그 과정이 과학이다. 두 가지 책을 읽는 과정을 인도하는 것은 성령의 사역이다.

과학이라는 말은 다양한 뜻을 가지고 있다. 일반적인 의미를 따져보면 과학은 자연현상의 인과관계를 설명하는 하나의 설명 체계라고 할 수 있다. 가령 사과가 나무에서 떨어지는 것을 본 아이작 뉴턴은 이 현상을 중력의 작용으로 설명했다. 사과가 밑으로 떨어지는 이유는 사과의 운명이 그렇게 결정되어 있기 때문이라거나 혹은 사과가 위로 가는 것보다는 밑으로 떨어지는 것을 좋아하기 때문이라는 설명은 과학이 아니다. 지구의 중력이 끌어당기기 때문에 사과가 밑으로 떨어진다고 설명한 뉴턴의 인과적 설명이 바로 과학이다. 이처럼 과학은 자연적 원인과 그 결과를 체계적으로 설명하여 자연현상을 이해할 수 있게 해준다.

자연을 읽어낸 결과를 과학이라고 부를 수도 있지만, 자연이라는 책을 읽어가는 과정, 혹은 자연현상을 이해해가는 과정을 과학이라고 표현할 수도 있다. 자연이라는 책에 사과가 떨어지는 현상이 담겨 있다면 그 내용을 읽어내고 이해하는 과정을 과학이라고 할 수도 있고, 그렇게 읽어낸 내용을 가리켜 과학이라고 부를 수도 있다. 단순히 한두 사건의 경우가 아니라 자연현상 전체에 적용될 수 있는 체계적인 인과관계의 틀로 자연현상을 설명하려는 노력이 과학이다. 그 과정은 관측과 실험을 통해 얻을 수 있는 경험적인 데이터를 기초로 한다. 다양한 데이터를 종합적으로 설명할 수 있는, 그리고 과학의 다른 설명들과 모순되지 않는 하나의 인과적 설명 체계를 찾아가는 과정이 과학이다. 이러한 과학의 방법론은 자연을 가장 효과적으로 읽어내는 성공적인 방법으로 자리잡았다. 간단히 말하자면, 과학은 자연이라는 책을 읽고 이해하는 과정이라고 할 수 있다.

현대 과학은 우주와 지구 그리고 생물의 세계가 만들어내는 다양한 자연현상의 원인을 자연계 내에서 찾아 체계적으로 설명하려는 노력이다. 현대 과학의 특징은 첫째, 자연현상을 관찰하거나 혹은 특별한 조건을 만들어 실험하는 과정을 통해 얻은 경험적 증거를 꼽을 수 있다. 둘째, 그 경험적 증거들을 체계적으로 설명할 수 있는 이론, 즉 논리적이고 정량적이며 수학적인 기술이 과학의 특징이다. 셋째, 이론 체계를 바탕으로 어떤 현상이 일어날지를 예측하고 검증하는 예측과 검증 가능성이 과학의 특징이다. 현대 과학이 지난 수백 년 동안 성공적으로 발전했던 이유는 무엇일까? 과학은 그저 과학자들의 주관적 약속에 불과한 것이 아닐까? 만일 그렇다면 현대 과학에 바탕을 둔 과학기술 문명은 결코 지금처럼 성공할 수 없었을 것이다.

현대 과학이 성공적으로 발전한 이유는, 경험적 증거들을 바탕으로 세운 과학 이론이 자연현상의 인과관계를 잘 설명했기 때문만이 아니다. 더 중요한 것은 그 이론을 바탕으로 다른 인과관계를 예측하는 것이 가능했고, 그 예측이 과연 맞는지를 새로운 경험적 증거를 찾아서 검증할 수 있었기 때문이다. 예측과 검증 가능성은 서로 경쟁하는 과학 이론들 사이에서 과학자들의 합의를 신속하고 효과적으로 끌어낼 수 있게 해준다. 그래서 가설에 불과했던 한 이론을 정설로 만드는 데 중요한 역할을 한다.

과학사를 꽃피운 예측과 검증 가능성의 예는 다양하다. 태양계의 8번째 행성으로 발견된 해왕성이 그 대표적인 예다. 수천 년 동안 지구에 살던 사람들은 수성, 금성, 화성, 목성, 토성 이렇게 5개의 행성에 대해서만 알고 있었다. 지구까지 포함하면 태양계는 태양과 지구를 포함한 6개의 행성으로 구성되어 있다는 것이 17세기까지의 일반적인 상식이었다. 그러나 7번째 행성인 천왕성이 18세기에 발견되자 사람들은 태양계에 더 많은 행성이 있을지도 모른다는 생각을 하기 시작했다. 새로 발견된 천왕성을 세밀하게 관측하자 천왕성의 공전 운동이 불규칙하다는 것이 알려졌다. 이 경험적 관측 자료를 중력 이론에 적용시켜본 과학자들은 천왕성의 운동을 설명하기 위해서는 또 하나의 행성이 존재해야 한다고 예측했다. 아직 발견되지 않은 행성이 모종의 중력적인 영향을 미치기 때문에 천왕성의 공전 운동이 불규칙하다고 판단한 것이다. 그리고 과학자들은 미지의 행성이 위치할 곳으로 추정되는 곳을 예측했다. 결국 그 위치에서 새로운 행성이 발견되는데 이것이 바로 태양계의 8번째 행성인 해왕성이었다. 해왕성의 발견은 바로 천왕성의 운동을 바탕으로 예측된 결과가 정확히 검증된 셈이다. 현대 과학은 경험적 증거와 이론이 종합된 체계적인 설명 체계이며, 이 설명 체계는 다양한 예측을 만들어내고, 그 예측은 다시 경험적 증거로 검증되는 특징을 갖는다. 물론 이 과정에서 예측이 맞지 않는 이론은 폐기되거나 수정되면서 과학은 발전해왔다.

사실 우리 눈에 보이는 간단한 자연현상이라고 해도 제대로 읽어내는 일이 쉽지 않다. 우리가 잘 알고 있는 지동설-천동설 논쟁도 그렇다. 태양이 아침에 동쪽에서 떠서 저녁에 서쪽으로 지는 것을 우리는 매일 목격한다. 그래서 당연히 지구는 가만히 있고 태양이 동에서 서로 움직인다고 생각한다. 태양이 뜨고 지는 것을 보면서 태양이 움직이는 게 아니라 지구가 자전하는 것이라고 바로 이해할 수 있는 사람은 거의 없다. 수천 년 동안 사람들이 지구는 정지해 있고 태양이 지구 주위를 규칙적으로 돌고 있다고 생각한 것은 당연하다. 하지만 화성과 같은 행성의 운동과 별의 운동을 자세히 비교해서 연구해보면 사실 태양이 운동하는 것이 아니라 지구가 자전한다는 사실을 알 수 있다. 일반인들이 이런 사실을 알아내기는 어렵지만 과학자들은 방대한 관측 자료를 바탕으로 지구가 움직인다는 사실을 밝혀냈다.

우리의 경험에 반하는 것 같은 지동설의 예에서 알 수 있듯이 사실 자연이라는 책을 정확히 읽어내는 일이 그렇게 쉽지는 않다. 과학자가 아닌 일반 사람들은 그저 지구인의 관점에서 태양의 움직임을 볼 뿐이지만 과학자들은 보다 면밀하게 태양 이외 여러 행성의 운동을 관측하여 자연이라는 책에 담겨 있는 내용을 정확하게 읽고 해석하려고 한다. 쉽게 말해서 과학자들은 자연이라는 책을 읽고 해석하는 전문가들이라고 할 수 있다. 그래서 우리는 과학자들에게 감사해야 한다. 보통 사람의 눈으로 읽어내지 못하는 자연의 깊숙한 면모를 하나하나 읽고서 밝혀내는 과학자들 덕분에 우리는 자연에 숨겨져 있던 놀라운 내용들을 손쉽게 접할 수 있는 셈이다.

하지만 과학에 대한 깊은 이해가 없는 일부 사람들은 겉으로 드러나는 단편적인 지식을 가지고 과학을 폄하하기도 한다. 가령 어떤 사람이 주장하기를 지구의 움직임은 전혀 느낄 수가 없는 반면 태양이 뜨고 지는 것은 너무나 명백하게 보인다면서 지동설을 부정한다면 어떨까? 과학 지식을 가진 현대인들은 그 사람을 불쌍히 여길 수밖에 없다. 자연이라는 책을 독해하기 위해서는 전문성이 꼭 필요하다. 자연이라는 책으로부터 일반인들이 읽어내는 내용과 과학자들이 읽어내는 내용은 깊이와 양의 면에서 엄청난 차이가 있을 수밖에 없다. 자신이 잘 모르거나 이해하지 못한다고 해서 과학이 틀렸다고 주장한다면 스스로 어리석음을 드러낼 뿐이다.

물론 과학이 자연을 완벽하게 밝혀낼 수 있을지는 의문이다. 과학은 분명한 한계를 갖는다. 하지만 과학이 발전하면서 자연의 참모습을 점점 더 정확하게 밝혀내게 된다. 그래서 과학은 자연이라는 실재에 대해 점점 더 다가간다고 할 수 있다. 그럼에도 자연을 완벽하게 이해하고 읽어낼 수 없을지도 모른다. 과학이 아무리 발전해도 자연의 참모습을 온전하게 다 밝히지 못할 수도 있다. 그래서 과학은 자연에 대한 영원한 근사(approximation)라고 표현할 수 있다. 마치 과학이 자연의 모든 비밀을 밝혀낼 것처럼 생각하는 과학주의의 입장은 그런 면에서 낭만적인 희망에 불과하다. 이 부분에 관해서는 뒤에서 더 자세히 다루도록 하자.

과학은 자연에 대한 영원한 근사이지만 그럼에도 불구하고 창조의 역사에 대해 놀라운 비밀들을 우리에게 드러내 주는 유용한 도구다. 비판적 실재론이라고 알려진 견해는 과학이 완벽하지는 않지만 자연이라는 실재를 나름대로 잘 읽어내고 있으며 자연을 이해하는 유용한 도구라는 입장이다. 과학이 자연을 100% 그대로 반영한다고 보는 나이브한 실재론이나 혹은 자연의 참모습과 상관없는 주장일 뿐이라는 상대주의와 달리, 비판적 실재론은 과학이 자연의 모습을 어느 정도 유용하게 드러낸다고 본다. 비판적 실재론은 하나님의 창조세계를 과학을 통해 이해하려는 많은 과학신학자들이 취하는 입장이다. 과학은 하나님의 창조의 과정을 밝혀내는 일반은총의 축복을 입은 학문이다. 과학을 통해 자연이라는 책에 낱낱이 기록된 하나님의 창조의 과정을 읽어내는 것은 과학자들 자신에게도 경이로운 일이 아닐 수 없다.

이 책의 1부에서는 자연이라는 책을 읽어낸 과학의 결과들을 소개하려고 한다. 그리스도인들은 매주 교회에 모여서 설교도 듣고 성경 공부도 하고 또한 경건의 시간을 통해 개인적으로 성경을 접하기도 한다. 하지만 과학자들을 제외한 대부분의 그리스도인들은 하나님이 주신 또 하나의 책, 곧 자연이라는 책을 자주 혹은 깊이 읽어본 경험이 별로 없는 것 같다. 그렇다면 하나님이 주신 또 다른 책인 자연에는 과연 어떤 내용들이 담겨 있을까?

자연이라는 책은 엄청나게 두꺼운 책임이 틀림없다. 실제로 책의 형태로 존재하는 것은 아니지만 인류의 눈 앞에 펼쳐진 다채로운 현상들을 담고 있는 자연이라는 책에는 방대한 양의 내용이 담겨 있음이 틀림없다. 우리가 목격하는 자연은 아름답고 황홀한 생명체의 세계와 우리 인류가 살아가는 무대인 지구, 그리고 우리의 탐험심을 불러일으키는 밤하늘에 빛나는 수많은 별들의 세계를 담고 있는 우주를 포함한다. 생명과 지구와 우주를 포괄한 자연은 하나님의 놀라운 지혜와 지식을 비밀스럽게 담고 있다. 그 내용은 우주의 기원과 역사, 지구의 형성, 그리고 생물의 세계를 포함한다. 다음 장에서는 자연이라는 책의 제1장에 나오는 우주의 시공간의 크기를 다루어보자.

2장

창조세계
우주는 얼마나 클까?

우주는 인류에게 무한한 영감과 도전을 주는 대상이다. 생존을 위해 사냥감을 쫓거나 적을 감시하던 인류의 선조들이 눈을 들어 밤하늘의 별들의 세계를 쳐다본 바로 그 순간부터 아마도 우주는 인간에게 끝없는 동경의 대상이 되었고 인류의 지성을 무한히 자극하는 대상으로 자리잡았을 것이다.

맨눈으로 밤하늘을 관측하여 지구 대기권 밖 우주를 탐구하던 과거와는 달리 우리는 현대 과학의 첨단장비들을 통해 다채로운 우주의 모습을 목격한다. 창조의 신비가 담긴 우주의 현상을 목격하는 일은 경이롭다. 마치 알 껍데기를 깨고 태어난 새 생명이 잠자는 요람처럼, 막 태어난 별들이 고요히 빛나는 모습을 우리는 목격한다. 별들을 만들어내고 남은 인터스텔라의 가스와 먼지들이 어머니의 자궁처럼 별들을 감싸고 있다. 무한한 에너지를 가진 듯한 아름다운 별들은 과연 어떻게 탄생하는 걸까? 우리는 수십만 개나 되는 별들이 협소한 공간에 모여서 함께 일생을 보내는 별들의 공동체인 성단(star cluster)을

그림 2. 요람에서 잠자는 듯한 막 태어난 별들의 모습이 NGC 602라 불리는 성운에 담겨 있다. 검붉은 빛으로 보이는 인터스텔라의 가스는 별의 재료로 사용되고 남은 분자구름이며 그 중심에는 새로 탄생한 고온의 별들이 파랗게 빛나고 있다. 사진: Space Telescope Science Institute

발견하기도 한다.

별들이 일생을 보내는 수십억 년의 시간은 우리의 상상을 초월한다. 우리는 별의 죽음을 보면서 거기서 태양의 미래를 내다보기도 한다. 태양 정도의 가벼운 질량을 가진 별이 죽음을 맞이하는 모습이 마치 파란 눈동자처럼 우주를 빛낸다. 별의 내부에서 핵융합이 일어나며 빛을 내기 시작한 별의 일생은 내부의 연료를 다 소모하여 핵융합 반응이 멈추면서 마감된다. 별이 핵융합 반응을 멈추고 내부로부터 폭발하면, 별을 구성하고 있던 대기가 우주공간으로 퍼져나간다. 이렇게 별이 죽어가는 현상은 마치 행성처럼 보인다고 해서 과거에는 행성상 성운이라 불렸다. 태어난 지 50억 년가량 된 태양도 앞으로 약 50억 년의 시간이 지나면 내부의 핵융합 연료를 다 소진해서 결국 이와 비슷한 죽음을 맞이할 것이다.

핵융합 반응이 멈추고 죽음을 맞이하는 순간, 별은 엄청난 양의 빛을 뿜어내며 폭발한다. 우리 선조들은 이 광경을 보며 보이지 않던 별이 태어났다고 해서 신성(Nova) 또는 초신성(Super Nova)이라고 부르기도 했다. 하지만 신성이나 초신성은 새로 태어난 별이 아니라 별이 죽음을 맞이하는 장면을 보여준다. 마치 나비가 별의 장례식장을 날아가는 듯한 그 아름다운 광경은 경이로움을 자아낸다.

태양 근처의 인터스텔라(별과 별 사이) 공간을 넘어 보다 더 큰 세계로 나가보면 거대한 크기를 가진 은하들이 관측된다. 태양처럼 밝게 빛나는 별을 천억 개가량 거느리고 있는 은하 두 개가 서로 충돌하는 장면도 목격된다. 하나의 소우주라고 할 수 있는 거대한 두 은하가 충돌해서 하나의 더 큰 은하로 병합하는 과정은 약 20억 년에서 30

그림 3. 별들의 공동체인 성단. 구상성단인 NGC 6397의 모습을 허블우주망원경이 담았다. 사진: NASA/ESA Hubble Space Telescope

억 년이라는 긴 세월이 걸린다. 천문학자들은 이 긴 과정의 한 장면을 마치 정지된 모습처럼 스냅샷으로 관측한다. 또한 우주에는 다양한 병합 단계에 있는 은하들이 수없이 관측된다.

이러한 우주의 다양한 현상을 하나하나 들여다보면 그 경이로움에 빠져 시간이 어떻게 흘러가는지를 잊는다. 위에서 제시한 몇 가지 예만으로는 다 표현할 수 없는 신비하고 다채로운 우주의 현상들을 모두 나열하려면 백과사전 전집으로도 모자랄 듯하다. 우리의 상상력을 자극하는 미지의 현상들이 펼쳐지는 무대, 이 우주는 과연 얼마나 드넓은 공간일까?

별들의 세계

창세기를 읽어보면 하나님은 아브라함에게 밤하늘에 빛나는 별과 같이 많은 자녀를 주겠다고 약속했다. 그렇다면 과연 몇 명의 자녀를 약속하신 걸까? 이 질문에 답을 하려면 먼저 별이 몇 개나 존재하는지부터 알아봐야 한다. 도심을 피해 어두운 곳으로 가서 우리 눈으로 직접 한꺼번에 볼 수 있는 별의 갯수는 약 2천 개가량이다. 사계절과 남반구 북반구를 다 고려하면 인간의 눈으로 직접 볼 수 있는 별의 숫자는 총 6천 개가량이다. 그렇다면 하나님은 아브라함에게 약 6천 명의 자녀를 약속하신 것일까? 물론 이 본문을 문자적으로 읽어서 하나님이 과연 몇 명의 자녀를 약속하신 것인지를 따지는 일은 별로 바람직하지 않다. 하지만 우주에 얼마나 많은 별이 존재하는지는 여전히 궁금하다. 사실 우주 전체에 담겨 있는 별의 숫자는 상상을 초월할 만큼 많다. 그 별들은 광대한 우주 공간에 아름다운 구조를 이루며 흩어져 있다. 자, 가까운 밤하늘을 시작점으로 해서 하나님이 창조하신 우주의 크기가 얼마나 큰지 한 번 차근차근 살펴보자.

밤하늘을 보면 별들이 빽빽이 들어차 있는 듯한 느낌을 받는다. 마치 사람들이 강남역이나 명동 거리를 메우고 있듯이 우주 공간은 별의 밀도가 높을 것 같다. 하지만 별의 크기에 비하면 별과 별 사이의 거리는 매우 멀다. 인터스텔라(interstellar)라고 불리는 별과 별 사이의 공간은 실로 엄청난 크기의 텅 빈 공간이다.

인간의 눈으로 직접 볼 수 있는 저 밤하늘의 별들까지 여행하려면 얼마나 오랜 시간이 걸릴까? 우주에서 가장 빠른 것은 빛의 속도다. 그러니 광속으로 달리는 우주선이 있다면 우주 여행에 매우 유용할 것이다. 광속 우주선으로 날아간다면 지구에서 달까지는 약 1초 만에 갈 수 있다. 태양까지 가는 데도 10분이 채 걸리지 않는다. 인간이 탐사선을 보내서 탐사한 가장 먼 공간인 태양계를 벗어나고 싶다면 대략 반나절이면 가능하다. 만일 광속 우주선이 아니라 우리가 흔히 이용하는 제트 여객기를 타고 태양계 끝까지 간다면 어떨까? 제트 엔진은 공기가 없는 우주에서는 아무 소용이 없겠지만 그럼에도 여객기의 속도만 고려해본다면 그 속도로 태양계 끝까지 가는 데는 약 천 년이라는 시간이 소요된다. 광속 우주선과 제트 여객기의 속도를 비교하면 반나절과 천 년의 차이가 나는 셈이니 광속은 놀라울 정도로 빠른 속도다.

하지만 광속 우주선을 타고 간다고 해도 별까지의 여행은 쉽지 않

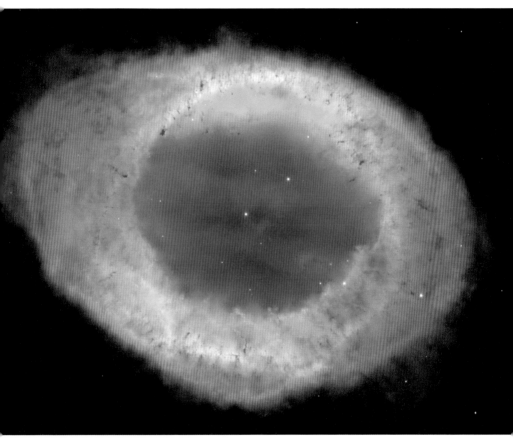

그림 4. 태양의 미래, 행성상 성운. 반지성운이라 불리는 NGC 6720의 모
습. 사진: STScI/AURA

다. 태양에서 가장 가까이 있는 별까지 광속 우주선으로 달리면 얼마나 걸릴까? 4년 이상의 시간이 걸린다. 광속 우주선을 타고 여행한다면 지구를 출발해서 반나절 만에 태양계를 벗어날 것이다. 반나절 만에 태양계를 벗어난 뒤에 가장 가까운 별까지 날아가는 4년이라는 시간 동안 우리는 우주에서 무엇을 만날 수 있을까? 우리 태양과 가장 가까운 별 사이에는 거의 아무것도 존재하지 않는다. 휴게소나 정류장은커녕 말 그대로 아무것도 없다. 인터스텔라의 공간은 진공에 가까운 빈 공간이다.

태양에서 가장 가까운 별까지는 4년이 걸리지만 다른 별까지 여행을 하려면 더 긴 시간이 걸린다. 밤하늘에 보이는 수천 개의 별들은 대략 광속으로 수백 년에서 수천 년이 걸리는 먼 거리에 존재한다. 광속으로 달린다고 해도 평생 동안 가볼 수 있는 별이 몇 개 되지 않는 셈이다. 자, 그렇다면 우리 눈으로 직접 볼 수 있는 밤하늘의 별들이 얼마나 거대한 공간에 퍼져 있는지가 상상이 되는가? 오늘 밤 어두운 곳에 나가서 별들을 한번 쳐다보자. 저 별들이 담겨 있는 거대한 공간의 크기를 한번 느껴보자. 창조주 하나님은 지구나 태양계만을 창조하신 분이 아니다.

우리 은하의 별들

망원경 없이 우리 눈으로 직접 볼 수 있는 별의 숫자에 비해 실제로 우리 은하 내에 살고 있는 별의 숫자는 약 1억 배가량 많다. 수천억 개의

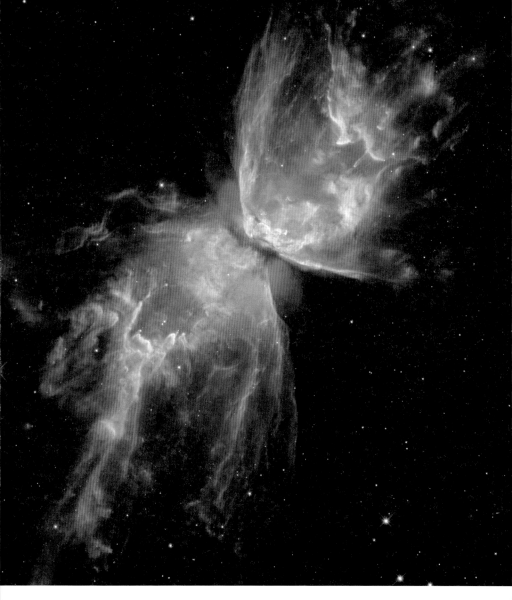

그림 5. 별의 장례식, 별이 폭발을 일으키며 일생을 마감하는 모습. 나비
모양의 행성상 성운인 NGC 6302의 모습을 허블우주망원경으로 찍은 영
상 사진. 사진: NASA/ESA Hubble Space Telescope

그림 6. 두 세계의 충돌, 은하의 병합. 두 개의 거대한 은하가 충돌하는 과정을 연출하고 있는 Arp 273의 모습. 사진: NASA/ESA Hubble Space Telescope

별들이 중력에 의해 서로 묶여서 하나의 거대한 집단을 형성하고 있는 이 작은 우주를 우리는 은하라고 부른다. 우리 선조들이 은하수라고 불렀던 우리 은하에는 태양처럼 밝게 빛나는 별이 수천 개가 아니라 약 2천억 개가량 존재한다고 알려졌다. 우리 은하는 수많은 별들뿐만 아니라 별들이 거느린 행성들, 그리고 엄청난 양의 가스와 블랙홀 등이 중력에 의해 묶여 하나의 "계"를 구성하고 있다. 그래서 은하를 하나의 작은 우주라고 부를 수 있다. 우주를 구성하는 가장 기본적인 단위로 꼽히는 것이 바로 은하다. 그럼 우리 은하 내에서 태양의 위치는 어디쯤일까? 태양은 우리 은하의 중심에서 빛의 속도로 약 25,000년 정도를 가야 하는 변두리에 위치한다. 인간의 눈으로 직접 볼 수 있는 밤하늘의 별들은 대부분 태양 근처 변두리에 위치하고 있다.

우리 은하 너머에 또 다른 은하가?

우리가 살고 있는 지구를 포함한 태양계는 우리 은하 내부에 놓여 있기 때문에 우리 은하의 모습이 어떻게 생겼는지 자세히 관측할 수가 없다. 하지만 우리 은하 바깥에 있는 가까운 다른 은하들의 모습은 비교적 자세히 연구할 수 있다. 그중 가장 유명한 것이 안드로메다 은하다.

가을철 밤하늘을 보면 남쪽 하늘에 뻗은 은하수 아래쪽으로 별과는 다른 형태를 가진 구름 모양의 안드로메다 은하를 볼 수 있다. 안드로메다 은하는 작은 망원경으로도 잘 볼 수 있기 때문에 아마추어 천문학자들에게도 인기 있는 대상이다. 안드로메다 은하의 정체를 잘

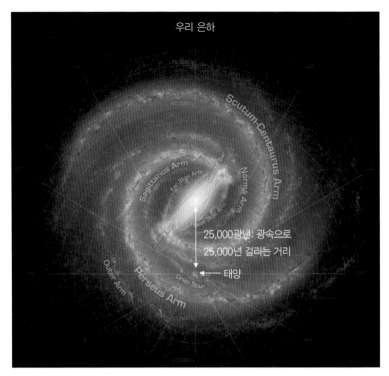

그림 7. 우리 은하의 모습 상상도. 우리 은하에는 약 2천억 개의 별들이 포함되어 있으며, 태양계는 은하 중심에서 약 25,000광년 떨어진 변두리에 존재하며 인간의 눈으로 직접 볼 수 있는 밤하늘의 대부분의 별들은 태양 근처에 위치한다. 그림: NASA

몰랐던 19세기에는 구름처럼 뿌옇게 보인다고 해서 안드로메다 성운이라고 불렀다.

약 100년 전인 20세기 초에는 이 안드로메다 은하의 정체를 밝히는 것이 천문학의 주요 논쟁거리였다. 과연 밤하늘에 보이는 별들 너머에 또 다른 세계가 존재하는가라는 질문은 100년 전 천문학계의 뜨거운 주제였던 것이다. 안드로메다 성운은 밤하늘에 보이는 별들의 세계 밖에 존재하는 또 하나의 은하인가, 아니면 우리 은하 안에 포함된 작은 가스 덩어리에 불과한가를 밝히기 위해 천문학자들은 연구를 거듭했다.

안드로메다 은하의 정체는 에드윈 허블이라는 천문학자가 안드로메다 성운까지의 거리 측정에 성공하면서 밝혀졌다. 에드윈 허블은 안드로메다 성운이 밤하늘을 빛내는 별들처럼 가까운 거리에 있는 것이 아니라 매우 먼 거리에 존재하는 또 하나의 은하임을 밝혔다. 현재 측정된 값에 따르면 안드로메다 은하는 우리로부터 약 260만 광년(1광년은 광속으로 1년 동안 간 거리) 거리에 떨어져 있다. 우리 은하의 크기가 수십 만 광년 정도니까 안드로메다 은하는 우리 은하의 경계 밖에 존재하는 또 하나의 은하인 것이다.

망원경과 같은 관측 시설을 이용하여 안드로메다를 자세히 관측하면 안드로메다가 구름 덩어리가 아니라 우리 은하처럼 수많은 별로 구성되어 있는 은하임을 알 수 있다. 최근에는 해상도가 매우 높은 허블우주망원경으로 안드로메다 은하를 관측하여 약 1억 개의 별을 하나하나 분해한 영상을 가지고 천문학자들이 연구한다. 안드로메다 은하는 우리 은하보다 두 배 정도 더 크고 약 4천억 개의 별로 구성되어 있다고 알려져 있다.

안드로메다 은하와 같은 외부 은하 중에 익숙한 이름을 갖는 은하로는 마젤란 은하를 꼽을 수 있다. 남반구에 가면 밤하늘에 낮게 떠 있는 두 개의 솜사탕 같은 구름 덩어리를 볼 수 있다. 지구의 남반구를 탐험했던 마젤란 선장의 이름을 따서 대마젤란 성운, 소마젤란 성운이라 불렸던 이 구름 덩어리들도 안드로메다 은하와 마찬가지로 수많은 별로 구성된 또 하나의 은하라는 것이 밝혀졌다. 대마젤란 은하와 소마젤란 은하는 우리 은하보다는 덩치가 작은 왜소 은하로 불리고 우리 은하의 중력에 묶여서 우리 은하 주위를 돌고 있다. 마젤란 은하까지의 거리는 대략 17만 광년이다.

1920년대에는 안드로메다를 비롯한 외부 은하들까지의 거리 측정이 가능해지면서, 우리 은하의 경계 너머 외부에도 은하들이 존재하며 우리 은하는 수많은 은하 중에 하나라는 결론에 도달했다. 외부 은하의 존재를 확인하게 되면서 우주의 크기는 그만큼 확장되었다. 과학이 발전하면서 관측 가능한 우주의 크기가 점점 확장된 셈이다.

Andromeda Galaxy · M31
Hubble Space Telescope · ACS/WFC

NASA, ESA, R. van der Marel and T. Brown (STScI)   STScI-PRC12-20c

그림 8. 안드로메다 은하의 모습. 안드로메다 은하는 약 4천억 개의 별로 구성되어 있다. 안드로메다 은하의 아랫부분을 허블우주망원경으로 확대하여 찍은 영상이 왼쪽 박스 안에 담겨 있으며 온도가 낮은 붉은색의 별들과 온도가 높은 파란색의 별들이 섞여서 인터스텔라의 공간을 메우고 있는 광경이 담겨 있다.

조금 더 거시세계로 나가볼까? 우리 동네라고 할 수 있는 국부 은하 그룹의 지도를 보면 우리 은하와 안드로메다 은하를 중심으로 마젤란 은하를 비롯한 작은 은하들이 한 마을을 형성하고 있는 것을 볼 수 있다. 우리 동네에서 가장 덩치가 좋은 큰 형님과 작은 형님에 해당하는 안드로메다 은하와 우리 은하를 포함한 약 20-30개의 은하들이 모여 있는 이 그룹을 국부 은하그룹(local group)이라고 부른다.

국부 은하그룹과 같이 우주의 거시구조로 나가면 지구에서는 경험할 수 없는 흥미로운 현상이 벌어진다. 바로 시간과 공간이 엮이는 현상이다. 우주에서는 시간과 공간이라는 개념이 서로 묶여 시공간이 된다. 가령 지금 스마트폰을 꺼내어 안드로메다 은하의 사진을 찍는다면 우리는 언제의 모습을 보는 걸까? 우리가 찍은 사진에는 약 260만 년 전의 안드로메다 은하 모습이 담긴다. 왜냐하면 안드로메다 은하를 떠난 빛이 지구까지 도달하는 데 약 260만 년의 시간이 걸리기 때문이다. 그래서 우리가 지금 보고 있는 안드로메다 은하의 모습은 260만 년 전의 모습이 된다.

거시세계로 나가면 빛이 전달되는 시간이 오래 걸리기 때문에, 결국 멀리 보면 멀리 볼수록 더 오래된 과거를 보는 셈이 된다. 그래서 먼 거리를 볼 수 있게 해주는 망원경들은 하나의 타임머신 같은 역할을 한다. 천문학에서는 260만 광년 거리에 있는 안드로메다 은하를 넘어 훨씬 더 멀리 있는 은하들을 직접 관측하기도 하고 막 태어난 은하의 모습에서부터 성숙한 은하의 모습까지 은하의 탄생과 변화과정을 연구한다.

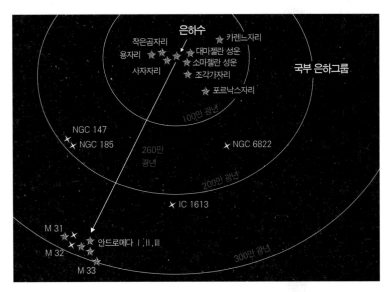

은하수

작은곰자리
용자리
사자리

★ 카렌느자리
★ 대마젤란 성운
★ 소마젤란 성운
★ 조각가자리

국부 은하그룹

★ 포르낙스자리

100만 광년

NGC 147
★ NGC 185

260만
광년

★ NGC 6822

200만 광년

★ IC 1613

M 31
★★★ 안드로메다 I , II , III
M 32

300만 광년

M 33

그림 9. 우리 은하와 안드로메다 은하를 포함한 국부 은하그룹. 우리 은하에서 안드로메다
은하까지의 거리는 빛의 속도로 260만 년이 걸리는 260만 광년이다.

우주 끝에서 발견되는 막 태어난 은하들

그렇다면 우리는 망원경을 비롯한 첨단시설들을 이용해서 얼마나 멀
리까지 은하들을 관측할 수 있을까? 이 질문을 다르게 표현한다면 우
리는 얼마나 먼 과거의 은하들을 직접 목격할 수 있을까? 뛰어난 해
상도를 자랑하는 허블우주망원경을 사용한 허블 익스트림 딥 필드
(eXtreme Deep Field) 연구 프로그램은 거의 우주 끝에서 막 태어난
은하들의 모습을 우리에게 선사했다.

밤하늘에서 별이 거의 없는 영역을 골라서 허블우주망원경으로
약 50일의 노출을 주어 찍은 허블 익스트림 딥 필드 영상은 은하의

1부 | 과학, 자연을 읽어내는 도구

그림 10. 보름달의 약 50분의 1 크기의 하늘에 약 5,500개의 은하들이
담긴 허블 익스트림 딥 필드 영상. 사진: NASA/EAS Hubble Space
Telescope

진화 과정 연구에 중요한 자료다. 이 영상은 보름달의 50분의 1밖에 되지 않는 아주 작은 크기의 영역을 담고 있지만, 이 영상에는 거의 우주 끝까지 분포한 5,500개가량의 은하들의 다채로운 모습이 그대로 담겨 있다.

이 영상을 보면 규모가 큰 은하들도 있고 크기가 매우 작아 마치 점처럼 보이는 은하들도 있다. 은하들의 크기가 달라 보이는 이유는 대략적으로 은하들까지의 거리가 다르기 때문이다. 5,500개의 은하들 중에는 비교적 거리가 가까운 은하들도 있지만 작게 보이는 대부분의 은하들은 수십억 광년의 거리에 있다. 가장 멀리 있는 은하의 거리는 100억 광년이 넘는다. 시공간의 개념으로 보면 100억 광년 떨어진 은하는 100억 년 전의 모습을 보여주고, 50억 광년 떨어진 은하는 50억 년 전의 모습을 우리에게 드러낸다. 천문학자들은 거리에 따라 은하들을 관측하고 연구하면서 은하가 막 태어난 100억 년 전부터 현재까지 은하들이 어떻게 별들을 만들고 그 형태들이 바뀌어가는지, 은하의 탄생과 진화 과정을 연구한다.

독자들이 직접 눈으로 확인해볼 수 있는 흥미로운 특징은 가까이 있는 은하들은 노랗거나 붉게 보이는 반면, 먼 거리의 작은 은하들은 희거나 푸르스름하게 보인다는 점이다. 멀리 있는 은하들의 경우, 빛이 오는 데 그만큼의 오랜 시간이 걸리기 때문에 과거의 모습을 담고 있는 반면, 가까이 있는 은하들은 빛이 오는 데 시간이 많이 걸리지 않으므로 최근의 모습을 보여준다. 즉 멀리 있는 은하는 파란 빛을 내는 젊은 별들이 많아서 파랗게 보이고, 가까이 있는 은하는 나이 많은 별들이 주로 내는 노란색과 붉은색으로 보인다. 즉 거리에 따라 나이가 다른

1부 | 과학, 자연을 읽어내는 도구

은하들의 모습이 담겨 있다는 뜻이다. 이 한 장의 영상에 담긴 5,500개 가량의 은하들은 막 태어난 젊은 시절의 모습에서 나이가 많은 성숙한 모습까지 은하의 일생을 시간의 파노라마로 보여주고 있다.

우주의 거시구조

보름달 크기의 약 50분의 1밖에 되지 않는 작은 영역에 담긴 약 5,500개의 은하들을 살펴보았지만, 우주 전체에는 과연 얼마나 많은 은하들이 존재할까? 천문학자들은 밝은 은하들의 거리와 위치를 측정하여 은하들의 3차원 분포를 연구한다. 가령 슬로안 탐사라고 불리는 거시구조 연구는 약 100만 개가량의 은하들의 거리를 측정하여 은하들이 구성하는 3차원 구조를 면밀히 연구하고 있다.

은하들의 분포를 2차원 지도로 그려보면 우리 은하를 중심으로 거리에 따라 은하들이 분포하는 거시구조의 모습을 볼 수 있다. 이러한 관측 연구는 일정한 밝기 이상을 갖는 은하들만을 대상으로 하기 때문에 대략 20억 광년가량의 거리까지 가까운 우주의 정보를 담고 있다. 또한 거리가 멀어질수록 은하들의 겉보기 밝기가 어두워지기 때문에 마치 은하들의 숫자가 줄어드는 것처럼 보인다. 그러나 실제로 탐사를 통해 관측되지 않은 어두운 은하까지 포함하면 은하들의 개수밀도는 가까운 우주에서 거리에 따라 크게 변하지 않는다.

우주의 거시구조에서 볼 수 있는 특징은 어떤 영역에는 은하들이 많이 모여 있고 어떤 영역에는 은하들이 거의 없는 보이드(void)로 구성되어 있다는 점이다. 이러한 비등방성은 바로 우주의 역사 동안 중력의 지휘 아래 물질들이 뭉쳐진 결과다. 우주 초기에는 약간의 비등방성을 제외하고는 밀도가 거의 균일했는데, 시간이 흐르면서 중력이 은하와 은하를 서로 끌어당기기 때문에 우주의 밀도 차이가 점점 커지면서 우주의 거시구조가 만들어진다.

자, 그럼 우주에는 우리 은하와 같은 은하가 몇 개쯤 있을까? 천문학자들은 대략 은하의 숫자를 천억 개로 추정한다.[1] 우리 은하 내에만 태양처럼 빛을 내는 별이 2천억 개 정도가 존재하고, 우주에는 우리 은하와 같은 은하들이 약 천억 개가량 존재한다. 그렇다면 천억 개의 은하가 차지하는 우주 공간은 과연 얼마나 큰 공간일까? 그 크기는 100억 광년이 넘는다.

거대한 시공간의 의미는 무엇일까?

가까운 별들의 세계를 연구하던 19세기의 천문학은 20세기에 들어오면서 급격한 변화를 겪었다. 망원경의 발달로 맨눈으로는 보이지 않던 수많은 어두운 별들을 연구할 수 있게 되면서 우리가 살고 있는 은하의 실제 모습이 차츰 밝혀지기 시작했다. 안드로메다 성운과 같은 미지의 대상들의 거리가 측정되며 우리 은하 밖에도 수많은 은하가

---

1   최근의 연구에 따르면 질량이 작은 은하까지 포함해서 약 2조 개의 은하가 존재한다는 결과도 제시되었다.

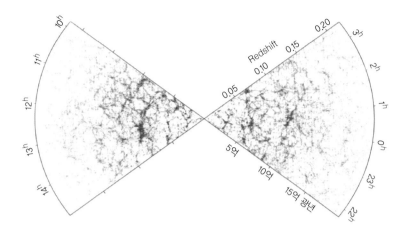

그림 11. 남반구에서 실시된 2dF라는 은하 탐사 프로젝트를 통해 구한 은하의 분포 지도. 파란색 점 하나하나가 22만 개의 은하를 나타낸다. Credit: 2dF Galaxy Redshift Survey

존재한다는 새로운 사실이 알려지면서 외부 은하의 시대가 시작되었고 우주의 크기는 그만큼 확장되었다. 현대 천문학에서는 수십억 광년 거리에 있는 은하들이 손쉽게 관측되고 허블우주망원경을 이용한 훌륭한 데이터는 100억 광년 이상의 거리에 있는 은하들을 연구할 수 있도록 자료를 제공해준다.

현대 천문학은 우리 은하 안에 태양처럼 빛나는 별들이 수천억 개가 존재하며 우리 은하 밖 우주 공간에는 우리 은하와 같은 은하들이 천억 개 이상 존재한다고 알려준다. 우주에는 약 천억 개×천억 개가량의 별들이 존재하고 그 우주의 크기는 100억 광년이 넘는다.

시간과 공간이 하나로 연결되는 시공간 개념을 따르면 광대한 우주의 크기는 장구한 우주의 역사를 의미하기도 한다. 100억 광년 넘는 거리에서 오는 100억 년 전에 출발한 빛을 관측하는 천문학은 우주의 나이가 그만큼 오래되었음을 알려준다(우주의 나이에 대해서는 다음 장에서 보다 면밀히 살펴보자).

이 거대한 시공간의 우주는 우리에게 어떤 의미일까? 100년 전에 지구에 살았던 사람들이 생각한 우주보다 우리가 아는 우주는 훨씬 더 크다. 천동설이 지배하던 중세에는 태양과 5개의 행성이 중요한 천체라고 생각했고 그저 수천 개의 별들이 구성하는 밤하늘의 세계가 우주의 전부였다. 성경이 쓰인 무대가 되는 고대 근동 지역의 사람들이 이해했던 우주는 해와 달과 별들이 궁창이라고 불렸던 딱딱한 하늘의 경계면에 붙박이처럼 붙어서 지구 주위를 돌던, 너무나 지구 중심적인 우주였다.

우주의 거대한 시공간은 하나님의 창조가 우리의 상상을 초월할 정도로 거대한 세계를 담고 있음을 알려준다. 하나님의 창조의 기록이 담긴 자연이라는 책은 우주의 창조가 지구를 중심으로 한 제한된 창조가 아니라 천억 개의 은하를 포함한 광활한 공간을 대상으로 하는 장구한 역사의 과정임을 알려준다. 하나님의 창조는 지구나 태양계 정도에 멈춘 것이 아니라 성경의 저자들조차 상상도 할 수 없었던 100억 광년이 넘는 거대한 공간에 가득 차 있다.

우리는 종종 우리가 믿는 하나님을 지구라는 작은 행성의 주인 정도로 여긴다. 그리고 우리 눈에 보이는 태양과 달, 밤하늘의 별을 창조한 지구 중심적인 신으로 생각할 때가 많다. 하지만 자연이라는 책은 성경에 나와 있지 않은 놀라운 사실들을 우리에게 알려준다. 태초에 천지를 창조하신 하나님의 창조의 대상은 단지 지구와 태양계가 아니라 20세기 천문학이 발견한 거대한 시공간의 우주를 포함한다. 뿐만 아니라 아직 과학이 발견하지도 못한 또 다른 대상들도 자연이라는 책에 담겨 있을지 모른다. 창조주 하나님은 인류 역사의 어느 한 시점에서 그 당대의 최고 수준의 지식으로는 모두 담을 수 없는 놀라운 창조의 역사를 행하신 분이다. 하나님이 우주를 창조하셨다는 말씀은 성경에 담겨 있지만 하나님의 창조세계가 얼마나 광대한지, 또 그 창조의 지혜가 얼마나 위대한지는 고대인의 상식 안에 다 담길 수 없었다. 그리고 그 한계는 정확하게 우리에게도 적용된다. 21세기 현대 과학으로도 창조주의 창조를 전부 이해할 수는 없다.

하나님이 창조하신 광대한 우주에 비해 내가 살고 있는 우주는 얼마나 큰가? 나는 얼마나 큰 우주에서 살고 있을까? 집과 직장, 그리고 교회를 오가는 좁쌀만 한 공간이 나의 우주의 전부인가? 물리적으로 내가 이동하는 공간뿐만 아니라 내가 품는 정신적인 우주의 크기는 또 어떤가? 수많은 현대인이 "나"라는 자기 우주에 갇혀 산다. 우주의 중심에 "내"가 있고 모든 것이 자신을 위해서, 자신을 중심으로 움직인다고 착각하며 사는 사람들도 있다. "나"라고 하는 협소한 우주를 넘어서 내 가족이 나의 우주의 전부가 될 수도 있다. 나의 행복과 내 가족의 행복을 위해서만 사는 삶, 내 모든 관심이 가족의 안녕과 미래에 제한된다면 내가 사는 우주는 너무나도 좁은 우주일 수밖에 없다.

반면에 조금 더 큰 우주에 사는 사람들도 있다. 어떤 사람들은 국가의 미래나 민족의 앞날을 걱정하기도 하며 또 어떤 사람들은 세계 평화를 걱정하기도 한다. 아프리카에서 굶는 어린아이들과 남미에서 고통당하는 사람들을 품고 기도하며 금전적으로 돕기도 한다. 우리가 살아가는 물리적인 우주는 극히 협소하고 제한될 수밖에 없지만, 우리의 마음과 생각 안에 그리고 우리의 기도 안에 얼마만큼 넓은 세계를 품느냐에 따라서 우리는 거대한 우주를 품고 살 수도 있다. 직접 발을 딛고 여행해볼 수 없는 세상도 우리는 우리의 인식의 세계 안에 품고 살 수가 있기 때문이다. 아는 만큼 그리고 우리의 지성 안에 품는 만큼 내가 살아가는 우주는 넓어진다.

별과 은하의 세계를 직접 탐험하지 못하더라도 우리는 우주를 품고 살 수 있다. 하나님이 만드신 이 거대한 우주를 우리의 지성 안에 품고, 하나님의 광대하심과 오래 참으심 그리고 보이지 않는 창조의 섭리를 생각한다면 우리는 "나"라는 협소한 우주를 넘어 하나님의 창조세계 전체를 나의 우주로 삼고 사는 셈이다. 광대하신 하나님의 창조 작품인 우주를 배우고 품는 일은 우리의 시선을 넓게 열어준다. 오늘 지구촌 곳곳에서 일어나는 다툼과 욕망의 열매들을 우주라는 시공간의 거대한 흐름에 비추어보면 그 허망함을 깨닫게 될 수도 있다. 창조세계의 광대함은 우리의 죄 된 본성이 집착하는 보잘것없는 욕망들의 실상을 적나라하게 드러낸다. 하나님을 묵상하며 하나님의 성품을 찬양하면서 나의 인격이 변하는 것처럼, 하나님의 창조세계에 눈을 열어 하나님의 지혜와 경륜을 볼 때 우리는 자연스레 하나님을 찬양하게 된다.

3장

우주의 역사는
얼마나 오래되었나?

우주의 팽창

지난 20세기 100년의 시간 동안 과학은 놀라운 속도로 발전을 거듭했다. 그중에서도 가장 놀라운 발견을 꼽으라면 주저 없이 우주 팽창의 발견을 꼽고 싶다. 인류는 수천 년 동안 우주를 정적인 존재, 즉 변화가 없는 존재로 생각해왔다. 하지만 우주가 정적인 상태에 있는 것이 아니라 계속 팽창한다는 발견은 동적인 우주라는 새로운 개념을 낳으며 우주에 대한 인류의 인식을 송두리째 바꾸었다. 우주 팽창을 발견함으로써 결국 "빅뱅 우주론"(Big-Bang cosmology)이라는 우주의 기원에 대한 새로운 패러다임이 탄생했다.

우주 팽창의 발견 스토리는 미국의 천문학자인 에드윈 허블(Edwin Hubble)로부터 시작한다. 최근에는 벨기에의 신부이자 과학자였던 르메트르의 업적이 재조명되어 허블과 르메트르의 연구를 우주 팽창이 발견된 출발점으로 삼는다. 허블과 르메트르는 주로 가까운 은하들을 연구했다. 허블은 세페이드 변광성이라고 불리는 특별한 종류의 별을 관측하여 안드로메다 은하까지의 거리를 측정하는 데 성공해서 안드로메다 은하가 우리 은하 밖에 존재하는 또 하나의 외부 은하라는 것을 입증하였고 그 결과 외부 은하 연구의 문을 열었다. 허블이 연구한 것은 은하들 사이의 거리만이 아니었다. 그는 도플러 효과라고 불리는 빛의 파장 변화를 이용하여 은하들이 어떻게 운동하는지를 연구했다.

허블이 발견한 것은 놀라운 사실이었다. 은하들의 거리와 속도를 측정함으로써 발견한 사실은 은하들이 우리를 중심으로 점점 멀어질 뿐만 아니라 가까운 은하에 비해서 더 멀리 떨어져 있는 은하가 더 빠른 속도로 멀어진다는 것이었다. 거리에 비례하여 은하의 후퇴 속도(멀어지는 속도)가 크다는 이 발견은 흔히 "허블의 법칙"이라고 불린다. 허블의 법칙은 은하와 은하 사이의 공간이 시간에 따라 점점 늘어나고 있다는, 즉 우주가 팽창하고 있다는 사실을 알려준다.

이해를 돕기 위해 우리가 사는 3차원의 시공간 대신에 차원을 하나 낮추어 2차원의 평면을 생각해보자. 가령 풍선의 표면적을 상상해보자. 풍선 위에 점을 두 개 찍어놓고 풍선을 불면 어떻게 될까? 풍선의 표면적이 점점 늘어나면서 찍어둔 점과 점 사이의 거리가 점점 멀어질 것이다. 이 점들을 은하라고 생각하고 풍선의 표면을 우주라 생각해보면, 풍선이 팽창하면서 점과 점 사이의 거리가 멀어지듯이 우주가 팽창하면서 은하와 은하 사이의 거리가 멀어진다는 것을 쉽게 이해할 수 있다.

더불어 우주가 팽창한다면 허블의 법칙도 잘 설명된다. 〈그림 12〉

처럼 만일 우리가 A라는 점 위에 있다면, 가까이 있는 B라는 점보다 멀리 있는 D라는 점이 같은 시간 동안 멀어지는 거리가 더 크다. 즉 멀리 있는 점일수록 거리에 비례해서 멀어지는 속도가 커진다는 것이다. 우주 공간이 일률적으로 팽창한다면 가까이 있는 은하보다 멀리 있는 은하가 더 빠르게 멀어지는 허블의 법칙이 드러난다.

허블이 발표한 1929년의 논문에서 은하들이 거리에 따라 후퇴 속도가 증가한다는 "허블의 법칙"을 볼 수 있다. 100년 가까이 지난 21세기에는 허블이 연구했던 우리 동네 은하들을 넘어서 수십억 광년 거리에 있는 은하들까지 거리와 후퇴 속도를 측정해서 허블의 법칙을

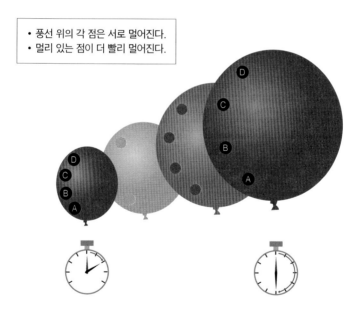

- 풍선 위의 각 점은 서로 멀어진다.
- 멀리 있는 점이 더 빨리 멀어진다.

그림 12. 우주의 팽창을 2차원 풍선 표면에 비유할 수 있다. 만일 우리가 A라는 점에 위치하고 있다면 우주가 팽창하는 같은 시간 동안 멀리 있는 D라는 점이 가까이 있는 B라는 점에 비해 멀어진 거리가 더 멀다. 즉 멀리 있는 점이 멀어지는 속도가 더 빠르다.

매우 정확하게 측정하고 있다. 우주 팽창을 알려준 허블의 법칙은 우주의 기원을 연구하는 현대 우주론의 출발점이 되었다.

허블이 발견한 허블의 법칙이 과연 실제로 우주 공간이 팽창한다는 것을 의미하는가에 대해서 처음에는 다양한 의심이 있었다. 심지어 허블의 법칙을 발견한 허블조차도 허블의 법칙이 우주 팽창을 알려주는 것인지에 대해서 확신이 없었다. 그러나 우주 팽창에 대한 연구가 진행되면서 우주 공간이 시간에 따라 팽창한다는 점에 대해서는 과학계의 합의가 이루어진다. 심지어는 빅뱅 우주론을 반대했던 반대파의 천문학자들이나 일반 상대성 이론으로 유명한 아인슈타인도 우주 팽창을 인정하고 받아들였다.

우주의 시작

우주가 팽창한다는 말은 시간이 흐르면서 우주의 크기가 커진다는 뜻이다. 그렇다면 시간을 거꾸로 되돌리면 우주의 크기가 과거에는 작았다는 말이 된다. 과연 어느 시점까지 시간을 거꾸로 되돌릴 수 있을까? 시간을 무한히 되돌릴 수는 없다. 우주의 크기가 점점 작아져서 0보다 작아질 수는 없다. 우주 팽창 과정을 과거로 되돌려보면 우주가 매우 작았던 출발점, 즉 시작점이 있었다는 결론을 낳게 된다. 이 시점을 흔히 우리는 빅뱅이라고 부른다. 곧 우주가 시간적으로 무한히 오래된 것이 아니라 어떤 출발점이 있었다는 뜻이다.

우주가 무한히 오래되었는지 혹은 어느 시점에 시작되었는지에 관해서는 인류의 지성사에서 다양한 생각이 있었지만, 20세기 초에는 시간적으로 유한한 우주의 개념이 지성사 안에 들어온 셈이다. 20세기에는 역동적으로 팽창하는 우주, 그리고 시간적으로 유한한 우주의 개념이 새로 자리잡게 되었고 지난 100년 동안 우주 팽창과 우주론이 연구되면서 과학자들은 우주 팽창을 기초로 우주의 역사를 이해하게 되었다.

우주의 팽창을 기초로 해서 정밀한 관측과 이론들을 통해 천문학자들이 측정한 우주의 나이는 약 138억 년이다. 풍선이 커지는 팽창 속도를 알면 현재의 풍선 크기를 만들기 위해 얼마만큼의 시간이 걸렸는지를 계산할 수 있는 것처럼, 우주의 크기가 시간에 따라 커지는 우주방정식을 풀면 우주의 크기와 우주의 나이를 측정할 수 있다. 이렇게 측정된 우주의 나이가 약 138억 년인 것이다.

우주가 팽창한다는 사실은 과거에는 우주의 크기가 작았으며, 그리고 우주는 과거의 어느 한 시점에서 점점 팽창하여 현재의 거대한 우주가 되었다는 것을 시사한다. 이렇게 과거의 한 점에서 우주가 팽창하여 현재의 우주가 되었다는 과학 이론을 표준 우주론이라고 한다. 대중적으로 흔히 빅뱅 우주론(Big-Bang cosmology)이라는 말로 많이 알려져 있다.

물론 우주의 초기에 빅뱅이 과연 어떻게 일어났는지, 우주 팽창이 과연 어떻게 시작된 것인지에 관해서는 아직 다양한 연구가 진행 중이다. 하지만 우주 팽창이나 우주의 나이, 광대한 시공간의 크기 등은 기본적인 학문의 토대가 되었다. 우주 팽창이 처음 발견된 20세기 초에는 우주가 정말로 팽창하는 것인지 아닌지에 대해서 의견이 나뉘었

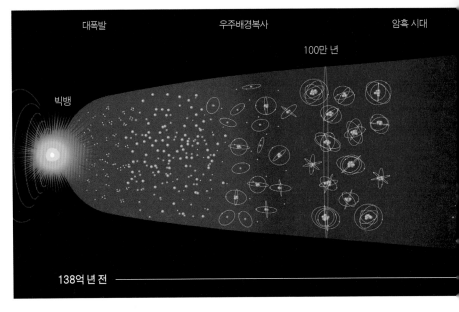

그림 13. 현대 천문학이 알려주는 우주의 역사

지만 얼마 지나지 않아 우주 팽창은 과학적 사실로 받아들여졌다. 심지어 빅뱅 우주론을 반대했던 프레드 호일 등을 비롯한 정상 우주론자들도 우주 팽창을 의심하지는 않았다.

빅뱅 우주론은 1965년에 우주배경복사가 발견되어 아인슈타인의 일반 상대성 이론의 예측과 맞아떨어짐으로써 강력한 지지 기반을 갖게 되었고 우주배경복사를 발견한 과학자들(펜지어스와 윌슨)은 1978년에 노벨상을 받았다. 그 후 1990년대가 되면 미항공우주국(NASA)에서 코비라는 이름의 위성을 쏘아올려 우주의 모든 방향에서 균일하게 날아오는 우주배경복사를 관측하여 소위 우주배경복사의 등방성을 확인하였고 빅뱅 우주론은 서서히 정설로 자리잡게 되었다.

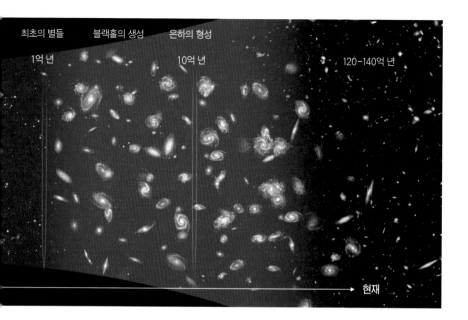

최초의 별들　블랙홀의 생성　은하의 형성

1억 년　　　　　　10억 년　　　　　　120-140억 년

현재

그 이후에도 연구는 계속되어 2001년에는 WMAP이라는 위성을 쏘아 우주배경복사를 연구했고 2013년에도 유럽의 플랑크 위성이 정밀한 우주배경복사 지도 측정에 성공했다. 빅뱅 우주론을 지지하는 다양한 증거들을 통해서 천문학자들은 우주의 팽창과 장구한 역사를 알게 되었고 이를 뼈대로 하여 다양한 우주의 현상들을 연구하고 있다.

　천문학이 우리에게 알려주는 우주의 역사를 하나의 도표로 그려본다면, 138억 년 전에 우주가 시작되었고 매우 작았던 우주는 점점 팽창하기 시작한다. 우주의 나이가 38만 년 정도 되었을 때 태초의 빛이라고 할 수 있는 우주배경복사가 우주 공간에 처음으로 퍼진다. 그 전까지는 우주에 전자들이 너무 많아서 빛이 전자들에 부딪혀 우주 공간으로 나오지 못하다가 38만 년 정도가 지나면 전자와 양성자가 합쳐져 수소가 되면서 원자의 시대가 시작된다. 그러면 빛이 드디어 퍼져나갈 수 있게 되는데, 그때 우주 공간에 퍼진 빛을 우주배경복사라고 하며 이는 우주의 모든 방향에서 균일하게 관측된다. 그 이후에는 아직 별들이 만들어지지 않은 시기를 거치는데 이 시기에는 빛을 내는 천체가 없기 때문에 암흑 시대라고 불린다. 그 후 중력에 의해 별들이 만들어지고 은하들이 생성되면 드디어 은하의 시대가 시작된다. 수많은 은하들이 다채로운 모양과 색깔을 뽐내며 역동적으로 우주 공간을 메우는 은하들의 시대로 변한다. 빅뱅에서부터 은하의 시대까지의 138억 년의 장구한 흐름은 21세기 천문학이 우리에게 알려주는 우주의 역사다.

지구와 태양계의 연대

우주의 역사에서 태양과 지구는 언제쯤 생성되었을까? 태양과 지구를 포함한 태양계는 100억 년이 넘는 우주 역사의 후반기에 만들어졌다. 달에서 가져온 운석이나 유성에서 떨어진 운석, 그리고 지구의 암석을 대상으로 한 지질학 연구들을 종합하면 지구의 나이는 약 46억 년가량이다. 태양과 지구를 포함한 태양계는 수많은 별들이 태어나고 죽은 뒤 후대에 태어난 셈이다.

지구상의 생물의 역사는 어떨까? 지구에서 가장 오래된 생물의 화석은 대략 5억 년 전까지 거슬러 올라간다. 그 이전 시대는 미생물의 흔적들이 화석으로 남아 있으며 최초의 생명체는 대략 35억 년에서 41억 년 전에 발생했다. 다양한 생물종이 담겨 있는 화석의 나이를 측정해보면 지구의 역사가 흘러감에 따라 단순한 종들이 먼저 나오고 복잡한 종들이 나중에 출현한다는 생물 역사를 알 수 있다. 즉 지구의 역사 초기에는 단순한 형태의 종들이 존재했고 그 후 시간이 흐름에 따라 복잡한 종들이 지구상에 출현했다. 우주와 지구와 생물의 역사를 종합해보면 굉장히 오랜 시간 동안 우주와 지구와 생물의 역사가 흘러왔다는 것을 알 수 있다.

이렇듯 과학을 통해 밝힌 우주의 역사를 기독교적 관점에서 보면 창조주 하나님께서 매우 긴 시간 동안 천지를 창조하신 것을 알 수 있다. 해와 달과 별과 지구와 생물의 세계는 하나님의 지혜와 지식의 풍요하심을 통해 하나하나 창조되었고 광대한 우주의 공간과 장구한 우주의 시간은 하나님의 창조 역사가 행해진 우주적 무대였다.

우주가 가리키는 창조주

시편 19편의 저자는 "하늘이 하나님의 영광을 선포하고 궁창이 그의 손으로 하신 일을 나타내는도다"라고 노래했다. 아마도 시편 저자는 밤하늘의 무수한 별들을 바라보며 감탄하는 가운데 이 시편을 지었는지도 모른다. 이 우주는 하나님의 영광으로 가득한 듯하다. 어린 시절 나는 별 보는 것을 무척 좋아했다. 옥상에 올라가 밤하늘을 바라보며 별을 관찰하고 별자리를 익히기도 했다. 나사의 태양계 탐사가 흥미롭게 진행되던 그 시절 과학 잡지에는 나사 탐사선들의 화보가 컬러 그림으로 실리곤 했다. 백과사전과 과학도서들을 보며 광대한 우주에 대해 배워가던 내 마음속에 들었던 생각은, '이 광대한 우주가 존재하기 위해서는 이 광대한 우주보다 더 큰 존재가 있어야 하는 게 아닐까?'라는 것이었다. 물론 이런 추론은 과학이 아니다. 오히려 형이상학적 추론이라고 부를 수 있을지도 모른다. 그러나 내가 어린 시절 가졌던 생각은 지금도 유효하다. 이 거대한 시공간의 우주, 조화로운 유기체 같은 우주의 존재는 우주보다 더 위대한 존재를 가리키는 힌트가 아닐까.

하나님을 믿는 그리스도인의 시각으로 우주를 보면 과학이 어떤 결과를 우리에게 알려주든 간에, "아, 이것이 하나님이 우주를 창조하신 과정이구나! 하나님의 창조의 지혜가 놀랍구나"라고 고백할 수 있다. 과학을 통해 배운 내용들은 오히려 하나님의 지혜를 더 경이롭게 하며, 하나님의 창조세계를 더 풍성하게 하고, 우리로 하여금 하나님을 찬양하게 하는 이유가 된다.

그러나 주의할 것이 있다. 우리 그리스도인들의 눈에는 자연 안에서 하나님의 영광이 명백하게 보이고 그의 손으로 하신 일이 뚜렷하게 보이지만, 세상의 많은 무신론자들의 눈에는 하나님의 영광이나 지혜가 보이지 않는다. 그들에게는 그저 아름다운 밤하늘의 별들의 세계와 정교한 우주만이 보일 뿐이다. 이는 예수께서 말씀하신 것처럼 "눈이 있어도 보지 못하고 귀가 있어도 듣지 못하는" 것으로 이해할 수 있다. 로마서의 말씀처럼 하나님께서 자연 안에 하나님을 알만한 것들을 많이 주셨지만 그것이 직접적으로 보이지는 않는다. 하나님을 믿지 않는 무신론자들에게 우주는 목적 없이 우연히 자연법칙에 따라 돌아갈 뿐이다. 그래서 기독교 신앙을 변증할 때도 자연을 통해 접근하는 것은 바람직하지 않다. "우주를 봐라. 이 거대한 시공간의 우주가 어떻게 저절로 존재할 수 있는가? 이 우주 자체가 신의 존재를 드러내지 않는가?"라는 설명은 사실 그들에게는 설득력이 없다. 따라서 보이지 않는 것을 보라고 하는 것은 그리 지혜로운 방법이 아닌 것 같다. 이것이 19세기 영국에서 유행하던 자연신학의 한계다. 우리가 계시의 말씀인 성경 없이, 예수의 삶에 대한 들음 없이도 신앙을 가질 수 있을까? 그렇지 않은 것 같다. 창조세계 안에 하나님을 가리키는 수많은 힌트가 있지만 그것은 그저 힌트에 불과하다. 그래서 우리는 과학을 변증에 사용하는 일에 주의를 기울여야 한다.

그러나 반대로 그리스도인의 입장에서, 창조주를 믿는 시각으로 자연세계를 보면 하나님의 놀라운 창조 역사와 섭리를 보며 감격하게 되고 창조주를 찬양하게 된다. 이 관점이 바로 우리가 취해야 할 바람직한 관점이다. 복음주의 신학자인 알리스터 맥그래스가 지적했듯이 실패한 자연신학을 되살려 자연을 통해 하나님을 변증하려는 시도는 성공할 수 없다. 오히려 우리는 자연신학의 실패를 넘어 과학을 통해 창조의 풍성함을 누리는 일에 집중해야 한다.

창조주에 대한 신앙에서 출발하는 기독교의 관점에서 본다면 우리는 과학이 밝힌 내용들을 토대로 창조주 하나님께서 100억 광년 이상의 크기를 갖는 거대한 우주를 창조하셨음을 알 수 있다. 100억 광년이 넘는 우주 공간은 우리의 상상을 초월하는 광대함을 갖는다. 이 광대한 우주는 과연 어떻게 존재하게 된 것일까? 우리는 과학적 설명을 통해 우주의 팽창과 빅뱅 우주론을 생각해볼 수 있지만 보다 근원적으로 묻는다면, 도대체 과학이 밝힌 이 모든 과정을 통해 이 광대한 우주가 왜 존재하는지를 묻는다면, 우리는 결국 우주보다 더 큰 존재, 곧 우주보다 더 광대한 존재를 생각할 수밖에 없다. 우주의 광대함은 바로 창조주 하나님의 광대함을 가리킨다.

1부 | 과학, 자연을 읽어내는 도구

4장

과학의 한계와
중립성

21세기 천문학이 밝혀낸 우주의 역사에 관해 대중 앞에서 강의하다 보면 거대한 우주의 역사가 마치 소설처럼 느껴진다고 말하는 사람들이 있다. 그도 그럴 것이 천문학이나 우주론 과목을 전공으로 배우는 학생들 앞에서 몇 달에 걸쳐 엄밀한 수식들과 관측 증거들을 다루면서 하는 강의가 아니라, 수학을 사용하지 않고 말로 풀어내는 대중강의를 들으면 소설처럼 들릴 수도 있다. 그러나 앞 장에서 다룬 우주의 역사는 지난 100년의 과학사를 거치면서 천문학의 토대가 된 내용들이다. 세밀한 부분에서는 내용이 수정되고 새로운 발견들이 더해지겠지만 우주의 역사에 관한 전반적인 내용에 관해 가설에 불과하다고 의심쩍은 눈으로 바라보는 것은 바람직하지 않다.

그러나 반대로 과학이 우주의 기원과 역사를 낱낱이 다 밝혀냈다는 뜻은 아니다. 특히 일부 그리스도인들은 우주의 기원과 관련한 과학 내용을 들으면 거부감을 나타내기도 한다. 그들은 과학으로 우주의 창조를 설명하려는 노력 자체를 불편하게 느낀다. 과학적 설명에 대해 거부감이 드는 첫 번째 이유는 과학으로 우주의 생성이 설명되면 마치 하나님이 창조하지 않은 것처럼 느껴지기 때문이다. 곧 인과관계로 어떤 현상을 설명하면 마치 자연 스스로 그 현상을 만들어낸 것처럼 생각한다. 이러한 반응은 우주의 기원이 과학적으로 설명되면 마치 하나님의 창조가 아닌 것처럼 된다는 오해 때문에 발생한다. 이 이야기는 다음 장에서 좀 더 다루기로 하자. 과학으로 우주의 역사를 설명하는 방식에 거부감을 느끼는 두 번째 이유는 과학을 지나치게 우상시한다는 느낌을 받기 때문이다. 그들은 이렇게 묻는다. "과학이 그렇게 완벽하고 위대한가? 과학도 변하는데 과학에 절대성을 부여하는 것은 어리석은 일이 아닌가?"

물론 과학은 그리 위대하지 않다. 과학이 우리 삶의 모든 문제를 다 해결해줄 것이라고 생각했던 낭만주의적인 과학은 20세기가 되면서 무너졌다. 20세기 초는 뉴턴으로 대표되는 고전 물리학에서 아인슈타인으로 대표되는 현대 물리학으로 넘어오는 과정이었다. 상대성 이론과 양자역학이 탄생하면서 뉴턴(Isaac Newton)의 기계론적 우주관에 입각해 과학이 자연세계를 완벽히 기술할 수 있을 것이라던 기대는 산산조각 났다. 양자역학의 불확정성 원리는 과학이 자연현상을 완벽하게 결정적으로 기술하는 대신 확률적으로 기술할 수밖에 없다는 자연세계의 미결정성 혹은 우리 인간의 인식론적 한계를 알려주었다. 수학에서도 비슷한 일이 일어났다. 바로 괴델이 발견한 불완전성 원리다. 불완전성 원리는 어떤 수리 논리 체계라 할지라도 그 안에는 참인지 거짓인지를 증명할 수 없는 명제가 포함되어 있고 그 수리 논리 체계에 모순이 없다는 것을 증명하지 못한다고 설명한다. 쉽게 말하면 불완전성 원리는 어떤 진리 체계도 참이라고 밝힐 수 없다는 뜻이며, 수리 논리 체계의 근본적인 불완전성을 드러내고 인간 인식에 근원적 한계가 있음을 보여준다. 현대 물리학의 발전과 더불어 1, 2차 세계대전은 낭만적인 이성에 대한 기대에 찬물을 쏟아부었다. 인간의 이성을 바탕으로 세계를 파악하고 과학을 통해 이 세상의 모든 문제를 다 풀 수 있을 것이라고 생각했던 낭만주의적인 과학관은 이제 먼 과거의 이야기가 되었다.

과학에는 분명한 한계가 있다. 물리학자들은 과학의 한계를 분명히 받아들인다. 가령 과학이 모든 자연현상을 다 설명할 수 있을까? 예를 들어 빅뱅의 경우는 어떨까? 약 138억 년 전이라고 알려진 빅뱅의 시점 이후는 과학을 통해 우주의 역사에 대한 기술이 어느 정도 가능하다. 앞에서 다룬 것처럼 우주의 팽창과 거시구조의 진화, 별과 은하의 탄생은 천문학과 물리학을 통해 상당히 설득력 있게 설명된다. 하지만 태초의 빛이라고 할 수 있는 우주배경복사가 나온 시점인 우주 나이 38만 년 전 이전으로 거슬러 올라가면 빛이 우리에게 전달되지 않는다. 시간을 더 거슬러 올라가서 우주의 나이가 1초가 되지 않은 시점까지 가는 일은 상당히 어렵다. 왜냐하면 빛과 정보를 얻을 수 없는 관측 불가능한 영역의 우주를 다루어야 하기 때문이다. 이론 물리학을 통해 우주의 초기 상태를 다양하게 연구 중이지만 우주 나이가 플랑크 시간인 10^{43}분의 1초보다 작았던 시기는 현대 물리학으로 기술하는 것 자체가 불가능하다. 앞으로 과학이 더욱 발전해서 우주에 존재하는 4가지 힘을 통합하는 새로운 이론이 나오거나 현대 물리학을 넘는 새로운 물리학이 나온다면 무언가 새로운 가능성이 펼쳐질 수도 있지만 현 시점에서 우주의 시작점을 경험적인 증거를 바탕으로 엄밀하게 논하는 것은 어려운 일이다. 쉽게 말하면 빅뱅의 시점에 관해서는 잘 모른다고 하는 것이 솔직한 답변이다.

과학이 아직 해결하지 못한 내용은 빅뱅뿐만이 아니다. 지구에서 어떻게 처음 생명체가 탄생하게 되었을까에 대한 질문에도 엄밀한 과학적 설명은 부족하다. 무생물의 세계에서 생물의 세계로의 변화는 우주의 탄생인 빅뱅과도 같은 엄청난 변화를 필요로 한다. 밀러의 실험과 같은 간단한 실험들이 여러 가지 힌트를 주고 있지만 화학진화라고 불리는 무생물의 시대에서 생명체가 출현한 과정은 여전히 베일에 싸여 있다. 세 번째로 인간의 의식에 대한 기원도 여전히 안개에 가려져 있다. 인간의 몸의 구조나 유전자의 유사성 등에 대해서는 진화의 과정으로 설명되고 있지만 과연 동물들과 다른 인간의 의식이 어떻게 출현하게 된 것인가에 대해서는 뇌과학이나 진화심리학 등의 새로운 학문이 발전하고 있음에도 불구하고 여전히 엄밀한 설명이 부재한다.

조금 더 형이상학적인 차원으로 올라가 보면 자연법칙의 기원에 대해서도 동일한 질문을 던질 수 있다. 우주에 있는 모든 별들의 운동을 기술할 수 있는 중력 법칙이라든가 전자기학 법칙 등은 도대체 어떻게 기원한 것일까? 과학은 모든 시공간에서 자연법칙이 동일하게 적용된다는 전제를 갖고 있다. 그러나 이것은 증명될 수 있는 것이 아니라 과학의 전제다. 자연법칙이 동일하다는 전제 없이는 과학의 존립 자체가 불가능하다. 그렇다면 자연세계는 어떻게 해서 이런 자연법칙들에 의해 운행되고 설명되는 것일까? 과학은 자연현상을 탐구함으로써 반복되는 패턴을 발견하고 이를 수학적으로 기술하는 방식들을 찾아 자연법칙이라고 이름 짓는다. 그리고 어떤 원인이 어떤 현상을 일으키는지 그 인과관계를 설명하는 체계를 마련해준다. 그러나 자연법칙이 과연 어떻게 자연현상에 부여된 것인지를 설명할 수는 없다. 수많은 경험적 증거들을 통해 상당히 귀납적인 방식으로 자연의 원리들이 발견되고 과학의 중심을 차지하게 되지만 자연의 원리들이 필연적으로 유도되는 것은 아니다. 즉 자연법칙의 기원 자체를 이해하는 일은 요원하다.

과학의 특성

과학이라는 학문은 분명한 한계를 갖는다. 과학에서 가장 중요한 것은 데이터라고 할 수 있다. 자연세계를 관찰하고 실험해서 얻어내는 다양한 정보들은 바로 과학의 밑거름이 된다. 과학은 수학과는 다르다. 수학은 어떤 명제에서부터 연역적으로 풀어내어 새로운 명제를 증명할 수도 있고 반증할 수도 있지만 과학은 상당히 많은 경우 귀납적인 방법에 의존한다. 가령 중력 법칙이라는 과학적인 설명은 사과가 나무에서 떨어진다든지, 무거운 물체가 옥상에서 떨어진다든지 등등 자연세계를 관찰하여 얻은 데이터들을 종합하여 얻어내는 귀납적 결론이라고 할 수 있다. 예컨대 물체의 운동과 같은 패턴에 이론적 설명을 덧붙이면 하나의 과학적 설명이 탄생한다. 그래서 과학에서는 경험적인 데이터가 매우 중요한 역할을 한다. 기존의 과학 이론으로부터 연역적인 방법을 통해 새로운 예측을 제시한다고 하면 그 예측이 맞는지 틀리는지를 검증하는 일도 결국 관측과 실험을 통해, 즉 데이터를 통해 가능하다.

그렇기 때문에 경험적인 데이터를 통해 검증할 수 없다면 엄밀한 과학이라고 하기 어렵다. 과학은 경험적 데이터와 이론적 설명의 대화를 통해 발전한다. 이 말은 새로운 데이터나 이론 등이 나오면 과학의 내용이 바뀔 수 있다는 뜻이다. 즉 과학은 가변적이다. 또한 시간이 흘러 그동안 발견하지 못했던 새로운 현상이 발견된다거나 혹은 새로운 이론이 제시된다면 과학의 내용이 변할 수도 있다. 물론 과학은 당대의 어떤 자연현상을 설명하는 가장 합리적인 설명이라고 할 수 있다. 그러나 시간이 지남에 따라 새로운 데이터가 얻어지고 기술이 개발되어 이전에 보지 못했던 것들을 보게 된다면 새로운 현상을 설명하지 못하던 기존의 과학 내용은 수정될 수 있다. 이런 점에서 과학은 절대적 진리가 아닌 당대 최상의 설명이라고 할 수 있다.

그렇다고 해서 과학이 상대적이라는 뜻은 아니다. 과학이 가변적이라고 해서 과학의 내용이 마구 바뀐다는 말도 아니다. 2015년에는 우주의 나이가 138억 년이라는 것이 정설이었다가 30년 후인 2045년에는 우주의 나이가 1만 년이라는 주장이 새로운 정설이 될 수도 있다는 뜻이 아니다. 과학은 자연이라는 실재에 조금씩 더 다가가는 하나의 근사(approximation)라고 할 수 있다. 과학이 발전하면서 그 실재에 대해 보다 더 많은 것을 알게 되고 보다 더 가깝게 가지만 과학은 자연이라는 실재에 대한 영원한 근사일 수밖에 없다. 즉 과학이 완벽하게 자연을 기술하는 것이 아니라 끊임없이 완성되어가는 과정이라고 보는 것이 타당하다. 다시 말하지만 과학이 가변적이고 완벽하지 못한 모델이라고 해서 과학이 상대주의적이라는 뜻은 아니다. 그러나 현재의 과학 내용이 영원불변의 절대적인 내용이라고 할 수는 없다. 과학은 가변적이기 때문이다. 과학을 이렇게 이해하는 것은 소위 비판적 실재론이라고 불리는 견해로 대변될 수 있다. 비판적 실재론은 과학의 절대성이나 상대성을 부정하면서 과학이 자연이라는 실재를 어느 정도 잘 설명해주지만 동시에 가변적이며 자연에 대한 근사일 뿐이라고 보는 입장을 말한다. 비판적 실재론의 입장을 취하는 과학자들의 견해로는 존 폴킹혼 등을 참고할 수 있다.[1]

또한 과학은 자연세계의 현상들을 대상으로 한다. 흔히 자연과학(Natural Science)이라고 부르는 학문은 인과관계를 밝힐 수 있는 자연계 안의 현상들을 다루기 때문에 초월적인 현상―신이 존재하는가, 천국이 있는가―을 다루지 않는다. 자연세계를 넘어서는 초자연적인 영역은 과학적 용어로 표현했을 때 경험적인 대상이 아니기 때문이다. 그렇기 때문에 자연세계에 국한되는 과학은 초자연세계와 관련 있는 신의 존재나 신의 섭리 등을 본질적으로 다룰 수 없다. 그래서 과학이 신의 존재를 증명하거나 또는 신이 없다는 것을 증명했다는 말은 과학적 주장이 아니며, 과학에 대한 하나의 해석 혹은 철학적 주장일 수밖에 없다.

과학은 자연세계의 인과관계를 설명해주는 하나의 설명 체계이기

---

1   존 폴킹혼의 책으로는 『쿼크, 카오스 그리고 기독교』(SFC, 2009)와 『과학시대의 신론』(동명사, 1998), 『과학으로 신학하기』(모시는사람들, 2015)를 추천한다.

때문에 사실 과학은 신의 존재를 믿는 유신론을 지지하거나 신의 존재를 부정하는 무신론을 지지하지도 않는다. 과학이 밝혀낸 어떤 현상의 인과관계 뒤에 신이 존재하여 섭리를 한 것인지 혹은 신의 존재나 섭리 없이 그 현상이 일어난 것인지에 관해서 과학은 아무런 이야기도 할 수 없다. 그런 내용은 본질적으로 과학의 영역인 자연세계를 넘어서는 대상에 대한 내용이기 때문이다. 따라서 이런 면에서 보면 과학은 중립적이라고 할 수 있다. 물론 과학이 가치중립적이라는 뜻은 아니다. 연구비가 어느 쪽으로 흘러가고 어떤 가치를 추구하느냐에 따라 과학의 방향은 상당히 달라질 수도 있다. 그러나 지금 여기서 이야기하는 중립적이라는 말은 신의 존재 유무에 관해서 혹은 종교적 진리가 참인가 거짓인가에 관해서 과학이 어느 쪽도 지지하지 않는다는 뜻이다. 자연세계의 인과관계를 설명해주는 과학은 유신론과 무신론에 대해서 중립적이다.

과학의 한계와 중립성에 대해 주목한다면 우리는 과학을 보다 건전하게 보는 시각을 가질 수 있다. 과학이 절대적 진리라기보다는 당대 최상의 설명이지만 여전히 가변적일 수 있다는 한계를 직시하는 것은 과학의 우상화를 견제하는 중요한 인식이다. 과학은 자연현상에 대한 설명이지만 그 자연현상 너머에 신이 존재하는지 존재하지 않는지에 대해서는 과학이 직접적으로 아무것도 말해주지 않는다는 과학의 중립성에 주목하면 우리는 과학을 기독교 신앙의 변증 도구로 삼아 자연세계에서 신을 찾으려고 하는 19세기 영국의 자연신학의 한계를 극복할 수 있고,[2] 반대로 과학을 기독교의 적으로 오인하여 맹공격을 가함으로써 오히려 과학이 밝혀내는 창조의 깊이와 신비에 눈을 가리는 실수를 피할 수 있을 것이다.

과학은 하나님의 창조 역사를 보여준다

분명한 한계를 갖는 과학은 기독교 신앙을 직접적으로 지지해주거나 혹은 반대로 무신론의 증거가 될 수 없다. 그럼에도 불구하고 하나님을 창조주로 고백하는 그리스도인들은 과학이 밝혀낸 모든 내용을 창조주 하나님의 작품으로 여길 수 있다. 천문학과 지질학 그리고 생물학을 포함한 과학이 보여주는 우주와 지구 및 생물의 역사를 창조주 하나님을 신앙하는 그리스도인의 입장에서는 어떻게 이해할 수 있을까? 과학이 드러내는 자연세계의 질서의 명료함과 아름다움을 어떤 시각에서 이해해야 할까? 기독교적 입장은 사실 간단하게 정리될 수 있다. 우주 전체의 역사가 바로 하나님의 창조의 작품이라는 시각이 가장 기본 되는 출발점이다. 물론 과학은 신이 어떻게 자연세계에 영향을 주고 행동을 취하셨는지 경험적인 데이터를 통해서 직접 일일이 검증할 수는 없다. 신이라는 존재를 규명하는 일은 철학적으로도 과학적으로도 어려운 작업이다. 흔히 말하는 신의 초월성, 즉 신은 자연세계를 초월한 존재라는 말은 자연세계를 다루는 과학이 신의 존재나 신의 활동을 객관적으로 검증하기는 어렵다는 뜻이다. 그

---

2   19세기 영국의 자연신학의 한계와 문제점에 관해서는 알리스터 맥그래스의 『정교하게 조율된 우주』(IVP, 2014)의 2장 "현대자연신학이 봉착한 신뢰의 위기"를 보라.

렇기 때문에 하나님이 자연세계 안에서 일하시는 역사와 섭리는 과학으로 검출되는 영역이 아니라고 할 수 있다. 그러나 우리 그리스도인들은 하나님이 창조주시고 이 모든 우주의 구성원들이 하나님의 지혜와 지식으로 창조되었으며, 그분의 섭리에 의해 지금도 운행되고 있다고 믿고 고백한다. 과학이 밝히는 우주의 역사를 하나님의 창조의 작품으로 고백하는 것이 바로 기독교 신앙의 출발점인 창조주에 대한 믿음이다.

21세기 천문학을 통해 자연을 읽어낸 내용을 바탕으로 우리는 하나님의 창조 역사에 관해 몇 가지 결론을 내릴 수 있다. 첫째, 하나님이 창조하신 우주는 고대나 중세 시대 사람들이 흔히 생각했던 것과는 달리 무한하게 느껴질 정도의 광대한 크기를 갖는 시공간이다. 100억 광년의 우주의 크기는 하나님의 창조세계가 인간의 지성과 상상력에 도전하는 놀라운 세계임을 드러낸다.

둘째, 수많은 별들과 은하들의 존재는 지구라는 작은 행성에 사는 인간을 위해서 우주 전체가 창조되었다기보다는 하나님의 놀라운 창조의 계획 속에 우리 인류가 포함될 뿐이라는 점을 시사한다. 지구가 우주의 중심이며 결코 움직일 수 없다는 중세의 천동설이 깨졌듯이, 우주의 광활한 시공간과 그 안에 담긴 셀 수 없이 많은 별들과 은하들은 창조세계 내에 하나님의 다양한 계획과 비밀이 숨겨져 있음을 시사한다. 자연이라는 책에 담겨 있을 그 신비의 내용은 성경이라는 책에 뚜렷이 담겨 있지 않지만, 우리는 성경이 분명하게 증언하는 창조주를 지구 중심적인 사고에 가두지 말고 전 우주의 창조주 하나님으로 고백하고 찬양해야 한다. 따라서 우리는 인간의 경험의 한계를 인정하고 앞으로 밝혀질 새로운 창조의 비밀들에 대해서도 열려 있는 태도를 가져야 한다.

셋째, 하나님은 긴 시간을 통해 동적인 과정을 사용하여 우주를 창조하셨다. 창조주는 100억 년이 넘는 긴 시간 동안 별과 은하를 비롯한 모든 창조물들을 창조해오셨다. 우리가 살고 있는 지구는 태양과 태양계의 다른 행성들과 함께 약 50억 년 전에 창조되었다. 지구에서는 수십억 년이나 되는 긴 시간의 과정을 거쳐 생명체를 창조하셨고 그 후 다양한 생물종들을 창조하셨다.

우주의 시간은 인간의 시간과는 비교할 수 없을 만큼 장구하다. 인류의 탄생을 길게 잡아서 100만 년 전이라고 본다고 해도, 하나님은 인류를 창조하시기까지 100억 년의 시간을 사용하셨다. 그것은 하나님의 계획이 즉흥적이고 임시적인 것이 아니라 세밀한 기획과 긴 오래 참음을 통해 이루어진 놀랍고 값진 계획임을 우리에게 알려준다.

우리가 믿는 전능하신 하나님은 우주와 지구와 인류를 다른 방식으로 창조하시는 것도 가능했다. 가령 100억 년의 우주 팽창을 통해 은하와 별을 만드시고 별의 내부에서 탄소를 포함한 무거운 원소들을 만들어내어 후대에 탄생한 태양계의 행성들이 풍성한 광물과 탄소를 갖게 만드셨고 그래서 인간과 동식물들이 살 수 있는 환경으로 차례차례 준비하는 대신, 하나님은 즉각적이고 직접적으로 별들을 창조하실 수도 있는 분이다. 우리는 하나님을 그렇게 전능하신 분으로 고백한다.

그러나 하나님이 주신 자연이라는 책을 보면 하나님의 창조 과정은 실제로는 매우 긴 시간을 통해서 이루어졌고 우주 역사의 후반부에 이르러 마침내 인류를 만들어내셨다. 마치 사과를 뚝딱 만들어내기보다는 씨앗을 심고 줄기와 잎이 자라게 하고 꽃이 피어 결국 열매를 맺게 하는 농부와 같이 하나님은 자연세계를 경작하셨고 그 긴 시간 동안 놀라운 섭리의 과정을 통해 창조의 계획들을 실현해가셨다.

이러한 창조의 역사는 구약성경에 나오는 하나님의 역사와 비슷한 맥락을 갖는다. 아브라함에게 큰 민족을 이루게 하겠다는 하나님의 약속은 사실 하룻밤 사이에도 실현될 수 있는 약속이다. 전능하신 하나님이 태가 끊긴 사라를 통해서 이삭이라는 아들을 주신 것처럼, 이집트로 내려온 야곱의 70여 명의 식구를 하나님은 하룻밤 새 수백만의 사람들로 만드실 수도 있었을 것이다. 그러나 성경은 다르게 증언한다. 야곱의 가족은 이집트로 이주했고 거기서 수백 년의 시간이 흘러가면서 점차 인구가 늘어났다. 그리고 마침내 모세를 통해 이집트를 탈출하여 약속의 땅 가나안으로 향하게 하신다. 그 긴 시간 동안 이스라엘 백성은 이집트인의 노예로 봉사하면서 수많은 고통을 당했다. 하나님은 왜 그렇게 긴 시간을 기다린 것일까? 하나님은 왜 마술사처럼 뚝딱 이스라엘 백성을 수백만으로 불리지 않으신 걸까?

거기엔 자유의지를 갖도록 허락해주신 하나님이 인간들과 함께 협동하는 모습이 담겨 있다. 하나님은 우리 한 사람 한 사람을 프로그램화된 로봇처럼 다루지 않으신다. 그는 우리 한 사람 한 사람의 의사결정을 존중하시지, 우리를 폭도처럼 대하지 않으신다. 비록 우리의 결정이 심지어 하나님을 배반하고 죄의 길을 선택하겠다는 어리석은 결정이라고 하더라도 그분은 슬퍼하고 아파하실지언정 하나님을 사랑하지 않겠다고 결단한 사람들의 뇌를 하나님을 사랑하게끔 만드는 뇌로 강제로 바꾸시지 않는다.

거기엔 하나님의 오래 참으심과 보이지 않는 섭리가 담겨 있다. 하나님은 구원의 길을 열어주시기 위해 예수 그리스도를 보내시기까지 수천 년을 기다리신 분이며 타락한 인간들이 돌이키기를 무수히 참고 기다리시는 분이다. 하나님의 기다림 속에는 조급한 우리 인간이 탐지하기에는 너무나 포괄적이고 비밀스러운 하나님의 경륜과 계획이 담겨 있을 것이다.

신이신 하나님이 인간에게 자유의지를 허락하고 인간의 그 자유의지를 통해 일하시는 섭리를 우리 인간이 다 이해하기는 어렵다. 다만 우리는 그렇게 일하시는 하나님의 방식을 성경을 통해서 그리고 우리의 삶을 통해서 명백하게 목격할 뿐이다.

창조의 역사에서 드러나는 하나님의 일하심도 같은 맥락이다. 하나님은 일정한 법칙 없이 중구난방으로 아무 일이나 마구 일어나도록 혼돈스러운 자연세계를 만드시지 않았다. 하나님이 창조하신 우주는, 하나님의 지혜와 지식을 통해 부여된 자연법칙을 바탕으로 질서 있게 운행되는 세계다. 땅이 혼돈하고 공허하며 흑암이 깊음 위에 있었다고 표현한 창세기 1:2의 표현은 하나님의 창조가 시작되기 전의 혼돈(chaos) 상태를 드러낸다. 빛을 창조하신 하나님은 흑암에 질서를 부여하셨고, 궁창을 창조하시고 땅을 창조하신 하나님은 물이 범람하던 땅에 질서를 부여하셨다. 하나님의 창조 과정은 카오스(혼돈)를 코스모스(질서)로 만드시는 과정이었다.

거기엔 자연법칙을 통해서 일하시는 하나님의 모습이 드러난다. 인간의 자유의지를 통하여 구원의 계획을 이루어가시는 하나님의 역사가 성경에 담겨 있듯이, 자연법칙을 통하여 창조의 계획을 완성해 가시는 하나님의 역사가 자연이라는 책에 담겨 있다. 하나님께서 인간의 자유의지에 반하여 로봇처럼 우리를 맘대로 조정하시지 않듯이, 그분은 자연법칙을 망가트리며 마구잡이로 창조하시지 않는다. 변덕스럽게 자연세계를 뒤흔들어놓는 그리스-로마 신화의 신들과는 다르게 우리가 믿는 기독교의 하나님은 자연법칙을 통해서 신실하게 일하시는 분이다.

하나님이 인간을 창조하시고 인격적인 관계를 맺으시기까지 100억 년이 넘는 시간 동안 기다리셨다는 것은 무엇을 말해주는 것일까? 그 긴 시간이 창조주 하나님께는 어떤 의미가 있는 것일까? 아담의 범죄 이후 구원의 역사를 이루시기까지 수천 년을 기다리신 하나님의 오래 참으심은 100억 년의 자연의 역사에도 고스란히 드러난다. 우리는 왜 하나님에게 그 긴 시간이 필요했던 것인지 결코 이해할 수 없다. 그 기다림의 시간이 짧으면 짧은 대로 혹은 길면 긴 대로 우리는 여전히 하나님이 왜 꼭 그만큼의 시간을 기다리셨어야 하는지 물을 것이다. 그러니 어쩌면 그 질문은 어리석은 질문이다. 그러나 우리는 그 비밀스러운 기다림의 시간 안에 담긴 하나님의 오래 참으심과 보이지 않는 섭리를 고백한다. 하나님이 구원의 길을 제시하는 크로노스의 시간이 약 2천 년 전 예수의 탄생을 통해 시작된 것처럼, 하나님의 창조의 계획 안에 인류를 탄생시키는 하나님의 때인 크로노스는 우주 역사의 후반부, 곧 약 수만 년 전이라는 카이로스의 시간에 드러났다고 고백할 수 있다.

자연이라는 책이 드러내는 창조의 역사는 하나님께서 자연세계에 부여하신 자연법칙을 통해서 창조해오셨으며 또한 지금도 창조하시는 하나님의 섭리를 드러낸다. 이런 우주를 볼 때 우리는 시편 기자의 고백처럼 "하늘이 하나님의 영광을 선포하고 궁창이 그의 하시는 일을 나타내는도다"라고 고백한다. 단지 밤하늘의 별들을 보는 것이 아니라, 100억 년이 넘는 장구한 과정을 통해 100억 광년이 넘는 광대한 창조세계를 만드시는 하나님을 보며 우리는 그의 영광과 지혜를 고백한다.

기독교 신앙의 핵심은 두 가지다. 하나는 예수가 그리스도라는 고백이고, 다른 하나는 하나님이 창조주라는 고백이다. 2천 년 전에 팔레스타인에서 병자를 고치고 가난한 자들에게 복음을 선포하며 자신을 죽기까지 내어주신 예수는 바로 우리에게 구원의 길을 열어주신 구원자 그리스도시다. 이 고백은 기독교 신앙의 가장 중심에 위치한다. 그러나 이 첫 번째 고백은 두 번째 고백 없이는 그 의미가 매우 축소되고 만다. 그 예수는 단지 훌륭한 스승이거나 뛰어난 인품을 가진 우리의 이웃 혹은 도를 깊이 깨우친 지도자가 아니었다. 그는 바로 천억 개가 되는 별들을 만들고 우리 은하를 창조하신 분이며 또한 천억 개나 되는 은하들을 지어 거대한 시공간의 우주를 창조하고 섭리하고 다스리시는 바로 창조주 하나님 자신이었다. 그 위대한 창조주가 자기를 비워 신의 자리를 내려놓고 인간의 몸으로 이 땅에 오셔서 우리에게 구원의 길을 베풀었다. 그는 위대한 인간이 아니라 우주 만물의 창조주이신 분이다. 그래서 창조주 하나님에 대한 고백이 깊어질수록 예수가 그리스도라는 고백의 의미는 더더욱 풍요로워진다. 교회는 예수가 그리스도임을 가르치는 만큼 창조주 하나님에 대해서도 가르쳐

야 한다. 이 두 가지 고백은 서로 떨어질 수 없는 고백이며 우리 기독
교 신앙의 정수를 보여주기 때문이다.

2부

성경과
과학

5장

성경은 과학과
모순되는가?

1부에서는 하나님이 성경과 자연이라는 두 가지 책을 주셨다는 기독교 전통에 따라 과학에 대해 고찰했다. 자연이라는 책이 하나님의 일반계시라는 전통을 따른다면 그리스도인들은 자연이라는 책을 읽어낸 과학의 결과를 얼마든지 수용할 수 있다. 창조주를 신앙으로 고백하는 그리스도인의 입장에서 보면 과학의 결과는 결국 하나님의 창조의 역사를 보여주기 때문이다. 성경과 자연은 저자가 같기 때문에 모순될 수 없으며 그래서 원칙적으로는 과학이 기독교 신앙과 양립할 수 있고 모순되지 않는다.

　이러한 원칙은 분명해 보이지만 그리스도인들은 여전히 어려움을 호소한다. 왜냐하면 성경을 읽다 보면 왠지 과학과는 모순되는 듯한 내용을 성경이 증언하고 있다는 인상을 받기 때문이다. 창세기를 비롯한 창조 기사가 담긴 성경 본문을 학교에서 배우는 과학 내용과 비교해보면 서로 양립할 수 없는 전혀 다른 설명을 하는 것처럼 읽히기도 한다. 이런 이유 때문에 많은 그리스도인들은 성경과 과학을 동시에 수용할 수 없다는 생각을 하기 쉽다. 예를 들어보자. 가령 창세기 1장에는 하나님이 천지를 6일 동안 창조한 것처럼 기록되어 있다. 하지만 과학 상식을 가진 사람들은 우주와 지구를 포함한 자연사의 연대가 6일이 아니라 그보다 훨씬 더 오래되었다는 사실을 잘 알고 있다. 1부에서 살펴본 대로 자연이라는 책을 읽어낸 과학은 우주가 100억 년 이상의 시간에 걸쳐 창조되었고 지구와 태양계도 수십억 년의 긴 시간적 과정에 걸쳐 창조되었다고 말한다. 그렇다면 과학과 성경은 모순되는 것이 아닐까? 다른 예를 들어보자. 창세기 1장을 보면 궁창 위에 물이 있었다는 표현이 나온다. 궁창의 정확한 개념을 이해하는 것은 어렵지만 대략 하늘 혹은 대기권과 같은 공간으로 대치해 볼 수 있다. 창세기는 하나님이 궁창을 창조해서 궁창 위의 물과 궁창 아래 물로 나누었다고 기록한다. 반면 과학은 지구의 역사에서 지구 대기 위에 물층이 있었다고 말하지 않는다. 대기권 위의 물층이 있었다는 주장은 과학적으로 신뢰하기 어렵고 물층이 있었다는 증거도 발견할 수 없다. 그렇다면 성경 본문은 과학과 모순된다는 뜻일까? 1부에서는 과학이 창조의 역사를 보여준다는 원칙을 설명했지만, 만일 과학이 성경과 모순되는 내용을 주장한다면 그 과학은 창조의 역사를 보여주는 것이 아니라 오히려 그리스도인들이 거부해야 하는 위험한 학문이 아닐까?

이런 질문들은 성경을 진지하게 읽으면서 동시에 과학에 관심을 가진 사람들이라면 누구나 한 번쯤 던져보았을 것이다. 성경을 하나님의 말씀으로 믿는 그리스도인들은 성경이 틀렸고 과학이 옳다는 식의 답변을 선택할 수 없다. 그렇다고 성경이 옳고 과학이 틀렸다고 주장하는 것도 무리한 헛발질이 되고 만다. 과연 이 질문에 대한 올바른 답은 무엇일까?

　과학시대를 사는 그리스도인들이 겪는 어려움은 많은 경우 과학 그 자체보다는 성경에 대한 이해가 부족하기 때문에 발생한다. 성경이 과연 어떤 종류의 책이고, 어떤 목적으로 쓰였으며, 어떻게 읽어야 하는지에 대한 기본적인 훈련이 되어 있지 않다 보면 성경을 읽히는 대로 읽고 자신의 생각대로 해석하기 쉽다. 그러다 보면 성경이 주장하지도 않은 내용, 성경의 저자가 의도하지도 않은 내용, 하나님이 성경을 통해서 우리에게 주시려는 메시지가 아닌 내용까지 잘못 읽어내게 된다. 그리스도인들이 살아가면서 겪는 다양한 문제들은 사실 성경의 독해법을 잘못 배워서 성경을 엉뚱하게 적용했기 때문인 경우가 많다. 성경을 가장 중요한 책으로 생각하지만 막상 그 성경을 어떻게 제대로 읽어야 하는지 모른다면 참 아이러니가 아닐 수 없다. 지혜롭지 못한 그리스도인들은 내 뜻을 성경에 맞추기보다는 성경을 왜곡하여 내 뜻에 맞추기도 한다. 심지어 목회자들의 경우도 성경 본문의 맥락에서 하나님이 주시는 말씀에 귀를 기울이기보다 자신이 하고 싶은 이야기를 풀어내기 위한 근거 구절로 성경을 악용하는 경우도 왕왕 있다.

　과학과 성경의 문제로 들어가면 더 심각해진다. 성경이 어떤 종류의 책인지 배우지 못한 사람들은 성경을 과학 교과서로 읽기 쉽다. 성경에서 무엇을 읽어야 하는지 배우지 못한 사람들은 성경에서 과학 지식을 찾으려는 경향을 갖기 쉽다. 하나님과 구원에 관한 신학적 메시지를 담은 특별계시로서 성경을 읽지 않고, 그 대신 자연사의 흐름을 담은 백과사전이나 과학 지식을 전달하기 위한 과학 교과서로 성경을 읽는다면 수많은 난관에 부딪힐 수밖에 없다. 성경과 과학을 비교하면서 2부에서 다룰 중요한 질문이 바로 이것이다. 과연 성경을 어떻게 읽어야 할까?

성경을 비롯한 모든 글은 인간의 언어와 문화를 바탕으로 한다. 인간의 언어로 쓰인 성경을 제대로 읽으려면 그 언어의 배경이 되는 문화를 반드시 이해해야 한다. 단어의 뜻을 알아야 하고 그 어휘가 담긴 문화적 배경을 알아야 하며 또한 글의 저자와 독자들이 공통적으로 갖고 있던 상식을 이해해야 한다. 결국 언어의 바탕이 되는 인간의 경험과 문화는 거꾸로 그 언어를 읽어내는 도구가 된다.

이런 관점에서 성경과 과학이 모순되어 보이는 이유를 생각해본다면 우리는 많은 힌트를 얻을 수 있다. 지난 수백 년의 발전 과정을 통해 과학이 새롭게 보여주는 우주의 역사 혹은 자연에 대한 그림은 그동안 우리가 성경을 통해서 생각해왔던 창조의 역사나 자연에 대한 그림과는 너무나 다르다. 과학을 통해 자연이라는 책을 세세히 읽어낼 수 있게 된 근대 과학시대 이전을 살았던 사람들은 자연이라는 책을 직접 보기보다는 성경을 통해서 특히 창세기 1, 2장을 보며 창조의 역사에 대해 어렴풋하게 이해해왔다. 성경이 쓰였던 고대 시대부터 지금까지 자연세계는 이런 모습일 것이라고 추측했던 그 그림, 즉 우주의 기원과 창조의 역사에 대한 구체적인 그림들은 과학이 발전한 이후에 과학을 통해서 새롭게 밝혀낸 그림과는 너무나 다르다. 그리스도인들은 종종 성경의 배경이 된 고대의 상식이 마치 성경 자체의 메시지라고 착각하기 쉽다. 그래서 수천 년 동안 창조의 역사에 대해 그려왔던 그림이 과학이 보여주는 그림과 다르다는 사실에 충격을 받기도 하고, 따라서 성경과 과학이 모순된다고 생각하게 된다.

결국 우리가 살펴봐야 할 내용은 성경은 과연 우주의 역사를 어떻게 제시하고 있느냐는 점이다. 그보다 더 근본적인 질문은 성경은 과연 우주의 역사를 과학적 기술로 제시하고 있느냐는 질문이다. 성경에는 분명히 창조 기사가 담겨 있다. 그러나 창조 기사에 담긴 분명한 신학적 메시지에 비해 거기서 얼마만큼의 과학적 내용들을 읽어낼 수 있을지에 관해서는 심도 있는 검토가 필요하다.

창세기 1장에 대한 이해

창조에 관한 본문은 성경의 여러 곳에 담겨 있지만 그중에서도 가장 중요한 본문은 단연코 창세기 1장이라고 할 수 있다. 그렇다면 창세기 1장을 통해 우리는 우주의 역사나 생물의 역사를 얼마만큼 과학적으로 읽어낼 수 있을까? 자연이라는 책을 읽지 않고 성경만 읽어서 창조에 관한 과학 지식을 쌓아갈 수 있을까? 자연이라는 책을 읽는 방법이 미비했던 고대나 중세 시대에는 성경을 통해 자연을 부분적으로 이해할 수밖에 없었다. 하지만 자연이라는 책을 자세히 읽어낼 수 있게 된 현대에도 자연이라는 책을 무시하고 성경에서 창조의 역사에 담긴 구체적인 과학 지식들을 읽어내는 것이 바람직할까? 창세기 1장은 창조의 역사에 관한 과학적 지식을 담고 있을까? 가령 창조의 기간, 창조의 순서, 창조의 방법이나 창조의 내용 등에 대해서 창세기가 말하는 바는 무엇일까? 성경의 표현이나 기술 혹은 설명에 기초해서 어떤 과학적 결론을 내리는 것이 과연 바람직할까?

과학적 지식은 가령 인과관계나 순서 및 방법 등을 포함한다. 창세기 1장의 창조 기사를 살펴보면서 창세기를 어떻게 읽어야 할지 구체적으로 검토해보자. 먼저 창세기 1장에 나오는 창조의 기간부터 다뤄보자. 근대 과학이 발전하기 전 고대나 중세의 사람들은 창세기를 통해서 하나님이 천지를 창조하신 창조의 연대를 추정할 수 있다고 생각했다. 대표적인 예가 바로 17세기에 아일랜드의 주교였던 제임스 어셔(James Ussher)의 해석이다. 그는 창세기에 나오는 족보를 계산하여 아담까지 연대를 거슬러 올라갔다. 이를 바탕으로 창세기 1장에 나오는 6일 창조의 시점을 기원전 4004년 10월 22일 토요일 해질녘으로 추정했다. 잘 알려진 것처럼 제임스 어셔의 해석은 창세기 주석으로 처리되어서 활자로 찍어낸 성경의 보급과 함께 널리 퍼져나갔다. 그렇다면 제임스 어셔의 해석처럼 창세기에 나오는 족장들의 족보를 통해 창조의 연대를 추정하는 것이 과연 바람직할까? 현대의 성서신학자들 대부분은 어셔의 해석을 지지하지 않는다. 창세기의 족보를 근거로 창조의 시점을 추정하겠다는 생각은 이미 신학계에서는 폐기된 방법이다. 성경을 통해서 하나님이 창조의 역사를 시작하는 시점을 특정할 수는 없다. 하나님이 창조 역사를 시작하신 시점은 오히려 자연이라는 책을 통해 찾아야 한다.

창세기 1장에 나오는 6일 창조 기사는 어떻게 봐야 할까? 하나님이 우주와 지구와 생물계를 창조하신 기간은 문자적으로 6일 동안이었을까? 창세기 1장이 정말로 과학 논문처럼 창조의 연대가 6일이었다고 증거하는 것일까? 사실 성서학자들은 6일 창조 기사에 대해 다양한 입장을 가지고 있다. 창조가 문자적으로 6일의 시간 동안 이루어졌다고 보는 문자주의 견해를 가진 신학자들도 있다. 그러나 6일이라는 창조 주간은 과학적 의미의 6일이 아니라 하나님의 창조 역사를 인간의 한 주간의 노동에 비유한 것이라고 보는 견해도 있다. 안식을 문자적으로 지키는 제7일 안식교회와 같은 교단에서는 6일의 창조 주간을 엄격하게 문자적으로 이해하지만 다른 여러 교단에서는 6일 창조를 문자적으로 주장하지 않는다. 그 대신 인간의 시간과는 다른 하나님의 시간으로 6일 동안 창조한 것으로 이해하거나 6일이라는 기간을 비유적으로 이해하기도 한다. 사실 하나님이 천지를 창조하는 데 걸린 시간이 문자적으로 24시간×6일이건 혹은 그보다 더 긴 시간이건 간에 하나님이 만물의 창조주라는 창세기 1장의 핵심 메시지는 전혀 훼손되지 않는다.

창세기 1장에 나오는 6일 창조가 문자적으로 옳을 수도 있고 과학적 의미의 6일이 아닐 수도 있다면, 즉 성경 해석에 대한 입장이 다양하다면 어떻게 하는 것이 좋을까? 6일 창조를 무조건 문자적으로 해석해야만 하는 것이 아니라 다른 해석도 가능하다면 그럼 어떤 견해가 맞다는 뜻일까? 특별계시인 성경이 구체적으로 증언하지 않는 내용에 관해서 우리는 일반계시인 자연이라는 책을 참고해야 한다. 하나님은 문자적으로 6일 동안 만물을 창조하실 능력이 있지만 꼭 그렇게 해야 할 이유가 없다면, 혹은 6일 창조가 문자적인 의미인지 비유적인 설명인지 해석이 다양하다면 하나님이 주신 다른 책인 자연을 읽어보는 것은 당연한 접근법이다. 자연을 읽어보면 하나님이 창조하신 기간은 문자적으로 6일이 아니라 그보다 더 오랜 기간이었다는 것이 분명하다. 그렇다면 성경에 나오는 6일 창조라는 기간을 어떻게 해석해야 할지 분명해지지 않는가?

다른 방향에서 질문을 던져보자. 창세기의 저자는 우주와 지구, 그리고 생물의 창조를 포함하는 창조의 역사가 얼마나 긴 기간 동안 이루어졌는지 알려주려는 의도가 있었을까? 자연사의 연대기가 얼마나 길었는지 계시하려는 목적이 창세기 1장에 담겨 있을까? 하나님은 창조 기사를 우리에게 주실 때, 하나님이 만물의 창조주라는 중요한 메시지를 주시면서 동시에 창세기 1장을 통해 창조의 기간에 관한 과학적 정보를 알려주시려고 의도하셨을까? 수천 년 전에 창세기를 기록한 저자는 21세기를 사는 우리들에게 창조의 기간에 관한 과학 지식을 전해주려는 의도를 가졌을까? 창조 기사가 쓰인 목적 안에 창조의 기간을 과학적으로 알려주려는 목적이 담겨 있다는 주장은 아무래도 동의하기 어렵다.

그렇다면 창세기 1장에 나오는 하루의 의미를 어떻게 봐야 할까? 6일 창조 기사에 나오는 하루의 개념은 분명히 문자적인 의미다. "저녁이 되고 아침이 되니 첫째 날이더라"라고 표현된 내용을 보면 "날"은 명백하게 하루를 의미한다. 저녁이 되고 아침이 되는 일이 6번 지나서 6일의 시간이 흐르고 그 후에 안식일이 온다면 이 6일은 문자적인 6일이 분명하다. 그렇기 때문에 하루가 24시간이 아니라 수억 년 정도의 긴 지질 시대였다는 식의 설명은 성경 본문과 어긋나 보인다. 창세기 1장의 6일은 분명히 문자적으로 6일이기 때문이다. 그러나 6일 창조의 기록은 하나님이 실제로 6일 동안 우주를 창조하셨다는 설명이 아니다. 창조 기사는 신학적 메시지를 담고 있지만 과학적 설명을 의도한 것이 아니기 때문이다. 하나님은 창세기 1장을 통해 우리에게 천지창조에 얼마나 긴 시간이 걸렸는지에 관한 과학 지식을 계시하려고 하시지 않았다.

둘째, 창조의 순서를 살펴보자. 창세기 1장의 창조 기사에는 분명히 창조의 순서가 나온다. 그러나 이 순서를 과학적 설명으로 받아들여야 할지에 관해서는 심각히 고려해야 한다. 성경의 표현을 따르면 저녁이 되고 아침이 되어 하루가 지나간다. 저녁이 되고 아침이 된다는 말은 해가 지고 뜬다는 시간의 흐름을 지칭하고 그렇다면 저녁이 되고 아침이 되기 위해서 태양이 필요하다. 지구가 자전하면서 태양 쪽을 향하게 되면 아침이 되고 태양 반대쪽을 향하게 되면 저녁이 되기 때문이다. 그러나 창세기 1장을 읽어보면 태양은 첫째 날이 아니라 넷째 날에 창조된다. 그렇다면 태양이 만들어지기 전에 저녁이 되고 아침이 되는 것을 어떻게 이해해야 할까? 태양이 창조되기 전에는 저녁이 되고 아침이 될 수 없다는 것을 창세기 저자가 모르고 실수로 이렇게 기록했을까? 글쎄다. 그런 명백한 사실을 창세기 저자가 몰랐을 리는 없다. 그럼에도 불구하고 태양이 넷째 날 창조되었다고 기록된 것은 창세기 1장에 나오는 6일 창조의 순서가 물리적인 순서를 의미하거나 혹은 과학적 의미의 인과관계를 알려주기 위해 쓰인 것이 아니라는 점을 명확히 보여준다.

창세기 1장에 나오는 창조 기사의 순서를 과학적 의미로 봐야 한다고 주장하는 창조과학자들은 태양은 넷째 날 창조되었지만 그전에도 이미 첫째 날 창조된 빛을 조절하여 저녁이 되고 아침이 될 수 있다고 주장한다. 그러나 태양이 아닌 어떤 물리적 실체가 아침이 되게 하고 저녁이 되게 했다는 주장은 상당히 작위적이다. 만일 빛을 내기도 하고 내지 않기도 하는 어떤 실체가 있어서 저녁이 되고 아침이 되게 만들었다면 지구 전체가 똑같이 저녁이 되고 아침이 되었을까? 아니면 태양이 아닌 이 실체는 마치 태양처럼 에덴동산이 있었던 근동 지역에서 저녁이 될 때 지구 반대편 아메리카 대륙에서는 아침이 되게 만들었을까? 태양이 창조되기 전 3일 동안 저녁이 되고 아침이 되게 만들었던 빛을 내는 이 무언가는 태양이 창조된 넷째 날 이후에는 어디로 갔을까? 만일 이 실체가 태양과 똑같은 역할을 했다면 며칠 후에 굳이 태양을 창조할 이유는 무엇일까? 어떤 사람들은 태양이 첫째 날 창조되었는데 무언가에 가려져 있다가 드디어 넷째 날 태양으로서의 역할을 하기 시작한 것이라고 설명한다. 글쎄다. 창조의 순서를 문자적인 의미의 과학적 설명으로 보려는 관점을 고집한다면 사실 이 해석이 불가능하지는 않다. 작위적인 많은 가정을 덧붙이면 그럴듯한 설명을 만들어낼 수 있다. 그러나 과연 하나님은 어느 것이 먼저 창조되고 어느 것이 나중에 창조되었는지 그 순서가 중요하기 때문에 문자적인 의미로 창조 기사를 기록했고 또 그러한 과학 지식을 성경에 담아 우리에게 주신 걸까?

창조과학과 같은 억지스러운 주장을 제외한다면 태양이 넷째 날 창조되었다는 기록은 창세기 1장의 창조 기사가 물리적 의미의 순서를 서술한 것이 아님을 알려준다. 비단 태양의 예뿐만이 아니다. 창세기 1장과 2장에 나오는 창조 기사의 순서를 비교해보면 그 순서가 서로 다르다는 점도 창세기 1장에 나오는 창조의 순서가 과학적 의미의 순서가 아님을 시사한다. 가령 창세기 2:5에 보면 하나님이 사람을 창조하시기 전에는 초목과 채소 같은 식물이 없었다는 표현이 나온다. 반면 창세기 1장을 보면 여섯째 날에 사람을 창조하시기 전 이미 셋째 날에 씨 맺는 채소와 열매 맺는 나무들을 창조하셨다고 표현되어 있다. 동물의 창조도 마찬가지다. 창세기 1장은 동물을 먼저 창조하고 사람을 맨 마지막에 창조한 것처럼 기술하는 반면, 창세기 2장은 사람을 먼저 창조한 후에 동물을 창조한 것처럼 기록되어 있다. 만일 창조 기사가 과학적인 순서를 알려주는 것이라면 창세기 1장의 순서가 맞는 걸까, 아니면 2장의 순서가 맞는 걸까? 혹은 창세기 1장은 물리적 순서를 알려주는 것이고 2장은 신학적 서술을 담은 걸까? 아니면 창세기 1장이 신학적 서술이고 창세기 2장이 물리적 순서를 알려주는 것일까? 만일 그렇다면 1장과 2장 중 어느 장이 물리적 순서를 보여주는 것이라고 판단할 기준은 무엇인가? 창세기 1장과 2장의 순서가 다르다는 점은 결국 창조 기사의 순서를 물리적인 의미의 과학적인 서술로 볼 수 없다는 교훈을 준다. 미국의 목회자인 팀 켈러(Timothy Keller)는 창세기 1장과 2장의 순서가 서로 다르다는 점을 지적하면서 1장과 2장 둘 다를 문자적인 의미로 볼 수는 없다고 지적한다.[1]

셋째, 창조의 방법에 관해 생각해보자. 현대를 사는 우리는 누군가가 무엇을 만들었다고 하면 어떤 재료를 사용해서 어떤 방법으로 만들었는지 궁금해진다. 과학 교육을 받았고 과학적 사고를 하는 현대

---

1 팀 켈러의 글은 바이오로고스 웹사이트에서 찾아볼 수 있다. https://biologos.org/uploads/projects/Keller_white_paper.pdf

인들이 재료와 방법에 대해 묻는 것은 당연하다. 하지만 고대 근동 지역 사람들은 재료나 방법에 대해서는 관심이 별로 없었다. 그들은 오히려 어떤 기능이 부여되었는가에 더 관심이 있었다. 이런 관점에서 휘튼 칼리지의 구약신학자인 존 월튼(John H. Walton)은 "기능적 창조"를 설명한다.[2] 창세기 1장을 읽어보면 하나님이 어떤 재료나 방법을 사용했는지에 대한 기술은 별로 담겨 있지 않은 반면, 어떤 기능이 부여되었는가의 관점이 강하게 드러난다. 가령 창세기 1:16에 하나님께서 두 개의 광명체를 만드시고 하나는 낮을 주관하게 하고 다른 하나는 밤을 주관하게 하셨다는 서술이 나온다. 이 두 개의 광명체는 해와 달을 의미한다. 그러나 해와 달을 어떤 재료를 사용하여 어떤 방법으로 만드셨는지에 대해서는 전혀 언급이 없다. 그 대신 이 두 개의 광명체로 하여금 각각 낮과 밤을 주관하게 하셨다는 표현이 나온다. 즉 어떤 기능이 주어졌는가에 대한 설명이 있을 뿐이다. 독자 여러분이 창세기 1장을 기능적 창조의 관점에서 읽어본다면 상당히 설득력이 있다는 생각을 하게 될 것이다.

성경은 창조의 방법에 관해서 과학적 설명을 제시하지 않는다. 성경은 하나님이 태양을 창조하실 때 수소나 헬륨 기체를 모아서 중력적으로 수축하게 만들고 내부가 점점 뜨거워져 온도가 1000만° 이상 되면서 드디어 수소를 태우는 핵융합 반응이 일어나게 하셨고, 그래서 태양이 드디어 빛을 내면서 별의 일생을 시작하게 된 과정에 관해

---

2   존 월튼, 『창세기 1장의 잃어버린 세계』(그리심, 2011). 특히, 2장 "고대 우주론은 기능 지향적이다"를 보라.

과학적인 설명을 전혀 제공하지 않는다. 되물어보자. 성경에 왜 태양을 "어떻게" 창조하셨는지에 관한 과학적 설명이 담겨야 할까?

마지막으로 창조의 내용을 다뤄보자. 교회나 학생 단체에서 초청을 받아 신앙과 과학 강의를 하다 보면 이런 질문을 종종 받는다. "하나님이 공룡을 만드셨나요?" 이 질문은 매우 중요할 수 있다. 특히 초등학생들 중에는 공룡에 푹 빠진 아이들이 많기 때문에 공룡에 관해서 잘못 대답하면 아이들이 주일학교에 그만 나올지도 모른다. 과연 하나님은 공룡을 창조하셨을까? 강의를 듣는 청중에게 물어보면 고개를 끄덕끄덕하는 분들이 보인다. 물론 공룡도 하나님이 창조하셨다. 그런데 공룡을 창조했다는 기록이 창세기 1장에 나오지 않는다. 공룡이 성경에 나오지 않는데도 하나님이 창조하셨다고 할 수 있을까? 이렇게 되물으면 강의를 듣던 청중들은 일단 멈칫거린다. 거꾸로 이렇게 물어보자. 왜 성경에 공룡이 나와야 할까?

하나님이 만드신 모든 창조물이 성경에 모조리 다 기록되어야 할 필요가 있을까? 성경은 하나님이 창조하신 모든 창조물을 백화점의 카탈로그처럼 혹은 과학백과사전처럼 빼곡하게 기록한 책이 아니다. 그렇기 때문에 성경에 나오지 않는 창조물들이 훨씬 더 많다. 즉 성경에 나오지 않는다고 해서 하나님이 창조하신 것이 아니라고 결론 내릴 수는 없다는 뜻이다.

그렇다면 성경에는 어떤 창조물들이 선택되어 담긴 것일까? 한 가지 답변은 고대 근동 지역의 우상숭배에서 찾아볼 수 있다. 창세기의 1차 독자들이 살았던 고대 근동 지역에서는 다양한 자연의 대상을 신으로 섬겼다. 거기에는 태양과 달뿐만 아니라 바다도 포함된다. 많은 자연의 대상들을 신으로 받들었던 고대 근동의 다신교 상황에서 성경은 해와 달과 바다를 비롯한 우상들이 신이 아니라 창조주 하나님이 만드신 피조물에 불과하다는 신학적 메시지를 담고 있다. 하나님이 유일한 창조주라는 신학적 메시지를 담기 위해서 창세기 1장에는 특별히 선택된 대상들이 창조의 내용물로 담겨 있다. 따라서 창세기 1장에 나오는 창조의 대상은 과학적 설명을 제공하기 위한 것이 아니라 신학적인 메시지를 담기 위해서 구성된 내용이라고 보는 것이 바람직하다.

고대 근동 우주관

창세기 1장의 창조 기사를 보다 명확히 이해하려면 창세기의 1차 독자들이 살았던 고대 근동 지역의 상식과 우주관에 대해서 알아야 한다. 칼뱅은 성경이 보통 사람들을 위해서 쓰였다고 설명했다. 곧 보통 사람들이 이해할 수 있도록 일반적인 상식에 기초해서 성경이 기록되었다는 것이 칼뱅의 관점이다.[3] 그렇다면 창세기도 창세기의 첫 독자들이 이해할 수 있도록 그 시대의 상식에 기초해서 쓰였다고 볼 수 있

---

3 과학과 성경에 관한 칼뱅의 관점을 종교개혁의 관점에서 바라본 R. 호이카스는 그의 책 『근대과학의 출현과 종교』에서 칼뱅의 관점을 이렇게 인용한다. "모세는 성경을 기록함에 있어서 오히려 평범한 용어를 채택했다. 그러므로 성경은 보통 사람들을 위한 책이었으며 천문학 및 다른 난해한 학문을 배우려 하는 사람은 다른 곳으로 가도록 해야 할 것이다"(p. 126, 칼뱅의 『창세기 주석』 재인용).

다. 그렇기 때문에 고대 근동 지역에 살던 사람들이 어떤 상식을 갖고 있었는지, 또 어떤 우주관을 가졌는지 살펴봐야 한다.

고대 근동 사람들은 우주를 어떻게 생각했을까? 물론 현대적인 의미의 우주라는 개념 자체가 그 당시에는 존재하지 않았다. 우리가 발을 딛고 서 있는 땅 위의 세계는 흔히 하늘이라는 개념으로 그려진다. 고대 근동 지역 사람들이 알고 있었던 우주는 철저히 지구에서 발을 딛고 바라본 관찰자의 입장에서 구성된다. 그 당시 사람들은 지구가 편평하고 바다로 둘러싸여 있다고 믿었다. 이는 근동 지방이 지중해와 흑해 등 물로 둘러싸여 있다는 점을 생각해보면 이해가 쉽다. 땅끝에는 하늘을 받치는 기둥이 있었고 성경에 궁창으로 표현된 하늘에는 해와 달과 별들이 있으며 그 궁창 위에는 물층이 있다고 생각했다. 궁창 위에 물층이 존재한다고 생각했던 것은 아마도 비가 내려야 하기 때문에 물의 저장고가 하늘 어딘가에 있다고 믿었던 것으로 이해할 수 있다. 현대인들은 비가 내리는 과정이 수증기가 쌓여 구름이 되었다가 다시 물이 되어 지표면에 떨어진다는 것을 알고 있다. 그러나 고대 근동 지역의 사람들은 아마도 비의 근원으로 하늘 위에 물층이 존재한다고 여겼던 것 같다.

지구를 중심으로 한 고대의 우주관은 성경의 배경이 되는 근동 지방에서 일반적으로 통용되던 상식이었으며 동시에 고대 히브리인들이 가졌던 우주관이기도 하다. 만일 독자 여러분이 창세기의 저자로 선택받았다면 창세기를 어떻게 저술했을까? 분명한 점은 그 시대의 독자들이 이해할 수 있는 방식으로 기록했을 것이라는 점이다. 창세기의 저자는 자신이 살았던 시대에 통용되는 어휘와 개념들을 사용해서 우주의 모습을 기술할 수밖에 없다. 그래서 창세기를 읽으면 고대 근동 지역 사람들이 상식적으로 알고 있던 우주의 모습이 담겨 있음을 발견하게 된다. 지구는 편평하고 움직이지 않으며, 궁창이라는 하늘의 벽에는 해와 달과 별들이 붙어서 하루에 한 번씩 지구 주위를 돌고 있고, 궁창 위에는 물층이 있는 그런 고대의 우주관이 성경에 담겨 있는 것이다.[4]

　창세기 1장은 고대 근동 지역 사람들이 생각했던 우주의 모습 하나하나를 하나님이 창조한 것으로 묘사한다. "하나님이 궁창을 만드사 궁창 위의 물과 궁창 아래 물로 나누시고"라는 표현은 당시의 창세기 독자들이 이해할 수 있는 방식으로 당대의 상식을 따라 우주 창조를 표현한 것이다. 그러나 창세기 1장에 이런 표현들이 있기 때문에 실제 우주의 모습이 고대 근동 지역 사람들이 알고 있었던 우주의 모습 그대로라고 주장하는 것은 오류다. 성경에 표현된 대로 지구가 편평하고 하늘을 받치는 기둥이 있으며 하늘 위에 물층이 있었다는 표현이 문자 그대로 실제 우주의 모습을 기술하고 있다고 주장한다면 성경을 제대로 이해하지 못한 것이다. 가령 종교개혁자 칼뱅은 창세기 1장에 등장하는 궁창 위의 물을 실제의 물층이 아니라 구름으로 해석했다.[5]

4　창세기 1장에 담긴 고대 근동의 우주론에 관해서는 존 월튼의 『창세기 1장과 고대 근동 우주론』(새물결플러스, 2017)을 참고하라.

5　호이카스는 『근대과학의 출현과 종교』에서 칼뱅의 『창세기 주석』을 인용하며 칼뱅의 견해를 다음과 같이 정리한다. "칼뱅의 건전한 상식은, 그가 창세기 1장의 '하늘 위의 물'을 구름으로 해석한 것에도 명백히 나타난다. 그 물은 성경을 글자 그대로 해석하는 사람들이 생각한 것처럼 실제의 바다가 아니었고, 풍유적 해석자들—오리게네스와 같

성경의 저자들은 땅이 움직일 수 없다고 믿었고, 태양이 지구 주위를 도는 것이 아니라 지구가 태양 주위를 공전한다는 사실을 알지 못했다. 하지만 성경에 지구가 움직일 수 없다는 표현이 있다는 이유로 지구가 움직이지 않는 천동설이 옳다고 주장한다면 그것은 성경 저자의 의도를 벗어나는 오류에 빠지게 된다. 성경은 지동설이 맞는지 혹은 천동설이 맞는지를 밝혀주기 위해 쓰인 책이 아니다. 성경의 목적은 우주가 어떻게 생긴 것인지에 관한 과학 지식을 우리에게 알려주는 것이 아니다. 성경은 이 우주를 누가 창조했는가, 창조주가 누구인가를 알려주기 위해 쓰인 책이다. 그렇기 때문에 성경의 저자가 의도하지 않은 내용까지, 가령 하늘 위의 물층의 존재나 지구의 자전과 공전과 같은 과학적인 답을 성경에서 찾으려 한다면 심각한 오류에 빠질 수밖에 없다.

당대의 문화와 상식을 배경으로 쓰인 본문

성경 저자의 의도를 벗어나서 내가 원하는 답을 찾으려는 실수는 우리 모두가 쉽게 범한다. 가령 신약성경의 한 본문을 생각해보자. 디도

은ㅡ이 그러했을 것처럼 천사들도 아니었다. '왜냐하면 하늘 위에 어떤 물이 있다는 것은 상식에 위반되는 것 같으며 거의 믿을 수 없는 것이기 때문이다.' 칼뱅은 이러한 물을 '거칠고, 교육받지 못한 사람들도 감지할 수 있는' 것으로 생각하는 쪽을 택했다. 그는 성경의 권위가 자연에 관한 비합리적 교리까지도 받아들이도록 요구한다고는 믿지 않았다."

서 2장을 읽어보면 사도 바울이 "종들은 자기 상전들에게 범사에 순종하라"고 권고한다. 바울은 인간이 평등하다고 가르치거나 노예제도가 반기독교적이라고 가르치지 않고 그 대신 노예들을 향해 주인에게 순종하라고 가르친다. 그렇다면 바울은 노예제도를 인정하는 것일까? 만일 누군가가 이 본문을 읽고 나서 바울이 노예제도에 찬성했다고 주장한다면 어떨까? 또 이 본문을 근거로 신약성경은 노예제도를 인정한다고 해석하면 어떻게 될까?

성경이 노예제도를 인정한다고 가르친다면 그런 가르침은 성경의 가르침을 벗어난다. 노예제도가 사회적으로 통용되던 당시의 문화적 상황에서 그리스도인들 중에도 각각 종과 주인의 신분으로 살아가는 사람들이 있었다. 그 당시 종으로 살아가던 그리스도인들에게 바울은 윤리적인 권면을 제시한 것이다. 그러나 이 권면을 토대로 바울이 노예제도 찬성론자라고 주장한다든가, 혹은 신약성경이 노예제도를 인정한다고 해석한다면 그것은 심각한 오류를 일으킨다.

창조 기사를 이해하는 일도 마찬가지다. 창세기 1장은 고대 근동 지역 사람들이 일반적으로 갖고 있던 상식과 우주관을 토대로 그들이 알고 있던 우주의 모습 하나하나를 하나님이 창조하셨다고 기술한 것이다. 하지만 고대 근동의 우주관에 기초한 우주의 모습을 실제 우주의 모습이라고 주장한다면, 신약성경이 노예제도를 찬성한다고 주장하는 것과 동일한 오류를 범하는 셈이다.

성경을 읽는 바람직한 방법은 성경의 저자들이 의도한 내용을 읽으려고 노력하는 것이다. 만약 성경의 저자가 의도하지도 않은 내용까지 억지로 읽어낸다면 위험하다. 그런 점에서 성경이 말하는 데까지 말하고 성경이 말하지 않는 곳에서 멈추라는 권면을 우리는 기억해야 한다. 하지만 우리는 종종 성경 본문에서 하나님이 의도하지 않은, 혹은 성경 저자가 담으려고 생각하지도 않은 내용까지 맘대로 읽어내려는 경향이 있다. 가령 성경에서 고대 근동 지역의 상식을 읽어내서 그것을 토대로 과학을 판단하려 한다면 심각한 문제가 발생한다. 그 대표적인 실수가 바로 천동설-지동설 논쟁이었다. 시편 104편에 나오는 구절을 근거로 성경은 지구가 움직일 수 없다고 가르친다면서 천동설을 옹호했던 끔찍한 역사적 실수를 우리는 기억해야 한다.

창세기에 드러난 창조 개념

고대 근동 지역 사람들은 긴 시간적 과정을 거쳐서 무언가가 창조된다는 동적 개념을 갖고 있지 않았다. 그 대신 그들은 즉각적이고 순간적으로 무언가가 창조된다는 개념을 주로 갖고 있었다. 이런 개념을 즉각적 창조 혹은 새로움으로의 창조(*creatio de novo*)라고 부른다.[6] 이 개념은 무언가가 즉각적이고 완성된 형태로 창조된다는 것을 의미한다. 그 시대에는 긴 시간 동안 자연적 인과관계를 거쳐 무언가가 창

---

6 『아담의 역사성 논쟁』(새물결플러스, 2015)의 1장에서 데니스 라무뤼는 이렇게 설명한다. 고대인들은 하나님이 생명체를 창조하셨던 기간을 재구성하는 과정에서 아주 합리적으로 피조물이 각기 즉각적으로 완전한 형태로 태어났다는 결론에 이르렀다. 기원에 관한 이런 관점은 흔히 "신규 창조"(*de novo* creation, 라틴어 *de*는 "~로부터", *novus*는 "새로운"을 의미한다)라고 불린다.

조된다는 개념보다는 즉각적이고 완성된 형태로 창조되는 개념이 일반적이었다. 마치 소가 송아지를 불쑥 낳고 말이 망아지를 불쑥 낳듯이 완성된 형태의 창조 개념이 창조 기사에도 주로 사용되었다.

그러나 이러한 개념이 창세기에 나온다고 해서 하나님의 창조 방법을 마술사가 무언가를 뚝딱 만들 때처럼 순간적이고 완성된 형태의 창조로 제한할 수는 없다. 앞에서 밝혔듯이 성경 저자의 의도는 하나님이 창조하신 방법을 규명하는 것이 아니기 때문이다. 누가 창조주인지를 명확히 알려줄 목적으로 쓰인 창세기는 그 시대의 사람들이 생각했던 창조의 개념을 도구로 사용했을 뿐이다. 고대 근동 지역 사람들은 시간에 따른 인과적 창조에 대한 개념을 갖고 있지 않았고 그래서 그 당대의 상식이었던 즉각적이고 순간적인 창조의 개념으로 창조 기사가 기술되어 있는 것이다. 하지만 그렇다고 해서 하나님의 창조 과정을 마술사가 무언가를 순간적으로 만들어내는 과정처럼 이해하는 것은 바람직하지 않다. 하나님이 우주를 어떻게 창조하셨는가라는 과학적인 질문에 대해서 즉각적이고 완성된 형태로 창조하셨다고 창조의 방법을 제한한다면 그것은 성경의 의도를 넘어서는 오류다. 하나님의 창조의 방법에 관해 묻고 답하려면, 창조의 방법에는 별 관심이 없는 성경책을 열심히 들여다보기보다는 창조의 방법이 낱낱이 기록된 자연이라는 책을 읽고 연구해야 한다.

성경은 창조주를, 자연은 창조세계를 보여준다

결국 성경을 어떻게 읽어야 하는가라는 질문을 과학과 관련해서 생각해본다면 분명한 것은 성경은 과학 교과서가 아니라는 점이다. 성경은 창조의 방법이나 순서 혹은 창조의 기간과 연대를 알려주려는 목적으로 기록되지 않았다. 성경은 창조의 방법(how)에 관한 과학책이 아니라, 창조주가 누구인지(who)를 알려주는 특별계시의 책이다.

결국 우리는 두 가지 책이라는 기독교 전통으로 다시 돌아왔다. 성경과 자연 둘 중 하나를 취사선택하는 것은 옳지 않다. 또한 성경을 봐야 할 때 자연을 보거나 자연을 봐야 할 때 성경을 보는 실수도 피해야 한다. 창조주가 누구인지를 알려주는 성경과, 창조세계가 어떠한지를 알려주는 자연이라는 책, 이 두 책을 함께 읽어야 한다.

성경은 창조주가 누구인지를 알려주는 신학적 서술을 담고 있다. 성경 본문은 다양한 신학적 메시지를 담고 있지만 과학적 지식을 전해주는 목적을 담고 있지는 않다. 성경은 과학적 서술이라기보다는 비과학적 혹은 초과학적 서술을 담고 있으며, 성경이 가르치는 바는 결국 창조주에게 초점이 맞추어져 있다.

반면 자연이라는 책은 창조세계를 기술하는 책이다. 그 책에는 창조의 과정이 어떠했는지, 창조물들이 어떻게 만들어졌는지에 관한 인과적 서술이 담겨 있다. 그 서술은 시간적 과정이라든가, 순서라든가, 방법과 같은 과학적 정보를 담고 있으며 비신학적인 서술이다. 자연이라는 책의 초점은 창조세계다. 자연이라는 책은 창조주에 관한 힌트가 담겨 있을지는 모르지만 창조주가 누구인지를 직접 가르쳐주지는 않는다.

우리는 성경과 자연을 통합적으로 봐야 한다. 이 두 책은 서로 모순되거나 양자택일해야 하는 책이 아니다. 성경을 통해서는 창조주가 누구인지, 그리스도가 누구인지, 하나님의 백성들이 어떻게 하나님의 뜻에 따라 살아가는지를 배울 수 있다. 반면에 자연이라는 책을 통해서는 하나님의 창조의 역사가 어떻게 펼쳐졌는지 배울 수 있으며 그 안에 담긴 하나님의 놀라운 지혜와 지식이 얼마나 풍성한지 배울 수 있다. 또한 자연현상에 담긴 인과관계들을 하나하나 구체적으로 볼 수 있으며 이를 통해 우주의 역사를 주관하고 창조세계를 다스리시는 하나님의 섭리를 배울 수 있다.

이 두 가지 책 중에서 하나를 소홀히 한다면 우리는 창조주와 창조세계에 관해 매우 불완전한 배움을 얻을 수밖에 없다. 자연이라는 책을 무시한다면 우리는 하나님을 100억 광년이 넘는 광대한 우주와

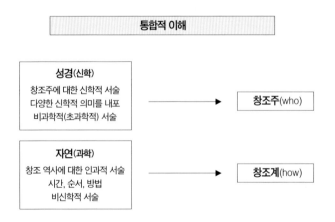

그림 14. 성경과 자연, 두 책을 통한 통합적 이해

100억 년이 넘는 장구한 시간을 창조하고 다스려온 하나님이 아니라 그저 인간에게 하늘의 해와 달과 별을 지어주신 제한된 지구의 신 정도로 축소시키게 된다. 반면에 성경이라는 책을 무시하면 우리는 결코 이 광대한 시공간의 우주가 왜 존재하는지, 광할한 우주에서 먼지처럼 작은 내 인생의 의미는 무엇인지 그 답을 찾을 수 없다. 우리는 성경과 자연을 함께 또한 적합하게 읽으면서 창조주와 창조세계에 관해 배워가야 한다. 그 과정을 통해 우리는 성경에 드러난 하나님의 사랑에 감격하고, 또한 자연이라는 책에 드러난 하나님의 위대한 섭리와 지혜 그리고 오래 참으심에 깊이 감격하고 하나님을 더 높이 찬양하게 된다.

6장

성경 해석의 역사
일치론적 해석 vs. 비일치론적 해석

하나님의 창조 역사가 낱낱이 기록되어 있는 자연이라는 일반계시의 책을 제대로 읽어내지 못했던 고대와 중세에는 자연 대신 성경에 기대어 하나님의 창조 역사를 부분적으로 이해해왔다. 철저히 지구인의 관점에서 쓰인 성경 본문을 마치 과학 교과서처럼 읽어 창조세계를 불완전하게 이해하던 흐름은 마침내 근대 과학이 성립하면서 새로운 전환을 맞게 된다. 자연이라는 책을 하나씩 제대로 읽어내기 시작하면서 하나님이 창조하신 우주와 지구 그리고 생물의 역사를 가리던 장막이 하나씩 벗겨지기 시작했다. 그러나 자연이라는 책이 풀어내는 창조의 역사를 하나하나 새롭게 배워가면서 신학자와 과학자들은 커다란 문제에 부딪혔다. 그것은 과거와 달리 창조 기사를 어떻게 새롭게 해석할 것인가의 문제였다.

근대 과학 이전 시대에는 지구가 우주의 중심에 있고 움직이지 않는다고 생각하던 지구 중심설이 상식이었다. 칼뱅이나 루터도 성경 본문, 가령 시편 104편에 나오는 "땅의 기초를 놓으사 땅이 흔들리지 않게 하셨나이다"와 같은 구절에 근거해서 지구가 움직일 수 없다고 생각했다. 자연이라는 책을 읽는 해석이 완벽하지 않았던 그 시절, 즉 지동설에 대한 과학적 증거가 충분치 않았던 코페르니쿠스 시대에 살던 사람들 중에는 지동설이 틀렸고 천동설이 옳다고 생각했던 과학자나 신학자도 많았다. 그러나 이단 재판으로 유명한 갈릴레이를 거쳐 케플러와 뉴턴 시대가 되면 자연이라는 책에 대한 해석은 분명해진다. 지동설이 맞다는 과학적 증거가 확고하게 쌓이면서 천동설은 이제 빛바랜 과거의 기억으로 사라진다. 자연이라는 책을 과학이라는 도구를 통해 정확히 읽게 되면서, 하나님이 천지를 창조하실 때 지구를 중심에 두셨는지 혹은 태양을 중심에 두셨는지 확실히 알 수 있게 된 것이다.

더 나아가 자연이라는 책을 통해 얻게 된 새로운 지식은 성경을 바르게 해석하는 데도 도움을 주었다. 시편 104편의 내용은 지구가 움직일 수 있는지 없는지를 알려주거나 혹은 지동설이 옳은지 천동설이 옳은지 알려주기 위해 쓰인 본문이 아님을 알게 된 것이다. 우리는 시편 104편에 대해 바르게 해석하게 된 과정을, 성경과 자연을 함께 읽어가면서 결국 성경과 자연을 둘 다 바르게 볼 수 있게 된 예로 기억할 수 있다. 갈릴레이가 말한 대로 성경은 하늘이 어떻게 돌아가는지를 알려주는 책이 아니라 우리가 하늘(천국)에 어떻게 가는지를 알려주는 책임을 분명히 가르쳐주는 출발점이 된 셈이다.

일치론적 해석

우리가 쉽게 이해할 수 있는 천동설–지동설의 논쟁을 예로 들었지만 사실 과학이 발전하는 지난 몇 세기 동안 성경에 대한 해석과 이해 역시 많이 변해왔다. 성경의 표현을 바탕으로 자연세계와 우주 창조의 모습을 어렴풋하게 추측하여 고대의 우주관이나 상식에 제한되었던 창조의 그림은 과학이 발전하면서 드러낸 창조의 그림과는 많이 달라 보였다. 이 두 그림은 서로 모순되어 보였으므로 기존의 성경 해석 혹은 과학 중 하나를 택하려는 갈등이 일어나기도 했다. 반면 이 두 그림을 합리적으로 조화시키려고 했던 노력이 나타나는데 이를 "일치론적 해석"이라고 한다. 조화주의라고 부르기도 하는 일치론적 해석의 대표적인 예로는 창세기 1장에 기록된 창조의 순서를 실제 과학적 의미의 순서로 이해하고 과학이 발견한 자연사의 순서와 조화시키려 했던 노력을 꼽을 수 있다.

17세기 아일랜드의 성공회 주교였던 제임스 어셔는 창세기의 족보를 계산해보면 약 만 년 전에 하나님께서 우주 만물을 창조하셨다고 주장했는데 이 견해는 근대 과학이 발전하기 전 대부분의 그리스도인들이 가졌던 주류 의견이었다고 할 수 있다. 그러나 18, 19세기에 지질학이 발달하면서 어셔의 견해는 심각한 도전에 부딪힌다. 왜냐하면 지질학 연구 결과들에 따르면 지구의 연대가 만 년이 아니라 그보다 훨씬 오래되었다는 과학적 증거들이 많이 나왔기 때문이다. 부인할 수 없는 지질학적 증거들에 직면한 과학자와 신학자들은 창세기 1장의 6일 창조 기사를 어떻게 해석해야 할지 고민하기 시작했다. 그들 중 일부는 창세기 1장에 나오는 하루의 의미가 문자적인 24시간이 아니라 매우 긴 지질 시대를 의미한다고 해석했다. 이것이 바로 성경의 하루 개념을 하나의 지질 시대로 본 "날-시대(Day-Age) 이론"이다. 창세기의 6일을 한 주간의 시간이 아니라 6개의 지질 시대를 의미하는 것으로 해석한 관점이었다. 이런 노력이 바로 창세기 1장의 서술과 과학의 결과를 조화시키려 한 전형적인 일치주의 관점에 따른 접근이었다.

날-시대 이론과 더불어 유행했던 또 하나의 이론은 "간격 이론"이다. 이 견해에 따르면 창세기 1:1과 1:2 사이에는 긴 간격이 있었다. 1절은 하나님의 첫 창조를 의미하지만 그 이후 타락과 파괴가 있었으며 2절이 파괴의 결과를 언급하고 있다고 해석한다. 그리고 3절부터 나오는 6일 창조는 파괴된 창조세계를 재건하는 재창조라고 해석한다. 간격 이론이라고 불리는 이 관점에 따르면 3절부터 나오는 6일간의 재창조가 있기 오래전에 이미 하나님이 지구를 창조하셨기 때문에 지질학에서 발견되는 오래된 지구의 증거들과 성경이 모순되지 않는다. 즉 간격 이론도 지질학의 발견과 성경의 본문을 조화시키려는 노력에서 나온 일치주의 관점의 산물이다.

하지만 위에서 예로 든 일치론적 해석을 따르는 견해를 살펴보면 성경 본문을 여전히 과학 교과서처럼 읽는 한계를 볼 수 있다. 그러다 보니 성경 본문의 기술과 과학의 내용을 조화시키기 위해서 작위적인 가정들을 자꾸 만들어내게 된다. 성경의 기술과 과학을 일치시키기가 어려운 내용들에 관해서는 새로운 가정들을 가미할 수밖에 없다는 뜻이다. 가령 날-시대 이론의 경우에 하루의 개념을 24시간으로 보지 않고 긴 지질 연대로 보기 때문에 지구의 나이가 많다는 지질학적 발견과는 모순되지 않는다. 그러나 창세기 1장에 나오는 6일 창조의 순서는 여전히 과학적 순서라고 해석하기 때문에 모순에 빠질 수밖에 없다. 성경의 표현에 따르면 태양은 넷째 날 창조되는 반면 식물은 셋째 날 창조되는데, 만일 하루가 24시간이 아니라 수억 년이나 되는 긴 지질 시대라면 어떻게 될까? 태양이 창조되기 전 수억 년 동안 식물이 태양 없이 생존해야 한다는 뜻이 된다. 태양이 없으면 광합성을 할 수 없기 때문에 식물은 존재할 수 없다. 하루라면 식물이 견딜 수 있을지 모르지만 수억 년이나 되는 긴 지질 시대 동안 태양 없이 식물이 존재했다고 주장하는 것은 지나친 주장이다. 이런 모순을 피하기 위해서는 식물은 원래 광합성이 필요 없도록 창조되었다고 가정하거나 태양이 창조되기 전에는 태양 대신 빛을 내는 다른 광원체가 있었다는 식의 설명을 덧붙일 수밖에 없다. 그러나 이런 설명은 성경 본문과 과학적 발견을 짜맞추기 위한 작위적인 가정이라는 비판을 피할 수 없다.

창조과학자들도 성경 본문을 과학 교과서처럼 읽고 해석하기 때문에 작위적인 가정을 덧붙인다. 가령 창조과학자들은 궁창 위에 실제로 물층이 있었다고 주장한다. 그러나 창세기 1장에 따르면 하나님이 해와 달과 별들을 궁창에 두셨기 때문에 만일 궁창 위에 물층이 있다면 물층에서 비가 내릴 때 해와 달과 별이 다 물에 젖거나 아니면 별들 사이의 빈 공간에만 구멍이 뚫려서 비가 내려야 한다. 해와 달과 별들을 궁창에 두셨다는 표현을 과학적 설명으로 해석한다면 궁창 안에는 우리 은하의 별들 천억 개가 다 들어 있어야 한다. 그렇다면 물층은 대기권 밖이 아니라 우리 은하 밖에 있어야 될지도 모르는 셈이다. 그래서 창조과학자들은 궁창 밖에 우주가 존재한다는 설명을 덧붙인다. 물론 성경에는 우주 공간이라는 개념이 들어 있지 않다. 창조과학자들의 작위적인 설명은 자신들이 주장하는 문자적 해석에도 들어맞지 않게 되고 만다.

성경의 창조 기사를 자연사를 기록한 과학적 서술로 보고 과학의 발견과 하나하나 조화시키려고 하면 계속해서 심각한 문제에 부딪힐 수밖에 없다. 결국 일치론적 관점은 과학이 발전하면서 새로운 사실들을 제시할 때마다 성경 본문과 과학을 조화시키기 위해 작위적인 가정을 추가할 수밖에 없는 운명을 지닌 셈이다.

비일치론적 해석

일치론적 해석과 다른 관점을 "비일치론적 해석"이라고 부른다. 이 관점은 창세기 1장을 하나님의 창조에 대한 포괄적인 서술로 해석한다. 창조의 순서를 과학적 의미가 아닌 신학적인 서술로 본다. 창조 기사는 하나님이 창조주라는 신학적 메시지를 전하기 위해서 다양한 문학적 장치를 통해 기록된 책이다. 대표적인 견해가 "골격 이론"이다. 이 견해에 따르면, 6일의 창조 기사는 앞의 3일과 뒤의 3일로 나뉘어 이 둘을 병렬적으로 대비해서 구성되었다고 본다. 앞의 3일 동안에는 궁창과 바다 및 땅을 만들고 뒤의 3일 동안에는 궁창을 나는 새와 바다의 물고기 그리고 땅의 짐승을 창조한다. 이렇게 병렬적 구조를 이루고 있는 골격(frame)으로 창조 기사가 구성되어 있으며, 7일째 오는 안식일을 중심으로 창조주 하나님의 창조 과정을 구조적으로 기술하고 있다고 해석한다.

창조 기사를 "비유적인 해석"으로 읽는 관점도 있다. 하나님이 천지를 창조한 과정을 인간의 한 주간의 노동에 비유하여 안식을 중심으로 6일의 창조 기간을 비유적으로 표현했다는 관점이다. 보수적인 그리스도인들은 흔히 비유적 해석을 껄끄러워한다. "비유"라는 단어가 마치 성경이 사실이 아니라 설화에 불과하다는 느낌을 주기 때문이다. 그러나 비유적으로 해석한다는 말은 창조 기사가 허구라는 뜻이 아니다. 문학에서 사용되는 비유, 은유, 과장과 같은 표현들은 오히려 본문이 전하려는 신학적 메시지를 그 목적에 맞게 강력하게 전달할 수 있도록 돕는 장치다.

예를 들어보자. 일본 동북부 지방에 쓰나미가 와서 마을 사람들이 모두 사망하고 한 사람의 생존자만 남았다고 하자. 쓰나미를 겪었던 생존자는 자신의 기억을 토대로 쓰나미가 얼마나 무서운 재앙인지를 기술하여 다음과 같은 기록을 남겼다. "하늘까지 닿는 거대한 쓰나미가 덮쳐 자동차와 집과 사람들을 순식간에 쓸고 내려갔다." 이 기록을 쓰나미를 연구하는 해양학자가 본다면 어떤 생각을 할까? 쓰나미의 높이나 속도를 정확히 측정하여 담은 과학적 기록과 비교한다면 분명 차이가 날 것이다. 쓰나미가 하늘까지 닿았다면 대기권 수십 킬로미터까지 치솟았다는 의미일까? 쓰나미가 집과 자동차와 사람들을 순식간에 쓸어갈 수는 없지 않은가? 그렇다면 이 기록은 사실과 다르니 허구를 담은 기록이란 말까? 쓰나미를 전문적으로 연구하는 해양학자는 이 생존자가 남긴 기록에 비유와 과장이 섞여 있기 때문에 그 기록을 적합한 과학적 기록으로 인정하지는 않을 것이 뻔하다. 하지만 이 기록이 정확한 과학적 기록이 아니라고 해서 쓰나미가 발생했다는 사실이 허구가 되는 것일까? 전혀 그렇지 않다. 생존자가 사용한 비유적 표현은 오히려 쓰나미의 공포와 피해를 명확하게 드러내는 적합한 표현이다. 하지만 이 기록을 토대로 실제로 쓰나미가 하늘까지 닿았다고 이해한다면 문제가 발생한다. 반대로 쓰나미가 하늘까지 닿을 수 없으니 이 기록은 사실이 아니라 허구라고 판단해도 문제가 발생한다. 창조 기사도 마찬가지다. 창조 기사의 표현을 비유적으로 해석한다고 해서 창조 기사를 허구로 만드는 것은 아니다. 쓰나미로 인한 피해를 서술한 글이 과학자의 기록처럼 정확히 표현되지 않았더라도 쓰나미를 겪었던 사람의 경험을 잘 표현했듯이, 성경의 텍스트는 과학 교과서가 아니며 비유를 비롯한 문학적 장치들을 사용하고 있지만 그렇기 때문에 성경에 담긴 신학적 메시지가 더 잘 드러날 수 있다.

통합적 이해

그렇다면 과학이 제시하는 창조의 역사와 성경의 기록을 어떻게 함께 읽어야 할까? 창조주를 드러내는 성경과 창조의 역사를 드러내는 자연을 통합적으로 봐야 하는 것은 분명하다. 하지만 성경과 과학을 짜 맞추려는 일치론적 관점은 건강하지 못하다. 성경과 자연, 이 두 가지 책은 성격이 다르다. 성경은 창조주에 대한 신학적 서술이고 그 안에 다양한 신학적 메시지를 담고 있는 반면 과학적 서술을 담고 있지 않기 때문에 성경을 과학과 조화시키려는 태도는 오히려 건강하지 못하다. 반대로 과학은 창조의 연대, 순서, 방법들을 찾아내며 창조의 역사가 어떻게 펼쳐졌는지 인과관계를 서술한다. 그렇기 때문에 과학을 성경의 표현과 일치시키려는 시도도 건강하지 않다. 우리는 성경과 자연을 함께 통합적으로 보되 각각의 목적에 맞게 읽어야 한다.

결론: 과학의 도전

"과학은 기독교에 대한 도전인가?"라고 물어본다면 그에 대한 답은 "그렇지 않다"이다. 왜냐하면 과학은 하나님의 창조 역사를 담은 자연이라는 책을 읽는 과정이며 자연의 주인은 창조주 하나님이기 때문이다. 과학이 무엇을 밝히든지 원칙적으로 과학의 결과는 기독교와 하나님에 대한 도전이 될 수 없다. 우리가 겪는 대부분의 문제는 성경을 왜곡해서 읽거나, 성경의 저자가 의도하지 않은 내용을 읽어내거나, 성경을 과학 교과서처럼 읽을 때 발생한다. 오히려 과학이 밝혀주는 자연의 역사를 하나님의 창조 역사로 이해하고 과학이라는 학문을 일반계시의 지혜를 배울 수 있는 유용한 도구로 삼는다면 결코 과학은 기독교에 도전이 되지 않는다.

  과학이 기독교에 던지는 진정한 도전은 과학이 발견해내는 창조의 새로운 비밀들을 우리가 어떻게 신학적으로 이해할 것인가라는 문제다. 지구가 움직이지 않는다는 생각이 상식이었던 시절에, 과학은 지구가 태양 주위를 움직인다는 지동설을 알려줌으로써 사람들에게 충격을 주었다. 하늘의 해와 달과 별들을 천사들이 끌고 다닌다는 생각이 상식이었던 때, 중력 법칙에 의해 천체의 운동을 설명한 뉴턴의 과학은 사람들에게 큰 충격을 주었다. 생물들이 각각 독립적으로 특별한 방법에 의해서 완성된 형태로 창조되었다는 생각이 지배적이던 시절에, 생물들은 공통 조상에서 진화했다는 것이 과학을 통해 알려지면서 사람들은 큰 충격을 받았고 그 충격은 지금도 계속되고 있다. 과학이 발전하면서 새로운 비밀들이 발견될 때마다 인류는 놀라움을 금치 못했고 기독교는 커다란 심리적 충격에 직면했다. 그러나 과학이 발견한 내용들은 사실 창조주가 창조하신 과정과 역사에 담긴 창조주의 지혜들이었다. 그리스도인들이 충격을 받았던 이유는 그동안 생각했던 창조의 그림과는 너무나 다른 새로운 내용을 과학이 밝혀냈기 때문이다. 과학은 창조주가 없음을 밝혀내는 것이 아니라 그동안 우리가 몰랐던 창조의 비밀들을 밝혀낼 뿐이다. 성경은 그 텍스트가 한정되어 있지만 과학은 자연이라는 책을 읽어내면서 끊임없이 새로운 내용들을 밝혀내고 있다.

이런 충격은 사실 과학이 주는 도전이 아니라 우리가 극복해야 할 과제다. 그동안 우리가 그려왔던 창조세계에 대한 이해가 과학에 의해 바뀔 때마다 우리는 새로운 과학의 내용을 기존의 신학의 틀 안에 어떻게 비판적으로 수용할 것인지 묻고 연구해야 한다. 과학이 던지는 진정한 도전은 바로 이것이다. 그동안 생각했던 인간과 우주에 대한 관점을 고집하고 거기에 갇혀 있다면 결코 우리는 하나님의 창조세계의 새로운 모습을 이해하거나 그것을 통해서 하나님을 더 깊이 발견할 수 없다. 결국 인간과 우주에 대한 우리의 관점이 계속 변해야 한다.

과학이 발전할수록 심리적 충격이 있겠지만 두려워할 필요는 없다. 이 과정은 성경이 변하거나 우리가 믿어온 하나님이 변하는 것이 아니라 하나님에 대한 우리의 이해가 변하는 것일 뿐이다. 하나님의 창조세계는 우리 눈 앞에 펼쳐져 있으며 과학을 통해서 자연이라는 책을 읽어나가다 보면 우리는 자신의 관점이 변하고 지혜가 성장하는 것을 경험한다. 그것이 과학과 신학의 대화의 역사가 우리에게 보여주는 내용이다. 우리가 창조주를 분명히 믿고 인정할 때는 창조의 내용이 어떤 놀라움으로 드러나더라도 혹은 과학이 새롭게 밝혀낸 결과가 주는 충격이 아무리 크더라도 우리의 신앙은 원칙적으로 흔들리지 않는다. 이것이 과학의 도전에 대한 기독교의 응답이다.

3부

과학주의 무신론의
도전

21세기 한국교회가 직면한 두 번째 도전은 과학주의 무신론의 도전이다. 무신론의 역사는 인류의 지성사만큼 오래되었다. 과학을 등에 업고 20세기 말에 새롭게 등장한 무신론의 흐름을 "새로운 무신론" 혹은 "신 무신론"이라고 부른다.[1] 기존의 무신론에 비해서 새로운 무신론은 과학에 의존하는 특징을 갖고 있으며 과학을 모든 진리의 척도로 삼는 과학주의적 성격이 강하다. 그래서 새로운 무신론은 그 내용상 "과학주의 무신론"이라고 부를 수 있다.

과학주의 무신론자들은 현대 과학의 결과에 바탕을 둔 철학적 논증을 통해 기독교 신앙뿐 아니라 유신론을 기반으로 하는 다양한 종교를 공격하고 있다. 『만들어진 신』을 통해 한국사회에도 잘 알려진 영국의 진화생물학자 리처드 도킨스(Richard Dawkins)는 대표적인 과학주의 무신론자로 꼽힌다. 도킨스와 함께 신 무신론 운동을 이끌어가는 대니얼 데닛이나 미국의 언론인이었던 크리스토퍼 히친스, 그리고 『기독교 국가에 보내는 편지』 등을 쓴 신경과학자 샘 해리스도 과

---

1 복음주의 신학자 알리스터 맥그래스는 『신 없는 사람들』(IVP, 2012)의 1장에서 새로운 무신론이라는 용어가 『만들어진 신』(김영사, 2007)의 저자인 리처드 도킨스와 『주문을 깨다』(동녘사이언스, 2010)를 출판한 대니얼 데닛, 그리고 『종교의 종말』(한언, 2005)로 유명해진 샘 해리스, 『신은 위대하지 않다』(알마, 2011)를 낸 크리스토퍼 히친스 등의 등장을 통해 2006년부터 사용되었다고 설명한다. 그러나 이 책에서는 이들을 중심으로 일어나고 있는 무신론 운동을 지칭하는 좁은 의미의 "새로운 무신론"이라는 표현을 넘어서 과학의 결과를 무신론의 증거로 사용하는 입장을 "과학주의 무신론"이라는 용어로 사용한다.

학주의 무신론자에 포함된다. 케임브리지 대학교의 물리학자 스티븐 호킹도 『위대한 설계』라는 책을 출판하면서 신 무신론에 힘을 실어 주었다. 호킹은 한두 페이지 분량의 짧은 내용이긴 하지만 우주가 창 조되는 과정에 신은 필요 없다는 언급을 이 책에 담아 화제가 되기도 했다.

과학주의 무신론의 도전에 대해서 한국교회는 어떻게 대응해야 할까? 3부에서는 과학주의 무신론의 내용을 하나하나 다루려고 한다. 결론부터 말한다면, 과학주의 무신론의 주장은 합리적인 이해를 추구 하는 신앙에 바탕을 둔 균형 잡힌 기독교에 치명적인 도전이 되기 어 렵다. 과학주의 무신론의 내용은 과학 그 자체가 아니라 과학이 발견 한 결과들을 바탕으로 한 하나의 형이상학적 혹은 철학적 해석에 불 과하기 때문이다. 과학이 다루는 내용에 관해서는 과학자들의 합의가 이루어질 수 있지만 철학적 해석에 관해서는 과학자들이나 철학자들 의 의견이 서로 다를 수 있다. 과학이 밝혀준 그 자체의 내용과는 달 리 과학의 결과에 대한 철학적 해석은 과학적 엄밀성을 가질 수 없다. 똑같은 과학 내용을 다룬다고 하더라도 그 내용이 어떤 의미를 갖는 지를 묻는다면 철학적 입장에 따라 다양한 해석이 가능하기 때문이 다. 따라서 과학주의 무신론은 과학의 결과를 무신론적으로 해석하는 하나의 시각, 혹은 하나의 철학적 견해일 뿐이다.

과학주의 무신론의 주장이 매우 강력하거나 혹은 엄밀한 설득력 을 갖지 않음에도 불구하고 한국교회의 현실에서는 심각한 결과를 낳 고 있다. 개인적으로 과학과 신앙에 관련된 주제를 연구하고 오랫동 안 강의하는 기회를 갖다 보니 과학주의 무신론 때문에 신앙을 잃은 가슴 아픈 경험담을 많이 듣게 된다. 도킨스의 책을 읽은 후에 신앙을 잃거나 교회에 더 이상 나가지 않기로 결심했다는 사람들의 일화를 접할 때마다 참으로 안타깝다. 어린 시절부터 주일학교를 충실히 다녔고 대학생이 되어서는 리더 훈련까지 받았다는 청년이 과학주의 무신론자의 책을 읽고 나서는 더 이상 교회를 안 나간다는 이야기, 모태신앙인으로 자랐지만 과학을 공부하면서 어린 시절의 신앙을 버리게 되었다는 이야기, 목사의 자녀로 성장했지만 교회에서 하는 이야기들이 믿기지 않아 교회를 떠났다는 이야기…. 이메일과 SNS를 통해서 이와 비슷한 고백들을 접하게 되면 그들이 신앙을 잃게 된 근본 원인이 무엇일까 깊이 생각해보게 된다. 그들이 신앙을 잃게 된 책임을 그들 자신에게만 돌릴 수 있을까? 도대체 무엇이 잘못된 걸까? 분명한 점은 교회가 과학주의 무신론의 도전을 심각하게 여기고 합리적으로 대응해야 한다는 것이다.

무신론자들의 공격 때문에 신앙이 흔들리는 그리스도인들에게 교회는 적절한 도움을 주고 있는지 한번 돌아봐야 한다. 이 책을 읽고 있는 여러분의 교회나 청년공동체 혹은 직장 등에서 과학이 걸림돌이 되어 신앙을 고민하는 사람들이 있다면 그들을 어떻게 도와야 할까? "더 열심히 기도해!" "금식기도나 철야기도를 해봐!"라는 식의 조언은 그들에게 별로 도움이 되지 않을 듯하다. 그들을 위한 기도는 우리가 해야 한다. 공동체가 그들의 방황과 고통을 품고 중보기도해야 한다. 하지만 그들에게 정말로 필요한 것은 그들을 괴롭히는 여러 가지 질문에 대한 이성적인 답변이다. 파고드는 의심을 풀어낼 수 있는 합리적인 설명, 그것이 바로 그들에게 진정한 도움이 될 것이다. 물론 합리적인 설명이 모든 문제를 해결할 수 있다는 말은 아니다. 믿음은 이성을 넘어서는 영역까지 확장되기 때문이다. 그러나 최소한 기독교 신앙이 과학의 잣대에 의해 무너질 만큼 허술하지 않다는 것을 합리적으로 풀어내 주어야 한다.

과학주의 무신론의 공격에 대해서는 지성적 접근이 필요하다. 무신론을 주장한다는 이유로 과학주의 무신론자들의 말을 그냥 무시하거나 그들의 인격을 저주하는 일은 바람직하지 않다. 그들의 주장에 귀를 기울일 필요가 있다. 그 주장을 믿고 따르라는 말이 아니라, 그들이 무엇을 주장하는지, 그 내용에는 어떤 문제가 있는지를 살펴봐야 한다. 과학주의 무신론의 주장이 과연 기독교 신앙에 심각한 위협이 될 수 있는지 내가 먼저 살펴보고 이해해야 한다. 그리고 나서 어려움을 겪는 그리스도인들을 적절하게 도울 수 있는 길을 찾아야 한다. 한발 더 나아가 과학주의 무신론자들이 기독교 신앙에 관해 무엇을 오해하고 있는지 파악할 필요가 있다. 오히려 그들이 잘못 알고 있는 것들을 그들에게 가르쳐줄 수 있어야 한다. 그리스도인들이 믿는 바가 과연 무엇인지, 믿지 않는 자들에게 겸손하고 조심스럽게 설명해줄 수 있어야 한다. 베드로가 초기 교회 그리스도인들에게 전했던 그 충고는 오늘날에도 정확하게 적용된다.

> 너희 속에 있는 소망에 관한 이유를 묻는 자들에게 대답할 것을 항상 준비하되 온유와 두려움으로 하고(벧전 3:15).

물론 21세기 과학시대를 사는 현대인들에게 기독교 신앙의 핵심을 잘 설명해내는 일은 쉽지 않다. 많은 그리스도인들이 교회 안에서 교사나 리더로 가르치는 일에는 익숙하다. 하지만 은혜나 구원 혹은 대속과 같은 기독교 용어를 모르는 비기독교인들에게 그들의 언어로 복음을 잘 설명할 수 있을까? 베드로는 우리에게 권면한다. 우리가 믿는 바에 관해, 우리가 소망하는 바에 관해 믿지 않는 자들에게 잘 설명할 수 있도록 준비해야 한다고. 무지한 자를 깔보는 태도가 아니라 섬기는 마음으로, 그리고 조심스럽고 두려운 마음으로 복음을 설명할 수 있어야 한다. 특히 과학적 언어에 익숙한 사람들에게 그들의 언어로 신앙을 설명하려면 많은 준비가 필요하다. 한국교회는 이런 일에 관심을 갖고 잘 준비하고 있을까? 과학만이 진리라고 오해하는 많은 사람들에게 그들이 알아들을 수 있는 언어로 복음을 전할 수 있도록 교인들을 훈련하고 준비시키고 있을까?

과학주의 무신론의 논증이 그렇게 특별하거나 강력한 공격이 아님에도 불구하고 그 도전에 의해 많은 그리스도인들이 어려움을 겪고 신앙이 흔들리며 교회를 떠난다는 사실은 그동안 한국교회가 복음의 지성적 토대를 제대로 쌓아오지 못했음을 거꾸로 방증한다. 그런 면에서 과학주의 무신론에 담겨 있는 순기능을 억지로 찾아볼 수도 있겠다. 회의와 질문을 통해 그리스도인들이 오히려 더 굳건한 신앙을 갖게 해줄 수 있다면 위기가 기회로 바뀌는 계기가 될 수도 있기 때문이다. 무신론자들의 도전은 성경에 기초한 기독교 신앙의 요소가 아닌, 샤머니즘이나 이원론 혹은 이신론과 같은 잘못된 내용들을 신앙하고 있는 그리스도인들의 오해와 오류들을 정화하고 오히려 그리스도인들이 합리적인 토대 위에 기독교 신앙의 정수를 굳게 세울 수 있는 기회를 제공하는지도 모른다. 사도 바울에게 복음을 듣고 나서 과연 그 말이 사실인가 생각하며 날마다 되새기고 고민했던 베뢰아 교회 성도들처럼 묻고 따지는 일을 통해 기독교 신앙의 기초 체력을 강화시키는 기회로 삼아야 한다.

과학주의 무신론에 대해서 공부하고 대응하는 일은 그래서 중요하다. 그 이유를 정리해보자. 첫째, 그리스도인 개개인과 교회가 신앙의 이성적 토대를 든든히 쌓기 위해서다. 둘째, 과학이 걸림돌이 되어 신앙의 어려움을 겪는 지체들을 돕기 위해서다. 셋째, 과학시대를 사는 비그리스도인들에게 그들의 언어로 복음을 잘 설명할 수 있도록 준비하기 위해서다. 과학주의 무신론의 핵심은 과학이 바로 무신론의 증거라는 주장이다. 이런 주장에 대응하기 위해서는 하나님의 창조가 과연 어떤 성격을 갖고 있는지, 창조에 관해 보다 깊이 이해할 필요가 있다. 3부에서는 먼저 과학주의 무신론자들의 주장을 살펴보고 그 논증의 한계들을 다루어보기로 하자. 그리고 나서 기독교 신앙이 제시하는 창조는 어떤 범주를 가지고 있는지, 또한 하나님의 창조 역사를 어떻게 이해하는 것이 바람직한지 살펴볼 것이다.

7장

과학주의 무신론의
주장과 한계

과학주의 무신론의 주장에 대해서는 보다 이성적인 태도를 가지고 지적으로 접근해야 한다. 그들이 주장하는 내용을 들어보지도 않고 무조건 반대한다면 결코 합리적으로 대응할 수 없다. 과학주의 무신론은 무엇을 주장하며 기독교 신앙에 관해서 어떤 내용을 문제삼으며 어떻게 논리를 전개하는지 냉정하게 살펴봐야 한다. 그리고 나서 무신론에 대한 이해를 토대로 어떻게 대응하는 것이 지혜로울지 곰곰이 고찰해야 한다. 과학주의 무신론자들은 종교가 폭력적이고 비이성적이며 비과학적이라고 주장한다. 그리고 과학이야말로 무신론의 증거라고 주장한다. 그들이 주장하는 무신론 세계관의 논리적 흐름을 간단히 살펴보자.

과학주의 무신론의 첫 출발점은 물질이 스스로 존재한다는 가정이다. 그다음 단계로는 물질이 진화해서 생명체가 탄생했고 결국 인간까지 만들어졌다고 주장한다. 이 과정이 신 없이, 우연히, 어떤 목적이나 계획 없이 발생했다는 것이다. 진화의 과정에서 탄생한 인간은 신이라는 개념을 만들었으며 인간의 이성으로 설명할 수 없었던 다양한 현상을 신이라는 카테고리를 통해 설명했다. 그러나 인간의 지성이 점점 발전하고 드디어 과학이 탄생하면서 과학을 통해 그동안 답하지 못했던 많은 문제들을 해결하고 설명할 수 있게 되었다. 따라서 과학의 자리를 차지하던 신은 더 이상 필요하지 않게 되었고 종교는 기능을 상실했으며 이제 폐기되어야 한다. 이것이 과학주의 무신론의 기본적인 흐름이다. 어떤가? 설득력이 있는가?

물질은 어떻게 기원했는가?

과학주의 무신론의 주장에는 다양한 가정과 한계가 보인다. 이 한계들은 과학만으로는 증명하거나 답하기 어려운 문제들을 포함한다. 첫 번째 던져볼 질문은 과연 물질은 어떻게 기원했는가다. 과학주의 무신론의 주장이 성립하려면 우선 물질이 존재해야 한다. 생명체가 만들어지고 진화를 통해 인간이 탄생하려면 무엇보다 물질이 먼저 있어야 한다. 아무것도 없는 우주, 에너지와 물질이 존재하지 않는 우주라면 진화가 일어날 수 없고 인간이 존재할 수도 없다. 그렇다면 과연 물질은 어디서 기원한 걸까?

질문을 단순화해서 인간의 존재에서부터 출발해보자. 인간이 탄생하려면 인간의 생물학적 몸을 구성하는 물질들이 존재해야 한다. 인간의 몸을 구성하는 가장 중요한 원소 중 하나는 탄소다. 탄소를 비롯한 다양한 원소들은 인간을 포함해서 생물의 몸을 구성하는 데 필수적이다. 그렇다면 탄소를 비롯한 다양한 원소들은 과연 어디서 만들어졌을까? 약 46억 년 전에 지구가 만들어질 때 탄소는 이미 존재했다. 탄소는 이미 지구를 구성하는 중요한 재료 중 하나였다. 그래서 지구에서 태어난 인간을 비롯한 생명체들은 지구상에 이미 존재하는 탄소를 비롯한 다양한 원소들을 바탕으로 세포와 조직을 구성하며 진화했다고 과학은 알려준다. 그렇다면 지구를 구성하는 탄소는 어디서 기원했을까? 약 50억 년 전, 지구와 태양을 포함한 태양계가 만들어지기 시작할 때 이미 탄소가 우주에 존재해야만 한다. 그래야 인터스텔라의 공간에서 물질들이 뭉치기 시작해 태양계가 만들어질 때 탄소가 지구의 재료가 될 수 있다. 즉 지구가 만들어지기 전에 탄소를 비롯한 다양한 원소들이 이미 우주 공간에 존재했다는 뜻이다. 그렇다면 지구가 만들어지기 전에 탄소는 어떻게 우주 공간에 존재하게 되었을까?

인간의 몸과 지구의 생명체를 구성하는 주요 재료가 된 탄소 원자 하나하나는 모두 별들의 내부에서 생성되었다. 태양계가 만들어지기 전에 이미 태어났다가 사라진 수많은 별들의 내부에서 우리 몸을 구성하는 탄소 원자들이 만들어졌다. 우주가 창조되고 약 90억 년가량의 역사가 흐르는 동안 수많은 탄소들이 생성되었다. 다시 말하면 별들이 태어나기 전, 초기 우주에는 탄소 원자가 존재하지 않았다는 뜻이다. 그러나 우주에서 별들이 탄생하기 시작했고 별의 내부에서 핵융합 과정을 통해 탄소가 만들어지는 과정이 우주의 역사에서 수십억 년 동안 반복되면서 우주 공간에는 탄소가 풍성하게 존재하게 되었다.

탄소를 비롯한 다양한 원소들을 만들어내는 별의 내부는 종종 우주의 화학공장이라고 불린다. 별의 내부는 온도가 수천만도나 되기 때문에 핵융합 반응을 일으키기에 적합한 조건이다. 별은 주로 수소와 헬륨으로 구성되어 있다. 핵물리학이 가르쳐주는 것처럼 별의 내부에서는 수소가 뭉쳐서 헬륨으로 변하고 헬륨이 융합되어 탄소가 되는 핵융합 반응이 폭발적으로 일어난다. 그리고 탄소를 포함하여 새로 생성된 원소들이 계속 융합되면 가장 안정된 원소로 불리는 철에 이르기까지 다양한 원소들이 생성된다. 별의 내부는 말 그대로 원소들을 하나하나 만들어내는 화학공장이 되는 셈이다. 우리가 화학 수업 시간에 배운 주기율표에 나오는 대부분의 원소는 별의 화학공장에서 만들어졌다. 만일 우주에 별이 존재하지 않았더라면 주기율표에는 단지 서너 개의 원소만이 존재했을 것이다.

현재 지구상에 존재하는 탄소나 산소 같은 원소들 하나하나는 태양계가 탄생하기 오래전에 죽음을 맞이한 수많은 별들이 만들어낸 결과물이다. 그 별들이 죽음을 맞이하여 초신성으로 폭발하면 그동안 별의 내부에서 만들어진 원소들은 우주 공간으로 퍼져나간다. 태양과 지구는 약 50억 년 전 우주 공간에 퍼진 별의 먼지들로부터 탄생했다. 이 별 먼지는 그동안 사라진 수많은 별들이 만들어낸 원소들을 풍부하게 담은 기름진 토양이었던 셈이다. 100억 년이 넘는 우주의 역사 중에서 후반부에 생성된 태양계는 그래서 탄소와 같은 원소들을 많이 포함하고 있으며 생명체가 살 수 있는 조건을 갖게 되었다. 인간의 몸을 구성하는 원소들은 별 먼지로부터 온 셈이다. 그래서 천문학자들은 인간이 별 먼지에서 기원했다고 말하기도 한다.

하지만 이 설명만으로는 여전히 부족하다. 인간의 몸을 구성하는 탄소가 별의 화학공장에서 생성되었다면 탄소를 만드는 핵융합 반응

3부 | 과학주의 무신론의 도전

의 재료가 되는 수소나 헬륨은 어디서 기원했을까? 우주에 탄소를 만들어낸 1세대 별들이 처음 생성될 때 그 별의 재료가 된 수소와 헬륨은 과연 어디서 기원한 걸까?

수소의 기원을 설명하려면 빅뱅 우주론을 들여다봐야 한다. 별들이 처음 생성되기 시작한 시점은 우주의 나이가 수억 년 되었을 때로 생각된다. 다시 말하면 우주의 역사가 수억 년 흐를 때까지는 아직 우주 공간에 별들이 존재하지 않았고 그 이후 별들의 생성은 우주 역사에서 계속 반복된다. 그래서 수소나 헬륨이 어떻게 기원했는지를 살펴보려면 138억 년 전 초기 우주로 거슬러 올라가야 한다. 초기 우주는 크게 몇 단계의 시대로 구별된다. 그중에서 소위 원자의 시대로 불리는 시기에는 3:1의 질량 비율로 수소와 헬륨 두 가지 원소가 만들어졌다. 원자의 시대 이전에는 양성자와 중성자, 그리고 전자의 형태로 존재하던 물질들이 원자의 시대가 되면 드디어 서로 결합하면서 원소를 만들어낸다. 초기 우주의 원자 시대에는 75%의 수소와 약 25%의 헬륨, 그리고 헬륨보다 조금 더 무거운 리튬이 약간 생성되어 우주를 구성했다. 그 이후 100억 년 이상 동안 별들이 생성되고 사라지며 우주 공간에는 수소나 헬륨 이외에 탄소를 비롯한 다양한 원소들이 생겨났다. 그래도 수소의 비율은 크게 변하지 않았다. 왜냐하면 별들이 만들어내는 탄소나 산소, 규소, 철과 같은 원소의 비율은 우주 전체 수소의 양에 비하면 현저하게 낮기 때문이다. 현재 우주를 구성하는 보통 물질의 75%가 수소다. 이 수소 원자 하나하나는 초기 우주의 원자시대에 만들어졌다.

짐작하겠지만 수소의 기원을 설명하는 것으로도 충분치 않다. 그

다음 질문이 남아 있기 때문이다. 초기 우주의 원자 시대에 수소나 헬륨이 만들어졌다면 수소나 헬륨의 재료가 된 원자보다 작은 단위의 양성자나 중성자 및 전자는 어디서 기원한 것일까? 양성자나 중성자, 전자는 기본 입자인 쿼크들이 결합하여 생성되었다. 그렇다면 쿼크는 어떻게 기원한 것일까? 이렇게 하나하나 물질의 기원을 계속 따져가다 보면 결국 우주의 나이가 0에 해당하는 빅뱅이라는 시점까지 거슬러 올라가게 된다. 물질을 구성하는 가장 기본적인 입자들은 결국 에너지가 변하여 만들어진다(여기서 독자들은 물질과 에너지가 물리적으로 같다는 아인슈타인의 가르침, "$E=mc^2$, 즉 에너지=질량×빛의 속도제곱"이라는 유명한 공식을 떠올려도 좋겠다). 우주에서 에너지와 물질(혹은 입자)은 같은 물리량이라고 생각해도 괜찮다. 에너지가 물질이 되기도 하고 물질이 에너지가 되기도 하기 때문이다. 그렇다면 원소를 구성하는 기본 입자인 쿼크 등 기본 입자로 변해버린 그 에너지는 어디서 기원한 걸까? 현재 우주에 담긴 총질량에 해당하는 만큼의 막대한 에너지, 우주에 존재한 모든 별의 질량을 다 합친 것과 같은 양의 엄청난 에너지가 빅뱅의 시점에 한꺼번에 생성되어야 한다. 과연 그 에너지는 어디서 온 것일까?

에너지가 존재해야 그 에너지가 바뀌어 입자가 되고, 그 입자에서 원소가 만들어지고, 그 원소들이 별 내부의 핵융합 반응을 거치면서 탄소를 비롯한 다양한 원소들이 된다. 탄소는 지구가 생성될 때 중요한 재료가 되고 지구에서 태어난 인간의 몸은 그래서 탄소로 구성될 수 있게 된다. 질량과 에너지는 없어지거나 새로 생성되지 않고 보존된다는 질량보존의 법칙을 생각한다면 우주에 새로운 질량이 그냥 만들어질 수는 없다. 다만 에너지가 질량의 형태로 바뀌거나 질량이 에너지의 형태로 바뀔 뿐이다. 쉽게 말한다면 빅뱅의 순간에 우주 전체의 에너지-질량이 생겨났으며 그 이후로는 에너지와 질량이 형태를 바꿀 뿐이라는 것이 과학자들의 설명이다. 그렇다면 도대체 빅뱅의 순간에 그 막대한 에너지는 과연 어떻게 생겨난 것일까?

우주가 시작되는 시점을 흔히 빅뱅이라 부른다. 빅뱅의 시점에 어떻게 막대한 에너지가 기원했는지에 관해서 과학은 아직 신통한 대답을 우리에게 주지 못한다. 빅뱅의 순간은 과학으로 정의하기 어려운 특이점에 해당된다. 사과를 네 조각으로 나눈다는 걸 우리는 쉽게 이해할 수 있지만 사과를 0조각으로 나눈다는 말은 이해하기 어렵다. 특이점이란 이와 비슷하게 물리적으로 정의하기 어려운 개념이다. 1부에서 다룬 것처럼, 빅뱅 우주론이라고 불리는 표준 우주론에 따라 천문학자들은 빅뱅 이후에 우주가 어떻게 팽창하였고 별과 은하들은 어떻게 생성되었으며 우주의 역사가 어떻게 전개되어왔는지에 관해 놀라운 과학 지식들을 축적해왔다. 그러나 빅뱅 우주론에는 사실 빅뱅 자체에 대한 설명이 없다. 빅뱅 우주론이 등장한 이후 많은 과학자들이 빅뱅 자체를 설명하려고 시도하고 있지만 빅뱅 자체에 관한 과학적으로 엄밀한 설명은 여전히 완성되지 않았다. 이론 물리학의 영역이라고 할 수 있는 초끈이론이라든가, M이론이라든가, 혹은 다중우주와 같은 다양한 시나리오들이 제시되고 있지만 이런 설명들은 아직 빅뱅 자체의 기원을 설명하는 엄밀한 과학이라고 말하기 어렵다. 왜냐하면 이 이론들을 입증할 수 있는 경험적인 증거들이 아직 나오지 않았고 이론적인 면에서도 이 이론들은 완성된 이론이라고 보기 어렵기 때문이다.

그러나 한발 더 나아가서 다중우주와 같은 설명이 맞다고 가정하면 어떻게 될까? 수많은 우주가 존재하고 우리가 사는 우주는 그중 하나에 불과하다는 다중우주론이 엄밀한 과학의 지위를 확보하여 정설이 된다면 어떨까? 그렇다면 기원 문제는 완벽히 해결되는 걸까? 그래도 질문은 여전히 남는다. 다중우주론이 제시하는 그 수많은 우주들은 그럼 어디서 기원했는가?

결국 이 질문은 물질(혹은 에너지나 질량)이 영원 전부터 존재한 무한한 대상인가, 아니면 어느 순간 혹은 어느 시점(가령 빅뱅의 시점)부터 존재하기 시작한 유한한 대상인가를 묻는다. 이 문제는 사실 상당히 복잡하다. 무에서 유가 만들어질 수 있느냐는 주제는 오랫동안 철학의 주제였다. 철학적 논증을 거치지 않더라도 현대인들은 무에서 유가 생성된다는 것을 상식적으로 이해할 수 없다. 무에서 유가 자연스럽게 탄생할 수 있다고 설명한다면 그것이 과학적인 설명이 될 수 있을까?

현대의 물리학자들 중에는 무라는 개념을 새롭게 정의한 자들도 있다. 최근에는 무신론의 입장을 가진 과학자들이 진공이라는 개념을 바탕으로 무에서 유가 만들어지는 것이 가능하다는 주장을 제시하기도 했다.[1] 그러나 이들이 주장하는 무는 전통적이고 철학적 의미에서 아무것도 존재하지 않는 상태를 의미하는 "무"(nothing)가 아니다. 이

---

1 가령 로렌스 크라우스는 그의 책 『무로부터의 우주』(승산, 2013)에서 진공을 무로 정의하고 진공에서 유가 생겨날 수 있다는 논리를 전개한다. 4장과 5장을 보라.

들이 주장하는 진공은 쉽게 말하면 공간은 존재하지만 그 공간 안에 질량이 담겨 있지 않는 빈 공간(empty space)을 의미하기 때문이다. 아무것도 존재하지 않는다는 철학적 의미의 무가 아니라 공간 안에 아무것도 담겨 있지 않다는 진공이라는 개념을 무로 정의한다면 어느 정도 과학적 설명이 가능해진다. 왜냐하면 양자역학에 따르면 진공에서도 순간적으로 에너지가 존재할 수 있기 때문이다. 즉 진공의 상태에서 에너지가 존재하게 될 수도 있기 때문에 에너지의 기원에 관해 어느 정도 과학적 설명의 실마리를 주는 셈이다. 하지만 여전히 질문은 남는다. 왜냐하면 공간 자체도 하나의 존재하는 대상이기 때문이다. 과연 진공은 어디서 기원했는가?

우주의 나이가 플랑크 시간보다 더 작았을 때, 즉 우주의 나이가 0에 가까운 시점은 현대 과학으로는 아직 다룰 수가 없다. 플랑크 시간이란 양자역학의 불확정성 원리에 따라 정의되는 대로 측정이 불가능한 시간이다. 플랑크 시간은 약 1초를 10^{43}개로 나누어 그중 하나인 아주 찰나의 시간을 가리킨다. 쉽게 말하면 1초보다 엄청나게 작은 순간을 말한다. 이처럼 우주의 나이가 거의 0인 시점에 일어난 빅뱅에 관해서는 사실 경험적 증거에 기반한 엄밀한 과학적 설명이 아직 존재하지 않는다. 물론 향후 과학이 어떻게 발전할지에 대해서는 열린 마음을 갖는 것이 옳다. 오늘날 과학이 밝히지 못한 내용이라고 해서 앞으로 몇백 년 뒤에도 밝힐 수 없다고 가정하는 것은 그리 지혜롭지 않다. 그러나 현대 과학이 물질의 기원을 엄밀하게 설명하지 못한다는 것은 분명하다.

물질은 누가 만들었는가?

리처드 도킨스는 『만들어진 신』에서 이렇게 묻는다. 신이 인간을 만들었다면 신은 누가 만들었는가? 이 질문에 그리스도인들은 어떻게 답할까? 그리스도인이 믿고 고백하는 신은 누군가가 만든 존재가 아니다. 신은 스스로 존재한다. 만일 신이 뛰어난 능력을 가진 (피조된) 슈퍼맨 정도의 존재에 불과하다면 그런 신을 믿고 따를 그리스도인들은 그리 많지 않을 것 같다. 또 신이 누군가가 만들어낸 존재라면 별로 신뢰가 가지 않을 것 같다. 그렇기 때문에 도킨스의 질문은 기독교의 신과는 별로 관계가 없다. 따라서 질문 자체가 성립하지 않는다. 런던 대학교 교수와 학장을 역임했고 목사이기도 한 에드거 앤드류스는 『신을 탐하다』라는 책에서 도킨스의 질문이 무의미한 질문이라고 비판하면서 끈의 비유를 든다.

> "끈의 길이가 얼마나 되는가?"라는 질문이 무의미한 이유는 세상에 끈이라는 것이 존재하지 않아서가 아니다. 주어진 끈의 길이가 얼마인지 나와 있지 않기 때문이고, 어떤 끈을 말하는 것인지 정의하지 않았기 때문이다. "누가 신을 만들었는가?"라는 질문도 이와 같은 이유로 '답이 없는' 질문이다. '신'이라는 단어를 정의하지 않고 있기 때문이다. 우리가 신을 '창조되지 않은 만물의 창조자'로 정의한다면 어떻게 될까? 그러면 "누가 신을 창조했는가?"라는 질문의 무의미함이 금세 드러난다. "창조되지 않은 자를 누가 창조했는가?"가 되기 때문이다.[2]

누군가 끈의 길이가 얼마인지 묻는다면 우리는 어떤 끈에 관해 묻는 건지 되묻지 않을 수 없다. 구두 끈을 말하는 건지, 택배 포장을 위한 노끈을 말하는 건지, 어떤 끈인지 규정해야 이 질문이 성립한다. "신은 누가 만들었는가?"라는 질문을 던지려면 이 질문이 묻는 신에 관해서 먼저 정의해야 한다는 말이다. 기독교가 제시하는 신은 누군가에 의해 만들어진 신이 아니라 스스로 존재하는 신이다. 그렇기 때문에 "신은 누가 만들었는가?"라는 질문 자체는 그리스도인들이 믿는 신에게 해당되지 않는 질문이다.

"신은 누가 만들었는가?"라는 도발적인 질문을 통해 도킨스가 하고 싶은 말은 바로 신은 인간이 만들어낸 상상의 개념에 불과하다는 주장이다. 도킨스는 인간이 어떻게 기원했는지를 탐구할 때 단지 신이 인간을 만들었다고 주장한다면 그것은 또 하나의 질문을 낳을 뿐이라고 말한다. "신이 인간을 만들었다면 그 신은 누가 만들었는가?"라는 질문이 여전히 남기 때문에 신은 인간의 기원을 설명하는 해결책이 될 수 없다는 비판이다. 그러나 이 논리는 에드거 앤드류스가 지적한 대로 도킨스에게도 똑같이 적용된다. 도킨스의 주장대로 우리 인간이 신이라는 개념을 만들었다고 가정해보자. 인간이 신을 만들었다면 신을 만들어낸 인간은 도대체 누가 만들었는가? 물질이 진화 과정을 통해서 인간을 만들어냈다고? 그렇다면 그 물질은 누가 만들었는가?

---

2 『신을 탐하다』(복있는사람, 2012), 31. 에드거 앤드류스는 도킨스가 던진 "신은 누가 만들었는가"와 같은 질문은 답변을 기대하고 던진 질문이 아니라 처음부터 답이 없는 질문을 던진 것이라고 지적한다.

"누가 신을 만들었는가?"라는 도킨스의 질문은 그리스도인들에게는 엉뚱한 질문이 되어버리지만, 반면에 우리는 과학주의 무신론자들에게 이렇게 정당하게 질문할 수 있다. 도대체 물질은 누가 만들었는가? 물질이 인간을 만들었다면 그 물질은 과연 누가 만들었는가? 도킨스의 방식대로라면, "물질이 어떻게 기원했는가?"라는 물음은 인간의 기원을 밝히기 위해 마땅히 던져야 할 질문이다. 도대체 물질은 누가 만들었는가? 과학주의 무신론은 이 질문에 대해 별로 신통한 답을 제시하지 못한다. 그리스도인들이 신은 스스로 존재한다고 믿는 것처럼 무신론자들은 물질이 스스로 존재한다고 믿는 것 같다. 물질이 존재해야 진화도 일어나고 인간도 탄생할 텐데 물질이 어떻게 기원했는지 제대로 설명하지 못한다면 무신론의 논증을 설득력 있는 논증이라 할 수 있을까?

유신론자도 아니고 무신론자도 아닌 불가지론자의 입장에서 판단한다면 이런 생각도 가능할 것이다. 유신론은 스스로 존재하는 전능한 신을 전제로 하는 셈이고, 무신론은 물질이 스스로 기원했다고 전제하는 셈이다. 그렇다면 유신론이나 무신론이나 둘 다 전제를 갖는 것이고 어느 전제가 옳은지는 현대 과학으로 판단할 수 없다. 유신론이나 무신론은 각각 신과 물질이 스스로 존재한다는 전제에서 출발해서 자신들의 주장을 펴고 있을 뿐이다.

이런 분석 자체는 일리가 있다. 과학의 영역에 제한해서 유신론과 무신론 양쪽의 주장을 따져본다면 과학은 유신론이나 무신론 중 어느 하나를 입증해주지 않는다. 신이 스스로 존재한다는 과학적 증거가 명백한 것도 아니고 동시에 물질이 스스로 존재한다는 과학적 증거가 명백한 것도 아니기 때문이다. 즉 각각의 전제를 가진 유신론이나 무신론은 과학의 잣대로만 판단한다면 동등한 수준에 있다고 여길 수도 있다. 여기서 내가 강조하고 싶은 요점은 바로 유신론이나 무신론이나 과학의 영역을 넘어서는 전제를 갖고 있다는 점이다. 신이 인간을 만들었다는 설명은 신의 기원에 대한 질문을 낳기 때문에 답이 될 수 없다는 도킨스의 논리는 그 자신에게도 그대로 적용된다. 물질이 인간을 만들었다는 설명은 물질의 기원에 대한 질문을 낳기 때문에 또 다른 질문을 낳을 뿐이며 궁극적 답이 될 수 없다.

증거와 경험

과학주의 무신론은 철저히 증거주의에 입각한 주장이다. 하지만 과학적 증거가 없다면 사실로 여기지 않는 증거주의적 태도는 사실 우리의 삶을 제대로 반영하지 못한다. 사실과 가치, 지식이나 진리가 과학의 영역에만 제한되지는 않는다. 증거주의의 잣대를 통과해야만 사실이 되거나 진리가 되는 것도 아니다. 과학 외적인 영역에도 분명히 사실과 지식, 진리가 존재한다. 가령 인간의 생명이 존엄하다는 믿음은 과학으로 증명될 수 있을까? 걸어가다 만나는 사람에게 아무렇지 않게 폭력을 행사하거나 살인을 해서는 안 된다는 보편적인 도덕률은 그것이 옳다고 과학으로 증명할 수 있기 때문에 설득력이 있는 걸까? 살인해서는 안 된다는 명제를 증명할 과학적 증거가 없다고 해서 그 명제는 믿을 만한 가치가 없게 되는 걸까?

우리의 삶은 증명되지 않으며 과학적 증거가 불충분한 수많은 믿음으로 구성되어 있다. 내 아내는 나를 사랑한다고 고백한다. 그 고백이 사실인지 아닌지 과학적으로 엄밀하게 증명할 수 있을까? 남편을 위한 다양한 행동이 사랑의 증거로 채택되어 엄밀하게 증명될 수 있을까? 나를 사랑한다고 고백하지만 사실은 경제적 혹은 심리적 유익을 누리기 위한 합리적 선택에 불과한 것은 아닐까? 아무리 사랑을 고백한다고 해도 사실은 그녀 자신도 속고 있는 것이 아님을 과학적으로 엄밀하게 증명할 수 있을까? 글쎄다. 그렇지만 나는 과학으로 증명되기 때문에 그녀의 사랑을 믿는 것이 아니다. 증거에 기반한 증거주의적 판단에 의해 사랑을 수용하는 것이 아니라 그녀의 사랑을 경험했기에 믿고 받아들인다. 과학적으로 엄밀하게 증명되어야 할 영역도 우리 삶과 사회에 분명히 존재하지만 모든 것을 과학의 잣대로 판단하겠다는 식의 증거주의는 우리 삶을 피폐하게 할 뿐이다.

　　기독교 신앙은 과학적 증거에 의존하지 않는다. 그리스도인들이 신을 믿는 이유는 신의 존재가 과학적으로 증명되기 때문이 아니다. 그리스도인들의 신앙은 증거(evidence)보다는 경험(experience)에 근거한다. 그리스도인들은 다양한 경로를 통해 신과 신앙을 경험한다. 첫째는 2천 년 전에 팔레스타인 땅에 살았던 예수라는 분의 삶과의 만남이다. 복음서를 통해 그려진 그 삶의 기록과 만나는 경험은 우리를 기독교 신앙으로 인도한다. 신의 자리를 버리고 인간의 몸을 입고 이 땅에 와서 자신을 죽기까지 내어준 그분의 삶에 대한 기록은 우리가 가진 기독교 신앙의 출발점이다. 왕이 되기보다 종이 되어 한 알의 밀알처럼 썩어져 죽은 그의 삶을 대할 때마다 우리는 충격을 받는다. 그 경험은 바로 우리에게 믿음의 도약을 가져온다. 기독교 신앙은 일차적으로 성경에 기초한다. 성경은 스스로 존재하는 신을 계시하고 그 신이 창조주임을 선포한다. 기독교 신앙을 갖는다는 말은 성경에 계시된 신을 믿는다는 뜻이다. 성경이 전해주는 구름같이 허다한 믿음의 증인들이 살아간 삶의 내러티브를 자신의 삶으로 경험하며 그리스도인들은 신앙의 여정을 걷는다. 둘째는 2천 년의 교회사를 통해 내려오는 신앙의 고백과 내가 속한 교회 공동체가 경험하는 하나님 때문이다. 과학으로 증명되지 않지만 개인과 공동체가 경험한 사랑과 은혜는 우리의 삶을 끌어주는 하나의 지도가 된다. 셋째로 그리스도인들은 자신의 삶에서 인격적인 하나님을 경험한다. 우리 삶은 다 이해할 수 없는 수많은 경험으로 구성되어 있다. 그 경험은 종종 목숨을 내어놓는 헌신을 끌어내고 우리 삶을 더할 수 없이 가치 있는 삶으로 승화시키기도 한다. 세상이 추구하는 이기성과 달리 거기에는 희생과 사랑으로 드러나는 고귀한 경험이 있다. 이처럼 우리가 가진 신에 대한 믿음은 과학으로 증명되기 때문에 생기는 것이 아니다. 믿음은 논리적 증명이나 과학적 결론이 아니다. 그것은 과학 외적 영역에 존재하는 수많은 진리와 가치처럼 우리 삶을 추동하는 하나의 세계관이며 우리 삶의 방향이다.

　동일한 질문을 무신론자들에게도 물을 수 있다. 과연 무신론의 전제는 어디에 기초해 있는가? 물질이 영원 전부터 스스로 존재했다고 계시해주는 무신론의 경전이라도 있는 걸까? 물질의 기원에 대한 설명 없이 어떻게 무신론의 주장을 논리적으로 전개할 수 있을까? 우주가 무한한 존재라는 믿음은 어떤 증거에 기초해 있는가? 과학적 증거와 이성의 논리에 충실하다면 오히려 신의 존재에 관해서는 명확히 알 수 없다는 불가지론이 더 설득력이 있을 듯하다. 따라서 과학을 신뢰하고 과학 외적인 것들은 별로 믿지 않는 과학자들 중에 불가지론자가 많은 이유도 이해할 만하다. 철저하게 증거주의에 입각한다면 또 철저하게 과학주의에 헌신한다면 오히려 불가지론자가 되어야 하지 않을까? 신은 인간이 만들어낸 상상에 불과하다는 주장은 용기 있지만 최소한 그 주장을 과학적 주장이라고 할 수는 없다. 그리스도인들은 성경이 계시하는 하나님, 교회사가 증거하는 하나님, 그리고 교회 공동체와 나 자신이 경험하는 하나님을 고백하고 그분께 헌신한다. 이와 비슷하게 무신론자들은 물질이 스스로 존재했고 이 모든 자연세계는 신 없이, 목적 없이, 스스로 진화해온 것이라고 믿기로 선택할 수 있다. 그 선택을 비난할 수는 없다. 그러나 분명한 것은 그런 선택은 과학적인 선택이 아니라 또 하나의 믿음이라는 점이다.

자연법칙은 어떻게 기원했는가?

과학주의 무신론에 던지는 두 번째 질문은 자연법칙이 어떻게 기원했는가다. 물질이 어떻게 기원했는지 그 질문을 피해간다고 해도, 에너지와 물질을 조율하고 조직하여 형태를 바꾸면서 별과 지구와 생물들을 탄생시키려면 우주 전체를 움직이는 자연법칙이 필요하다. 우주를 채우고 있는 천억 개의 은하와 그 은하 하나하나에 담긴 천억 개 단위의 별들은 중력 법칙을 비롯한 다양한 물리 법칙에 따라 생성되고 진화되고 유지된다. 하지만 자연법칙이 우주에 존재한다는 사실 자체는 어떻게 과학적으로 설명할 수 있을까? 우주와 생명체의 역사를 이끌고 지탱해온 자연법칙은 도대체 어디서 기원한 걸까? 중력 법칙, 전자기학 법칙, 양자역학 법칙 등 이 모든 자연법칙들이 저절로 우연히 생겨난 걸까?

시간과 공간에 무관하게 모든 시공간에서 자연법칙이 동일하게 적용된다는 것은 과학의 전제다. 그리고 이 전제는 우리가 살고 있는 우주에서 경험적인 사실로 확인된다. 하지만 도대체 어떻게 이런 일이 가능한지를 설명하기란 쉽지 않다. 과학주의 무신론자들은 자연법칙의 기원에 관해 명확한 설명을 내놓지 못한다. 우주의 모든 비밀이 밝혀져서 모든 자연법칙을 하나의 기원으로 통일되게 설명할 수 있는 놀라운 이론이 미래의 어느 시점에 등장할지도 모른다. 하지만 현 시점에서 그런 가능성은 거의 없어 보인다.

우리는 어떻게 우주를 이해하게 되었을까?

세 번째 질문은 인식론의 문제다. 우리 인간은 드넓은 우주 공간에 비하면 극도로 왜소한 지구라는 작은 행성에 살고 있다. 유명한 행성학자인 칼 세이건(Carl Sagan)은 보잘것없는 지구를 "창백한 푸른 점"이라고 부르기도 했다. 더군다나 100억 년이 넘는 우주 역사에서 1만 년 정도에 지나지 않는 인류의 지성사는 너무나도 짧아 보인다. 그런데도 인류는 도대체 어떻게 이 거대한 시공간의 우주를 이해하게 되었을까? 아인슈타인은 우리 인간이 우주를 이해할 수 있다는 사실만큼 풀기 어려운 수수께끼는 없다는 말을 남겼다. 과연 우리 인간은 어떻게 이 장엄한 우주를 이해하게 되었을까?

우주는 너무나도 수학적이라는 말이 있다. 이 말은 다양한 자연현상들을 수학적으로 기술하는 방식이 매우 성공적이라는 뜻이다. 과학의 언어라고 불리는 수학을 통해 과학자들은 복잡하게 얽혀 있는 자연현상들을 단순화된 형태로, 그러나 매우 정교하고 아름답게 표현할 수 있다. 자연현상들이 놀라울 정도로 명쾌하게 수학으로 기술된다는 사실은 많은 과학자들에게 신비감을 준다. 그래서 우리는 "우주가 어쩌면 이렇게 수학적일 수 있는가?" 하고 되묻게 된다. 자연법칙들이 깔끔하고 논리적인 수학으로 기술된다는 놀라운 사실은 자연세계가 꽤나 수학적인 본성을 갖고 있음을 우리에게 알려준다. 우주를 창조한 신은 놀라운 수학자라는 말이 회자되는 이유가 바로 여기 있다.

수학으로 표현되는 다양한 패턴이 자연법칙들로 기술된다. 거리가 멀어지면 거리에 비례해서 힘이 약해지는 현상은 흔히 "거리역제곱의 법칙"으로 불린다. 이것은 우리가 사는 우주가 3차원 공간이기 때문에 나타나는 현상이다. 자연법칙이라고 불리는 수학적 패턴들은 우주 자체의 속성을 나타낸다. 우리가 묻고 싶은 것은 도대체 어떻게 해서 우주가 이렇게 수학적인 속성을 갖게 되었는가 하는 점이다.

우리 인간은 이성을 통해서 수학을 이해하고 수학이라는 언어를 가지고 우주의 비밀들을 파악하고 기술한다. 도대체 어떻게 이런 일이 가능하게 되었을까? 우주는 어떻게 해서 수학적인 본성을 갖게 되었고 우리는 또 어떻게 그 수학을 이해하고 우주의 자연법칙을 이해

3부 | 과학주의 무신론의 도전

하게 되었을까? 이 질문은 과학으로 답하기에는 너무나 어려운 철학적 주제가 아닐 수 없다.

과학주의 무신론은 이 질문에 대해 신통한 설명을 내놓지 못한다. 과학주의 무신론의 대답을 단순화시키자면 우주가 원래 그렇다는 것이다. 우주가 3차원의 공간으로 생성되었기에 거리역제곱의 법칙이 패턴으로 나타나는 것이며, 다양한 물리법칙이 존재하는 이유는 우주의 속성 자체가 원래 그래서 그렇다는 것이다. 그러나 이런 대답은 만족스럽지 않다. 물질이 인간을 만들었다면 물질은 누가 만들었냐는 질문과 마찬가지로 자연이 원래 그렇다는 답은 자연법칙의 기원이나 우주의 속성이 왜 수학적인지에 대한 질문의 명쾌한 답이 되지 못한다.

〰

위에서 제시한 세 가지 문제는 현대 과학으로 답할 수 있는 영역을 넘어선다. 이 문제는 어쩌면 형이상학의 영역 혹은 철학의 영역이라고 분류할 수도 있겠다. 과학주의 무신론은 이 질문들에 관해서도 과학으로 답할 수 있다고 떼를 쓰거나, 아니면 무신론적인 가정 혹은 무신론의 세계관에 기초한 전제를 제시할 뿐이다.

기독교는 이 세 가지 질문에 어떻게 답할까? 창조주 하나님을 믿는 기독교 세계관에 따르면 우리는 이 세 가지 질문에 대해 설득력 있는 답을 얻을 수 있다. 스스로 존재하는 하나님은 무에서 유를 창조하였고 그래서 에너지와 물질이 존재하게 되었다. 하나님은 자신의 지혜와 지식의 풍요함을 사용하여, 하나님의 동일하고 오래 참고 신실하신 성품을 반영한 창조세계를 창조하셨고 창조세계를 운행하는 원리로서 자연법칙을 부여하셨다. 그래서 자연세계는 자연법칙에 의해 질서 있게 운행되고 인과관계를 따르며 예측 가능하기도 하다. 기독교의 창조주 하나님은 우주를 창조한 뒤에 우주가 스스로 운행되도록 버리고 떠난 것이 아니라 지금도 우주를 붙들고 다스리면서 자연법칙에 따라 우주가 운행되도록 섭리하고 있다. 이것이 창조주에 대한 기독교 신앙의 고백이다. 그 하나님은 자신의 형상에 따라 우리 인간을 창조하셨다. 하나님이 인간을 자신의 형상에 따라 창조했다는 의미는 하나님을 대신해서 창조세계를 다스리고 돌볼 대리자로 세우셨다는 의미다. 그 역할을 감당하기 위해서 신이 인간에게 부여한 하나님의 형상의 내용 중에서 가장 중요한 것은 자연세계를 파악하고 이해할 수 있는 지성적 능력이다. 하나님의 본성을 반영한 창조세계를 이해하기 위해서는 창조세계를 관찰하고 이름 짓고, 창조세계의 운영체계인 자연법칙을 파악할 능력이 필요하다. 하나님은 자신의 형상을 인간에게 부여하며 놀라운 지식과 지혜를 인간들에게 나눠주셨고 그래서 우리는 우주를 이해할 수 있는 이성을 갖게 되었다.

창조주에 대한 기독교의 신앙고백은 과학을 넘어서는 형이상학적인 내용을 담고 있다. 물론 과학주의 무신론의 주장도 과학을 넘어서 철학적 가정에 기초할 수밖에 없다는 면에서 비슷하다고 생각할 수도 있다. 하지만 과학만으로는 기독교 신앙과 과학주의 무신론 중 어느 한 편의 손을 들어줄 수 없다고 해도, 과학을 넘어서 형이상학적이고 철학적인 주제를 포함하여 전체 우주에 관한 질문들을 던져본다면 무신론의 설명보다 유신론의 설명이 훨씬 더 포괄적이고 설득력이 있다. 즉 기독교 신앙은 과학주의 무신론에 비해서 훨씬 체계적으로 전체 우주를 설명할 설명적 능력을 갖고 있다. 이 점은 복음주의 신학자인 알리스터 맥그래스가 자연주의 신학을 새롭게 부활시키려는 노력을 통해 강조하는 점이기도 하다.[3]

과학의 영역에 관해서 그리스도인이 무신론자와 대화할 때는, 과학은 유신론이나 무신론을 직접적으로 지지하지 않는다는 점, 즉 과학이 중립적이라는 점을 강조할 필요가 있다. 반면에 과학을 넘어서는 수많은 형이상학적인 질문들에 관해서 그리스도인들은 무신론자들보다 더 논리적이고 설득력 있게 기독교 신앙의 관점을 제시할 수 있다. 과학의 영역과 과학 외적인(형이상학의) 영역을 구분하는 일은 비그리스도인들이나 무신론자들, 혹은 불가지론자들과 대화할 때 우리가 무엇에 관해 이야기하고 있는지를 보다 명확하게 파악하고 서로 오해하지 않도록 도움을 준다. 안타까운 점은 많은 그리스도인들이 자신의 신앙을 뒷받침하는 지적인 토대를 거의 갖고 있지 않거나 혹은 너무 약한 토대를 갖고 있다는 점이다. 그래서 "누가 신을 만들었는가"와 같은 성립하지 않는 질문을 던지는 무신론자들과의 대화나 토론에서 밀리고 만다. 그리스도인들에게 필요한 것은 과학을 명확히 이해하는 일, 과학주의 무신론자들의 주장을 명확히 파악하는 일, 그리고 신앙의 지적 토대를 굳건히 다지는 일이다.

---

3 알리스터 맥그래스의 기포드 강연 원고가 담긴 『정교하게 조율된 우주』(IVP, 2009)를 보라.

8장

과학은 무신론의 증거가
될 수 있나?

우주의 시작에 신은 필요하지 않다?

케임브리지 대학교의 루카스 석좌 교수인 스티븐 호킹과 레오나르드 믈로디노프가 공저한 『위대한 설계』는 2010년 출간과 동시에 세간의 주목을 끌었다. 우주가 창조되는 데 신은 필요 없다는 주장을 담고 있다는 이유 때문이었다. 『시간의 역사』라는 베스트셀러로 유명한 물리학자 스티븐 호킹의 세계적인 인지도와 더불어, 우주는 신이 창조한 것이 아니라 저절로 시작되었음을 밝혔다는 자극적인 헤드라인으로 책을 소개한 대중매체도 책의 인기몰이에 한몫 거들었다.

철학은 죽었다는 명제로 책을 시작한 스티븐 호킹(Stephen Hawking)과 레오나르드 믈로디노프는 인간의 자유의지가 존재하지 않는다며 과학적 결정론을 주장한다. 그리고 나서는 파동현상과 같은 양자역학을 논하다가 소위 대통합이론이라고 하는 M이론을 설명한다. 그리고는 잘 조절된 우주를 설명하면서 약한 인류 원리와 강한 인류 원리를 다룬다. 즉 우주는 마치 인간을 탄생시키기 위해 잘 준비된 것처럼 보인다는 것이다. 강한 인류 원리에 동의하는 그는, 그러나 결국 강한 인류 원리를 신의 설계로 설명하는 것은 과학이 아니라면서 그것은 단지 질문을 바꾸는 것일 뿐이라고 말한다. 마지막으로 그는 우주에 중력 법칙이 존재하기 때문에 결국 우주는 무에서 저절로 창조된다고 설명한다. 그는 M이론에서 유추되는 수많은 우주 중에 우리가 사는 우주가 저절로 탄생된 것이라고 설명한다.

여러 세기 동안 아리스토텔레스를 비롯한 많은 사람들은 우주의 시작에 관한 문제를 회피하기 위해서 우주가 영원한 과거부터 존재했다고 믿었다. 다른 사람들은 우주의 시작이 있었다고 믿었고 그 믿음에 근거하여 신의 존재를 증명했다. 그러나 시간이 공간처럼 행동한다는 깨달음에서 새로운 대안을 얻을 수 있다. 그 깨달음은 우주의 시작이 있다는 생각에 대한 해묵은 반발을 제거할 뿐만 아니라 우주의 시작이 과학 법칙들에 의해서 지배되며 어떤 신의 손길도 필요로 하지 않음을 의미한다.[1]

우주의 시작은 과학 법칙들에 의해 지배되며 어떤 신의 손길도 필요로 하지 않는다는 호킹의 설명은 보다 자세히 생각해볼 필요가 있다. 그는 우주의 시작이라는 것이 설명 불가능한 초자연적인 일이 아니라 과학 법칙들에 따라 설명된다고 주장한다. 그리고 과학 법칙으

---

1   스티븐 호킹, 레오나르드 믈로디노프 공저, 『위대한 설계』(까치, 2010), 171를 보라.

로 설명되기 때문에 자연히 신의 손길을 필요로 하지 않는다고 주장한다. 여기서 신의 손길이란 과학 법칙과는 반대되는 어떤 기적적인 방법을 의미한다. 다시 말하면 호킹은 우주의 시작은 불가사의한 기적적인 것이 아니라 과학 법칙의 지배를 받는 충분히 자연적인 현상이라고 주장한다.

『위대한 설계』에서 신을 언급한 대목은 우주의 시작을 다루는 부분에서 겨우 1-2쪽에 불과하다. 그러나 이 책은 신이 우주를 창조하지 않았다는 헤드라인으로 소개되었고 호킹은 과학주의 무신론의 중요한 조력자로 떠올랐다. 그러나 책의 문맥에서 호킹이 설명한 내용을 종합해보면 우주의 시작, 즉 빅뱅이 어떤 설명할 수 없는 기적적인 현상이 아니라 과학 법칙으로 충분히 설명할 수 있다는 주장일 뿐이다. 만일 신이 우주를 시작한 방법이 불가사의한 기적의 방법이라면 그 기적은 제거될 수 있다는 뜻이다. 그러나 호킹의 『위대한 설계』는 과학 법칙을 통해 탐구되는 신의 창조를 결코 제거하지 않는다. 우주의 시작이 과학 법칙으로 설명될 수 있다는 호킹의 주장이 사실이라면, 그 주장은 신이 과학 법칙을 통해 우주를 창조했다는 명제와 얼마든지 양립할 수 있기 때문이다.

우주의 시작이 과학 법칙으로 설명될 수 있다는 호킹의 주장은 과학적으로 엄밀할까? 물론 그렇지 않다. 다중우주를 설명하는 M이론은 매력적인 과학 이론이겠지만 과학계의 정설로 자리잡을 만큼 위상은 갖고 있지 못하다. 호킹의 주장에 대한 과학적 엄밀성은 차치하고서 일단 그의 주장을 받아들인다면, 즉 우주의 시작이 과학 법칙을 통해 지배되고 설명 가능하다면 과연 신은 배제되는 것일까? 이렇게 질문해보자. 우주의 시작을 지배하는 과학 법칙들은 어떻게 생겨난 것일까? M이론으로 표현되는 "우주가 저절로 탄생되는" 원리는 도대체 어떻게 기원한 것일까? 호킹은 "왜 '무'가 아니라 '유'일까"라는 철학적 질문에 답하려고 시도했지만 그의 과학적 답변은 그다지 위대해 보이지는 않는다. 그가 필요 없다고 한 그 신은 대략 그리스 신화에 나오는 작위적인 신들이다. 물론 그리스도인들 중에서도 그런 작위적인, 아무렇게나 자연계에 개입하는 변덕스러운 신을 믿고 있는 사람들이 있다. 하지만 그가 비판하는 신은 1만 년 전에 지구를 만든 창조과학자들의 신이며 꼭 기독교 신학에서 말하는 신은 아니다. 신의 창조 행위나 자연계와 반응하는 방식은 제우스 신이 번개를 내려 무언가 만들어내는 방식은 아니라는 말이다.

스티븐 호킹의 『위대한 설계』를 읽으며 독자들은 신이 우주를 창조한 것이 아니라 우주가 저절로 창조된 것이라는 호킹의 주장을 잘 따라갈 수 있을까? 독자들이 이 책을 읽은 뒤에 우주가 저절로 창조되었다는 호킹의 논리를 제대로 이해해서 동의할지는 의문이다. 이 책이 화제가 되는 것은 새로운 획기적인 이론이나 논리적 엄밀성 때문은 아닌 듯하다.

신이라는 개념은 인간의 망상에 불과한가?

무신론자들을 비롯하여 많은 학자들에게 근본주의자라고 비판을 받는 리처드 도킨스는 『만들어진 신』이라는 책으로 자신의 정체성을 드러내었다. 도대체 왜 이 책이 대중들에게 인기가 있을까? 흔히 대중의 인기를 얻는 길은 논리성보다는 공격성에 있다. 치밀하게 자신의 주장을 전개해간 책은 학자들에게 높이 평가받는다. 반면, 빈약하고 단순한 논리임에도 불구하고 무지막지하게 공격성을 드러내서 반대 주장들을 갈기갈기 찢어놓으려는 시도들은, 그것이 결코 반대 주장들에 치명상을 입히지 못함에도 불구하고, 대중들에게서 상당한 인기를 얻는다. 도킨스의 책이 인기를 끈 이유는 아마도, 기독교 신앙이란 그저 만들어낸 것에 불과하다는 속시원한 주장을 옥스퍼드 교수란 명함과 과학의 권위로 포장하여 기독교에 반감을 가진 사람들에게 떡하니 제공해주었기 때문이 아닐까. 반감은 있었지만 합리적으로 기독교를 공격하지 못했던 그들은 도킨스의 입심을 통해 통쾌한 대리 만족을 맛보는 것이다.

과학자들에게는 오히려 과학의 권위를 손상시켰다고 비판받고, 신학자들에게는 신학과 종교를 피상적으로 이해하는 수준 이하의 시도라고 비판받으며, 무신론자들에게는 도킨스의 공격 대상인 열광적 종교근본주의자들처럼 도킨스 자신도 열광적 과학근본주의의 함정에 빠졌다고 비판받는 책. 그래서 과학자가 썼다고 보기에는 형편없는 레토릭에 불과하며 그의 훌륭한 과학 저작들에 비하면 오히려 그의 명성을 떨어뜨린 졸작이라고 이 책을 평가한다면 너무 신랄한가? 깊이 있는 무신론자들의 주장에는 항상 귀를 기울여 종교인들의 실수와 도그마를 재점검하는 반성의 기회를 삼아야 하지만 도킨스의 책은 별로 그런 유익을 제공하지 못한다.

「하퍼 매거진」에 실린 서평을 통해 메릴린 로빈슨은 종교가 세상의 모든 악의 근원인 것처럼 말하는 도킨스에게 그렇다면 과학은 무죄인가를 되묻는다. 가끔 나쁜 과학도 있다고 답한다면 종교도 나쁜 종교가 있다고 변명할 수 있지 않은가? 종교에 대해서는 부정적인 면만을 보고 과학에 대해서는 긍정적인 면만을 보면서 그 둘을 비교한다면 별로 설득력이 없다. 나치의 유대인 학살과 관련해서 로빈슨이 제시하는 우생학의 예는 흥미롭다. 로빈슨은 신이 존재할 가능성이 없다는 도킨스의 논리도 잘 분석해준다. 로빈슨은 만들어진 신이라는 주장은 기껏해야 도킨스 자신의 이론적 틀을 만족시키는 신은 없다는 주장밖에 되지 않는다고 비판한다. 빅뱅 우주론에 의해 시간이 시작되었다는 점을 도킨스 자신이 인간 지성의 한계로 인정했음을 언급하며 로빈슨은 도킨스의 논리가 왜 신학자들에게 먹혀들지 않는지를 설명해준다. 유신론자들의 신은 시간을 초월한 신인 경우가 많은데 도킨스의 확률 논리에서는 고작 시간에 제한되는 신의 경우를 다룰 수 있을 뿐이기 때문이다.

『신을 옹호하다』라는 책을 낸 테리 이글턴은 도킨스와 그의 동료 히친스의 기독교 이해가 너무 피상적이라며 신랄하게 비판한다.

신학에 대한 이해가 원초적인 수준을 넘어서는 무신론자는 외계인에게 납치당한 적이 없는 미국인만큼이나 드물다.[2]

---

2   테리 이글턴, 『신을 옹호하다』(모멘토, 2010), 72. 이글턴은 무신론자들의 신학에 대한 이해가 형편없음을 꼬집으며 외계인에게 납치당했다고 생각하는 미국인들의 숫자가 많은 것처럼 신학적 깊이가 없는 무신론자들이 다수라고 일갈한다.

마르크스주의자인 이글턴은 오히려 기독교 복음의 진수를 꿰뚫어 보고 있다. 우리나라 상황으로 번역하자면, 목사의 성추행, 대기업으로 전락한 교회, 샤머니즘과 기복 신앙을 파는 타락한 종교문화, 여성에 대한 불평등 등에 관해서는 도킨스나 히친스의 비판에 공감하지만 그러나 사실 기독교 신앙의 본질은 그런 것이 아니라고 그는 대변한다. 그러면서 예수의 삶은 희생과 섬김의 삶이었고 그의 가르침은 오히려 정의와 사랑을 강조했으며 성경은 자유주의자들의 낭만적인 생각보다 훨씬 더 인간과 세상에 대한 회의를 품고 있지만 그럼에도 불구하고 새로운 희망을 제시하는 종교라고 일갈한다. 특히 기독교의 표면적인 문제들에만 주목하여 그것을 마치 기독교의 본질인 양 얄팍하게 풀어내는 도킨스와 히친스가 사실은 종교보다 더 큰 해악인 자본주의의 문제에 대해서는 놀라울 정도로 침묵한다는 점을 신랄히 짚어낸다. 도킨스가 뛰어난 과학자일지는 모르지만, 그러나 철학적·사회학적 깊이가 없는 과학자인 그의 기독교에 대한 무모한 공격을 이글턴은 얄팍한 치기 정도로 일갈하는 셈이다.

신앙을 갖는다는 건 비합리적이고 유아적일까?

도킨스는 신을 믿는다는 것은 산타클로스를 믿는 것처럼 비합리적이고 유아적이라고 비난한다. 마치 산타클로스를 믿는 것이나 다름없이 어리석은 태도라는 지적이다. 착한 어린아이에게 선물을 준다는 산타에게 잘 보이기 위해 12월이 가까이 오면 아이들이 부모의 말을 듣는 수준이 달라진다. 그러나 어른이 되어서도 여전히 산타를 믿는 사람은 없다. 어른이 되면서, 교육을 받고 사고가 깊어지면 어린 시절 믿었던 산타에 대한 믿음은 자연스레 버리게 된다. 도킨스는 신에 대한 믿음도 마찬가지라고 주장한다. 부모에 의해서 주입된 어린 시절의 신에 대한 믿음은 성인이 되면서 자연스럽게 내다 버려야 한다고 주장하는 것이다. 어른이 돼서도 산타를 믿는 것은 비합리적이듯 성인이 된 후에도 신이라는 존재를 믿는다는 것은 우스꽝스럽고 비합리적이라는 주장이다.

도킨스는 신이 산타와 같은 상상의 존재에 불과하다는 그 어떤 논증도 제시하지 않지만 그의 유비 자체는 그럴듯하다. 특히 기독교의 영향권에 놓인 사회에서 자란 사람들은 어린 시절부터 부모에 의해 신의 존재와 신앙에 대해 자연스럽게 배우는데 그 과정은 어쩌면 산타를 믿게 되는 과정과 비슷하게 보일 수도 있다.

그러나 이 유비에는 상당한 문제점이 있다. 물론 도킨스가 합리적이라고 생각하는 많은 사람들이 어른이 되면서 어린 시절의 신앙을 버린다. 그러나 문제는 그 반대의 경우도 만만치 않게 많다는 점이다. 알리스터 맥그래스는 『도킨스의 신』에서 이 점을 정확히 지적한다. 어린 시절에는 신을 믿지 않았는데 성인이 되면서 신의 존재를 믿게 되는 많은 사람들의 경우는 어떻게 설명해야 할까? 어린 시절에는 산타의 존재를 믿지 않다가 성인이 되어서 산타나 이빨요정을 믿게 된 사람이 있을까? 성인이 되어서 신의 존재를 새로 믿기 시작한 사람들이 있다는 엄연한 사실은 신에 대한 믿음은 산타에 대한 믿음처럼 유아적이라는 도킨스의 유비가 별로 설득력이 없음을 잘 보여준다. 어른이 되어서도 계속 산타를 믿는다면 비합리적이라고 말하겠지만, 신의 존재를 믿는 믿음도 그와 마찬가지라는 유비는 그저 레토릭에 불과하다.

어른이 되어서 신을 믿게 된 사람들이 있다는 주장에 대해 누군가는 그 사람들은 지적 수준이 모자라거나 비합리적이어서 그렇다는 비판을 할지도 모르겠다. 어른이 되어서 산타를 믿게 된 사람처럼 비정상적인 사람일 것이라고 말이다. 과연 그럴까? 어른이 되어서 산타를 믿기 시작했다는 사람에게는 코웃음을 칠 수도 있겠지만 성인이 된 후에 신을 믿게 되었다는 사람에게도 똑같은 코웃음을 칠 수 있을까? 예를 들어보자. 도킨스가 생물학자이니 기왕이면 생물학자의 예를 드는 것이 좋겠다. 인간 게놈 프로젝트의 책임 연구자인 프랜시스 콜린스(Francis Sellers Collins) 박사는 본래 무신론자였지만 의과대학 재학 중에 그리스도인이 되었다. 학문적 업적으로 보면 콜린스의 연구 업적은 인간 게놈 프로젝트만 봐도 더 이상 말할 필요가 없다. 생물학 분야의 최첨단에 서 있는 그를 비합리적인 사람이라고 치부하는 일은 도킨스에게도 벅차다. 하지만 프랜시스 콜린스는 『신의 언어』라는 책에서 밝힌 것처럼 어른이 되어서 신을 믿고 독실한 기독교 신자가 되었다.[3] 성인이 된 후 신앙을 갖게 된 예로는 콜린스 이외에도 많은 지성인들을 꼽을 수 있다.

도킨스가 『지상 최대의 쇼』라는 책을 출판한 뒤에 「뉴스위크」와 인터뷰한 내용을 보면 『만들어진 신』 이후에 나온 숱한 비난 때문인

---

3   프랜시스 콜린스, 『신의 언어』(김영사, 2009)의 1장을 보라.

지 그의 새로운 견해를 들어볼 수 있다. 그는 신을 믿는 것과 진화를 믿는 것이 양립 불가능한지를 묻는 질문에 대해 꼭 그렇지는 않다고 답한다. 그는 미국 국립보건원의 원장이 된 프랜시스 콜린스 박사와 같은 진화과학자가 신을 믿는다는 것을 예로 들며, 신과 진화를 동시에 믿는 사람들이 있는 것을 보면 양립 가능하다고 답한다. 『만들어진 신』에서 과학과 신앙이 양립할 수 없다는 논지를 펼친 것은 그것이 자기 자신에게는 불가능하기 때문이며, 그리스도인들을 무지한 자들로 취급한 것은 젊은 지구론 창조과학자들을 대상으로 한 것이라고 부연한다.[4] 이 인터뷰는 기독교가 신앙하는 하나님이 단지 창조과학자들이 생각하는 제한된 신이 아니라는 비판에 직면한 도킨스의 얄팍한 신학적 이해가 조금은 발전했기 때문일지도 모른다. 아마도 테리 이글턴이 들으면 무신론자의 신학적 이해가 깊어졌다며 반길지도 모를 일이다.

도킨스 등의 과학주의 무신론자들은 흔히 종교가 폭력적이고 비이성적이며 비과학적이라고 주장한다. 여기서 그들의 주장을 일일이 따져가며 반박할 생각은 없다. 무신론자들의 주장을 잘 반박한 비판서들은 이미 많이 나와 있다. 가령 알리스터 맥그래스는 그의 책 『신 없는 사람들』을 통해 새로운 무신론의 등장 과정과 주요 인물들을 추적하며 종교가 폭력적이고 비이성적이며 비과학적이라는 주장을 하나하나 논리적으로 반박한다.[5] 한국 신학자의 책으로는 윤동철의 『새

---

4 http://www.newsweek.com/id/216206를 참고하라.
5 알리스터 맥그래스, 『신 없는 사람들』(IVP, 2011)의 2부 3-5장을 보라.

로운 무신론자들과의 대화』를 읽어보면 좋을 것이다.[6]

과학주의 무신론은 과학이 아닌 과학에 대한 해석이다

자연현상의 인과관계를 밝히는 과학은 유신론이나 무신론에 대해 중립적이라고 할 수 있다. 도킨스와 같은 과학주의 무신론자들은 과학을 토대로 신이 없다고 주장하지만 이는 과학에 대한 하나의 철학적 해석에 불과하다. 그 주장은 과학이 아니라 과학으로 밝힌 내용을 무신론적 관점에서 해석한 하나의 철학적 견해다. 가령『위대한 설계』에서 우주 창조에 신이 필요 없다고 주장한 스티븐 호킹의 주장도 과학이 밝힌 내용들을 무신론적으로 해석한 것이다. 생물들의 진화 현상을 과학으로 설명할 수 있다면 그것은 무신론의 증거라는 도킨스의 주장도 과학의 결과가 아니라 과학에 대한 하나의 철학적 해석일 뿐이다. 반면에 똑같은 과학을 수용하면서도 유신론적인 해석이 얼마든지 가능하다. 가령 인간 게놈 프로젝트 총 연구 책임자였던 프랜시스 콜린스 박사는『신의 언어』에서 생물진화를 설명한 진화 이론이 하나님의 창조 과정을 잘 설명해준다고 해석한다. 스티븐 호킹과는 반대로 데보라 하스마나 제니퍼 와이즈맨 같은 그리스도인 천문학자는 우주 팽창과 빅뱅 우주론을 수용하면서 이것이 바로 창조주 하나님께서

---

6   윤동철,『새로운 무신론자들과의 대화』(새물결플러스, 2011).

우주와 은하와 별들을 만드신 과정이라고 고백한다.[7]

결국 과학주의 무신론자들의 주장 중에서 어디까지가 과학이고 또 어디서부터가 철학적 해석인가를 구분하는 것이 중요하다. 물론 그 구분이 쉽지는 않다. 가령 도킨스는 글을 잘 쓰기 때문에 그의 글에서 과학과 그 과학에 대한 해석을 구분해서 파악하기가 쉽지 않다. 흔히 많은 사람들은 과학에 대한 해석에 불과한 도킨스의 무신론적 주장까지도 마치 과학 그 자체라고 오해한다. 그러나 과학이 밝혀준 내용과 그 내용에 대한 철학적 해석은 분명히 다르다.

그렇다면 과학과 과학에 대한 해석을 구별하는 일은 누가 해야 할까? 과학주의 무신론자들이 과학을 무신론의 증거로 포장하여 들이밀 때 누가 그 포장을 벗겨낼 수 있을까? 목회자가 할 수 있을까? 과학분야 밖에 있는 사람들이 할 수 있을까? 쉽지 않다. 과학과 과학에 대한 해석을 구별하는 일은 결국 과학자의 몫이다. 따라서 과학이라는 게임의 규칙에 충실하면서 경험적 증거에 기초하여 엄밀하고 냉정하게 과학을 평가할 수 있는 그 분야의 전문 과학자가 필요하다. 특히 과학을 무신론이라는 철학과 섞어서 비빔밥으로 만들어 내놓을 때, 과학과 무신론을 가려낼 줄 아는 그리스도인 과학자가 필요하다. 과학자들은 자신의 분야에서 정설이 된 과학 결과들이 어디까지이며 또 어디서부터는 과학적 엄밀성이 떨어지는지, 또 어떤 내용이 단지 무신론자들의 철학적 주장에 불과한지를 구별해주어야 한다.

---

7   Keith Miller, Ed. *Perspectives on an Evolving Creation*. 6장 "Evolving cosmos"를 보라.

이 일은 결국 전문 과학자들의 몫이다. 목회자들이 대신해줄 수도 없고 신학공부를 아무리 많이 해도 이런 역할을 수행하기가 쉽지 않다. 심지어 과학 분야의 박사학위를 갖고 있다고 해도 자신의 분야에 해당하는 주제가 아니라면 쉽지 않은 일이다. 공학을 전공한 공대 교수가 진화생물학이나 표준우주론을 판단하는 일은 용이하지 않다. 현대 과학은 매우 세분화되어 있기 때문에 심지어 같은 생물학 분야라 하더라도 전문 연구 분야가 다르면 종종 이해의 폭이 깊지 않은 경우도 있다. 그래서 우리에게는 진화생물학, 뇌과학, 우주론 등 다양한 과학 분야에서 활동하는 신실한 그리스도인 과학자가 필요하다. 한발 더 나아가서 과학 내용을 토대로 무신론 과학자가 과학이 무신론의 증거라고 주장할 때 오히려 과학은 창조주의 역사를 드러낸다고 주장하는 그리스도인 과학자들이 필요하다.

이런 점에서 한국교회는 전문성의 부재라는 심각한 병을 앓고 있다. 그리스도인들 중에 과학자도 많고 대학교수들도 많다. 그러나 이들은 자기 전공 분야의 전문성은 갖고 있지만 그 전문성을 교회나 신앙의 영역에서는 별로 발휘하지 않는다. 어쩌면 소위 신앙생활이라는 것은 개인의 영성과 교회라는 범주 안에서만 하는 일이고 직장은 직장의 규칙대로 사는 이원론적 경향이 팽배해 있기 때문인지도 모르겠다. 하지만 이는 바람직하지 않다. 교회에서도 과학에 대한 전문성이 요구된다. 과학주의 무신론자들이 과학이 무신론의 증거라고 주장할 때 그들의 논리를 가장 잘 파악할 수 있는 사람은 과학자들이다. 전문성을 가진 과학자들이 침묵한다면 한국교회의 지성적 토대는 튼튼해질 수 없다.

우리는 하나님께서 자연법칙을 통해 섭리하시고 창조하신다는 부분에 주목할 필요가 있다. 과학을 하나님의 창조 역사에 대한 설명으로 보는 사람들에게 무신론자들의 공격은 허수아비 공격이 되고 만다. 과학을 하나님의 작품으로 해석한다면, 과학을 무신론의 증거로 삼는 과학주의 무신론의 공격은 힘을 잃는 셈이다. 많은 교회들이 과학을 신앙의 적으로 오인하고 창조과학식 주장으로 과학을 부정하는 경우가 많다. 그런 분위기에서 자란 아이들은 신앙을 잃을까 봐 과학 전공을 피하는 경우도 있다. 그리스도인들이 과학을 두려워하거나 과학자가 되기를 꺼리는 것은 매우 우려스럽다. 이런 일이 계속된다면 진화생물학 같은 분야에는 그리스도인 과학자가 아예 사라질지도 모른다. 그러면 결국 과학이 무신론으로 해석되는 철학적 주장을 분별해줄 그리스도인 전문가는 존재할 수 없다. 오히려 과학이 드러내는 놀라운 창조의 비밀들을 소개하고 그를 통해 하나님을 더 찬양할 수 있도록 보다 많은 그리스도인들이 과학을 전공하고 또 훌륭한 과학자가 되어야 하지 않겠는가?

9장

자연현상이 과학으로 설명되면
무신론이 될까?

과학주의 무신론을 극복하기 위해서 우리가 숙고해야 할 질문이 있다. 이 질문은 과학과 기독교의 관계를 이해하는 가장 중요한 질문이라고도 할 수 있다. 만일 어떤 자연현상이 과학으로 설명되면 무신론의 증거가 될까? 여러분은 어떻게 생각하는가? 질문을 조금 다르게 바꾸어서 던져보자. 자율적으로 움직이는 자연현상은 신을 배제하는가? 만일 이 질문에 제대로 답할 수만 있다면 과학주의 무신론의 도전을 잘 극복할 수 있을 것이다. 독자들은 이 질문에 무엇이라고 답하겠는가? 몇 가지 예를 들어보자. 달은 한 달에 한 번 지구 주위를 공전한다. 현대 과학은 중력 이론을 바탕으로 지구의 중력에 의해 달이 공전한다고 설명한다. 이 설명은 무신론의 증거일까? 부부가 사랑을 하면 정자와 난자가 만나 수정이 되고 단세포에서 출발하여 DNA 코드에 따라 자기복제를 하면서 점점 세포수가 늘어나고 10달이 지나면 아기가 태어난다. 생명이 태어나는 과정에 대한 이 설명은 신을 배제하는가? 유전자풀이 증가해서 종이 분화하여 새로운 종이 생겨났다.

미신적 사고 ──▶ 자연현상의 탈신화화 ──▶ 과학적 무신론

그림 15. 자연현상과 해석

쉽게 말해 진화했다는 설명이다. 그럼 이런 설명은 무신론인가?

가령 한 사람이 번개에 맞아 죽었다고 하자. 근대 과학이 성립되기 전 시대의 사람들이 이 장면을 목격했다면 하늘의 저주를 받았다고 생각했을 것이다. 배가 파선되어 선원들이 모두 바다에 빠져 죽었다면 그 이유는 용왕님의 저주를 받았기 때문이라고 생각하는 것과 같은 방식의 이해다. 과학이 탄생하기 이전 시대에 살던 사람들은 불가해하고 불가항력적인 자연현상에 대해서 용왕이라든가 귀신과 같은 모종의 행위자를 끌어다 설명하는 방식을 취하곤 했다. 그래서 용왕님을 달래기 위해 제물을 바치는 『심청전』 같은 이야기도 전해 내려온다.

그러나 근대가 시작되고 과학이 발전하면서 자연현상은 더 이상 미신적인 방식으로 설명할 필요가 없어진다. 많은 자연현상들에 관해서 인과관계가 밝혀지고 논리적으로 설명이 가능해지기 시작했으며 더군다나 자연법칙에 따라 어느 정도 예측 가능하게 되었다. 번개는 전자기학 법칙을 따르는 하나의 전기 현상이고 파도는 그저 일상적으로 일어나는 기상 현상에 불과하게 되었다. 사람들은 더 이상 자연현상을 미신적으로 두려워하지 않게 되었고 그 결과 자연현상의 탈신화가 일어났다. 태풍이라든가 지진과 같은 강력한 자연현상은 여전히 인간이 통제할 수 없지만 자연은 인간 위에 군림하는 어떤 변덕스러운 두려움의 대상이 아니라 자연법칙으로 설명되고 예측 가능한 현상으로 받아들여졌다.

근대 과학의 눈부신 발전으로 현대를 사는 우리는 과학적 사고에 익숙하다. 현대인의 삶에서 경험하는 모든 일은 자연법칙의 인과율에 따라 규칙적으로 일어나는 것처럼 보인다. 실제로 우리가 삶에서 경험하는 내용을 되돌아보면, 가령 오늘 하루 동안 겪은 일들은 모두 인과관계로 설명이 된다. 그리고 인과율에 따라 발생한 그 일들은 어느 정도 예측 가능하다. 내일 아침에도 동쪽에서 태양이 뜰 것이고, 저녁에는 서쪽으로 태양이 질 것이다. 일기예보에 따라 날씨가 맑거나 비가 올 것이고 예보된 기온에 따라 옷을 맞춰 입고 외출을 할 것이다. 모든 자연현상이 자연스럽게 규칙에 따라 발생하는 것으로 보인다. 마치 신이 없어도 다 설명 가능한 것처럼 자연은 그렇게 자연스럽다. 어떤 면에서는 우리가 경험하는 세계 전체가 자연법칙에 의해 지배되는 것처럼 보인다.

그러다 보니 자연세계 그 어디에서도 신의 모습은 직접 볼 수가 없다. 우주 전체는 그저 자연법칙에 따라 운행될 뿐이고 신의 흔적은 감지할 수 없는 듯하다. 사실 이 모든 자연법칙과 자연현상이 하나님의 섭리이며 하나님의 일하심의 결과임에도 불구하고 과학으로 직접 검출되지 않는 신의 행위, 자연현상을 일으키는 하나님의 일하심을 직접 목격할 수는 없다. 그 어디에도 하나님이 역사하는 것으로 분명하게 보이는 것이 없는 듯하다. 하나님은 천사들을 밤에 내려 보내서 설악산의 울산바위를 만들거나 금강산의 일만이천봉을 창조하지 않는다. 자연법칙을 통해서 섭리하시는 그 하나님은 자연세계 안에 계시지 않는 듯하다. 오늘 일어난 모든 일이 다 하나님의 역사임에도 불구하고, 과학의 시각으로 보면 하나님의 섭리와 일하심이 직접 검출되지는 않기 때문에 그래서 우리는 자연스레 무신론 쪽으로 쏠릴 수 있다. 그 결과 인간의 지성사는 자연스럽게 무신론 쪽으로 흘러가고 있는지도 모른다.

하지만 기독교가 제시하는 초월적인 하나님은 우리가 알 수 없는 어떠한 방식으로 여전히 자연현상을 붙들고 섭리하고 계신다. 초월하신 하나님이 과학으로 검출되지 않는다고 해서 신이 존재하지 않는다고 주장하는 것은 과학이라는 좁은 우물 안에서 본 하늘이 작다고 말하는 것과 비슷하다. 번개라는 현상 뒤에는 하나님의 일하심이 있다. 번개라는 자연현상은 전자기학이라는 과학 이론으로 산뜻하게 설명할 수 있다. 그러나 번개를 일으키는 인과관계의 법칙이 하나님의 지혜와 지식의 풍요하심에서 나온 것이며 그 인과관계가 실제로 작용하도록 만물을 붙들고 섭리하고 계신다는 고백이 바로 기독교 신앙이다. 즉 자연현상이 과학으로 잘 설명이 되지만 그 원리를 만드신 분이 하나님이시고 그 하나님이 지금도 세상 만물을 붙들고 계시며 자연법칙을 주관하고 계신다는 것이 우리의 신앙이다.

하나님의 창조와 섭리가 아닌 것이 무엇이 있을까? 지금도 지구상에 만들어지고 있는 다양한 지질학적 현상들, 은하들의 인터스텔라 공간에서 새로 만들어지는 별들, 그리고 우리 주변의 엄마 뱃속에서 새롭게 자라나고 있는 새 생명들은 모두 과학으로 그 인과관계를 설명할 수 있지만 그럼에도 불구하고 그 과정은 하나님의 역사이며 창조의 과정이라고 우리는 고백한다.

자연적 방법은 신의 섭리가 아닌가?

하나님의 창조와 섭리의 방법은 기적에 국한되지 않는다. 자연세계를 보면 하나님은 자연법칙을 통하여 창조하고 섭리한다는 것을 배울 수 있다. 다음 예화를 생각해보자.

갑작스레 비가 쏟아지면서 홍수가 나자 미처 피하지 못한 어느 그리스도인이 옥상에 올라가 고립된 채로 구조를 기다리고 있다. 다급해진 그는 하나님께 구해달라는 기도를 간절히 드렸다. 기도를 마치고 나자 하나님이 구해주실 거라고 확신하게 된 그는 마음이 평안해졌다. 기도를 드린 지 얼마 지나지 않아 판자 조각으로 만든 뗏목을 타고 가던 이웃 사람들이 그를 발견하고는 구해주겠다며 소리를 질렀다. 하지만 그는 신이 자신을 구해줄 거라며 도움의 손길을 거부했고 그래서 이웃 사람들은 뗏목을 저어 지나가 버렸다. 시간이 좀 지난 후 이번에는 모터보트를 탄 구조대가 다가왔다. 구조대는 옥상에 있는 그에게 손짓을 하며 모터보트에 옮겨타라고 권했지만 그는 거부했다. 그는 신이 구원해줄 것이라는 확신에 가득 찬 표정으로 모터보트를 그냥 보냈다. 한참 뒤, 이번에는 요란한 소리를 내며 구조 헬기가 다가왔다. 구조대는 헬기로 올라오라며 옥상 위로 사다리줄을 내려주었다. 하지만 그는 이번에도 거절했다. 세 번의 기회를 놓친 그는 결국 구조되지 못하고 물에 쓸려가 죽고 말았다.

천국에 간 그는 하나님께 물었다. 그렇게 간절히 기도했고 확신을 받았는데 왜 자신을 구해주지 않았느냐고. 하지만 그는 거꾸로 이런 대답을 들었다. 세 번이나 구원의 손길을 보냈는데 왜 거부했느냐고. 신이 구원해주리라 확신했을 때 그는 도대체 어떤 방법을 상상한 걸까? 순식간에 공간 이동을 해서 안전한 곳에 옮겨져 있을 기적적인 방법을 기대한 걸까?

이 예화를 듣는 그리스도인들은 아마도 과장이 심하다고 불평할지도 모른다. 실제로 그럴 사람이 어디 있겠냐고? 뗏목은 불안해 보여서 거부했을지도 모르지만 모터보트라든가 구조 헬기를 거부할 사람이 어디 있겠냐고? 아무도 상상할 수 없는 기적적인 방법으로만 하나님이 구원해주실 거라고 생각하는 사람이 어디 있겠냐고 반문할지도 모른다. 그렇다. 아마도 그런 사람은 없을 것이다. 다만 하나님은 초월적인 방법이 아니라 자연세계 안에서 자연적인 방식으로 일하시는 경우가 훨씬 더 많다. 하나님이 보내신 구원의 손길인지 혹은 그저 우연히 지나가던 구조대가 구해주는 것인지 확연히 구별되지 않을 정도로 하나님은 자연의 방법으로 일하시는 경우가 많다.

홍수를 당한 누군가를 구해주실 때 우리는 초자연적인 기적보다는 자연적인 방법으로 우리에게 구원의 손길을 베풀어주실 하나님을 기대한다. 그러나 우주를 창조한 하나님의 창조의 과정에 대해 질문해보면 많은 그리스도인들은 흔히 과학으로 설명할 수 없는 초자연적 방식으로 하나님의 창조 방법을 제한한다. 자연법칙을 사용한 인과율의 방법이 아닌 기적과 같은 초자연적인 방법으로 창조의 행위를 제한하는 것을 소위 특별 창조론이라고 부른다. 특별 창조론은 하나님의 창조의 방법을 제한하는 매우 좁은 창조 개념이다. 반대로 인과관계를 통해 자연적 설명이 가능한 어떤 현상은 신의 창조 혹은 하나님의 섭리가 아니라고 오해하는 경우가 많다. 홍수에 고립된 신자를 다시 생각해보자. 왜 하나님의 일하심을 기적이라는 영역에 가두는가? 인과관계로 설명이 가능한 자연적 방법을 통해 하나님이 일하시면 안 된다고 생각한다면 그것은 우리가 갖는 편견이다. 하나님의 창조 방법이나 섭리의 방법은 초자연적이고 기적적이어야 한다고 우리가 하나님을 제한할 수는 없는 노릇이다.

오늘날 하나님은 어떻게 우주를 다스리고 섭리할까? 어떤 방법으로 생명을 창조할까? 정자와 난자가 만나면 수정이 되고 착상이 되어 세포분열을 하면서 생명이 창조된다. 단세포에서 인간으로 한 생명이 탄생하는 과정을 과학은 자연적 과정으로 잘 설명해낸다. 하지만 인과관계를 밝히는 과학적 설명은 신이 생명을 창조한다는 사실을 부정하지도 긍정하지도 않는다. 과학은 그저 수정과 착상, 세포분열과 유전 등 인과관계를 설명할 뿐이다. 하지만 창조주를 믿는 기독교의 관점에서 보면 오히려 과학은 하나님이 생명을 창조하는 "방법"을 우리에게 세세히 알려주는 셈이다. 과학으로 이해하게 된 그 방법을 사용하여 하나님은 새 생명을 탄생시키고, 과학이 밝혀낸 자연법칙과 인과관계를 사용해서 하나님은 태양계를 주관하고 우주 전체를 섭리한다.

만일 "자연적"이라는 이유로 생물 진화나 우주 진화가 창조 개념과 반대된다는 창조과학의 주장이 옳다면 어떨까? 과학으로 설명되는 생명 탄생 과정이나 스스로 행성들이 움직이는 듯한 태양계의 운동도, 심지어 눈비가 내리는 기상 현상도 모두 하나님의 창조가 아닌 것이 되어버린다. 자연적 과정에 대한 과학적 설명이 하나님을 배제한다고 주장한다면 하나님은 아직 과학이 풀지 못한 영역에만 남아 있는 소위 틈새의 신(God of the gaps)으로 전락하고 만다.

우리의 이해가 부족하다고 해서 하나님의 창조 방법을 제한하는 것이 옳을까? 창조의 방법은 우리가 하나님께로부터 배워야 하는 것이지 거꾸로 우리의 생각대로 하나님을 규제할 수는 없다. 하나님의 창조와 섭리를 제한하는 창조과학은 그래서 심각한 신학적 문제를 안고 있다고 비판받는다.

하나님이 쓰신 자연이라는 책에는 창조의 방법이 세세히 기록되어 있다. 과학은 자연을 읽어내는 영원한 근사에 불과하지만 그래도 하나님은 일반은총의 영역에서 과학을 통해 많은 것을 알려주신다. 우주와 지구와 생물이 모두 특별한 방법으로 마술처럼 창조되었다고 보는 창조과학자들은, 자연적 과정을 통한 창조를 탐구하는 그리스도인 과학자들을 하나님의 창조까지도 부정하는 사람으로 취급한다. 특별 창조만을 고집하는 창조과학자들이 우주 진화나 생물 진화처럼 자연을 통한 창조는 아예 창조로 인정하지 못하는 한계를 갖는 것은 참으로 안타까운 일이다.

그리스도인들은 자연에 대한 편견을 버려야 한다. 과학으로 설명되는 태양계의 운동이나 생명의 탄생 과정은 오히려 하나님의 창조의 지혜를 알려준다. 자연은 창조주의 작품이며 창조의 과정과 방법을 낱낱이 드러내는 놀라운 계시다.

과학은 자연을 다룬다. 자연은 사람의 힘이 가해지지 않은, 저절로 일어나는 일을 뜻한다. 그렇기 때문에 우리는 과학으로 설명되는 자연현상이 왠지 신을 배제하는 듯한 느낌을 받는다. 중력에 따라 스스로 운행되는 행성의 운동이나 스스로 자기복제를 하는 세포나 자연법칙에 따라 일어나는 종의 분화도 비슷하다. 그러나 하나님의 창조가 확연하게 보이지 않고 과학으로 검출되지 않더라도 이 모든 자연현상은 하나님의 섭리라는 것이 우리의 믿음이자 고백이다.

기적 안에 하나님을 가두다

우리는 기적이라는 좁은 세계 안에 하나님을 가두는 실수를 범하는 경우가 많다. 비그리스도인이 기적을 보여달라고 요구하는 경우가 종종 있다. 지금 당장 기도해서 기적이 일어나게 한다면 예수를 믿겠다고 말이다. 그러나 이에 대해 성경은 뭐라고 이야기할까? 부자와 나사로 이야기를 기억해보자. 부자가 죽어 지옥에 가서 그 뜨거운 지옥불에 괴로워하며 이렇게 요구한다. 나사로를 세상에 보내서 내 친구들, 내 친척들이 지옥에 오지 않게 해달라고. 그러나 그 부탁은 거절된다.

그리고 이미 많은 예언자들이 세상에 나가 있다는 대답이 부자에게 돌아온다. 하나님께서는 당장에라도 기적을 보이실 수 있는 전능하신 분이지만 별로 그렇게 하시지 않는다.

우리는 기적의 세계 안에서만 하나님을 보는 좁은 시각을 가진 경우가 많다. 하나님의 창조에 관해서도 그렇다. 하나님이 무언가를 마술사처럼 즉석에서 뚝딱 만들어내면 그것은 하나님의 창조가 분명하다고 확신하지만 반면에 하나님이 자연법칙을 통해서 무언가를 만들면 거기서는 하나님의 창조를 보지 못한다. 그 이유는 많은 경우, 우리가 기적이라는 방식을 통해서만 하나님을 보는 데 익숙해 있기 때문이다. 곧 기적이라는 세계 안에만 하나님을 가두어두기 때문이다. 그 결과 자연법칙에 따라 흘러가는 듯한 나의 일상 속에서는 하나님을 보지 못한다. 문제는 거기에 있다.

우리는 때로 힘들 때 하나님께 기도해서 그 어려움을 모면하려 한다. 쉬운 길을 가기 위해 혹은 나의 욕심을 채우기 위해 기적을 구하기도 한다. 예를 들어보자. 수영 선수들이 접영 시합을 위해 출발선에 서 있다. 출발 신호가 탕 하고 울리자 선수들이 물에 뛰어들어 수영을 하기 시작한다. 그런데 그중 한 선수가 물위를 뛰어간다. 이런 상황을 우리는 뭐라고 부를까? 기적이라고? 맞다. 그러나 더 적합한 표현은 반칙이다. 접영 시합 중에 물위를 뛰어가서 1등을 한다면 그것은 반칙이다.

경쟁사회를 헤쳐나가기가 힘들기 때문에 우리는 종종 기적을 바란다. 미래가 걱정되기도 하고 경쟁이 힘들기도 하기 때문이다. 우리는 많은 경우 복음의 진보나 하나님 나라를 위해서 하나님의 강권적인 일하심과 기적을 구하기보다는 내가 조금 더 편안히 살고자 다른 사람을 누르고 1등을 하고자 기적을 구하는 경우가 많다. 그런 심정은 충분히 이해된다. 그러나 비그리스도인의 입장에서 보면 어떨까? 그들의 눈에는 그리스도인들이 전능한 신을 빽으로 삼아 반칙을 저지르는 사람들로 보인다. 자신의 영달과 목적을 위해 신을 이용하는 반칙자로 보인다. 내일로 다가온 시험을 앞두고 우리는 이렇게 기도한다. 오늘 하루 갑절의 능력을 주서서 1등 하게 해달라고. 그렇다면 일주일 전부터 열심히 노력한 다른 사람은 뭐가 되는가? 하나님이 그리스도인들에게만 갑절의 능력을 준다면 그것은 공평한 일일까?

사실 하나님은 우리에게 그런 기적들을 잘 베풀어주시지 않는다. 왜 그럴까? 우리가 믿는 신이 전능하지 않기 때문일까? 그렇지 않다. 기적을 행하지 않는다고 해서 하나님이 기적을 일으킬 능력이 없다고 판단하면 그것은 오판이다. 돌로 떡을 만들어 먹으라고 시험했던 사탄 앞에서 "사람이 떡으로만 살 것이 아니요 하나님의 말씀으로 살리라"는 대답을 던진 예수를 보고 예수는 돌로 떡을 만들 능력이 없다고 판단하는 것은 어리석다. 하나님은 기적을 베풀어서 우리를 물위로 뛰어가게 하실 수 있는 분이지만 그렇게 하시지 않는다. 오히려 그분은 내가 힘들게 팔을 내저으며 물을 밀치고 수영하는 그 과정에 동행하신다. 하나님은 고난과 어려움의 상황에서 우리를 들어올려 피난처로 옮기실 수도 있지만 오히려 그분은 그 자리에서 눈물을 흘리는 우리 곁을 묵묵히 지키며 우리를 격려하시는 분이다. 물위를 뛰게 만들어서 1등 하도록 만드는 분이 아니라 힘든 삶의 여정 속에서 내가 지칠 때마다 나를 위로하시고 옆에서 동행하시는 분이 바로 성경이 제시하는 하나님의 모습이다.

물론 기적을 구하는 기도를 하지 말라는 말이 아니다. 불치병에 걸렸거나 죽음을 목전에 둔 급박한 상황에서 전능하신 하나님께 기적을 베풀어달라고 기도하는 것은 당연하다. 그러나 경쟁사회 속에서 남을 짓밟고 나의 이기심과 욕망을 채우기 위해 전능하신 하나님을 빽으로 삼아 기적을 베풀어달라고 기도하는 것은 수치스러운 일이다. 신앙이 미숙하고 하나님에 대해 잘 모를 때에는 그럴 수 있다 하더라도, 신앙이 성숙한 후에도 그런 기도를 한다면 어떤 의미에서 그것은 하나님을 가슴 아프게 하는 일이다.

기적이라는 세계 안에 하나님을 가둬두고 하나님이 기적적으로 무언가를 나에게 해주시면 하나님이 살아 계신 것처럼 느껴지고 하나님을 찬양하는 반면, 매일매일의 삶을 평범하게 살아갈 때는 마치 하나님이 존재하지 않는 것처럼 내 맘대로 살아간다면 그것은 심각한 이원론이다. 하나님이 교회 안이나 기적이 일어나는 시간과 공간에만 살아 계시고 세상과 나머지 시공간에는 존재하지 않는 것처럼 여기고 살아간다면 그것은 심각한 문제다. 하나님은 언제나 나와 동행하시고 내가 슬퍼할 때 같이 슬퍼하시고 내가 기뻐할 때 함께 기뻐하신다는 걸 보지 못한다면, 무언가 특별한 것을 기적적으로 주실 때만 하나님이 살아 계신 것으로 느낀다면 그것은 불신앙이다. 특별한 영적 체험이 있을 때만 하나님이 살아 계시고 그렇지 않을 때는 하나님이 없는 것처럼 사는 것이 오히려 무신론적인 삶이다.

하나님이 기적을 베풀지 않으시는 그 상황, 그럼에도 매일매일 나와 동행하시는 그 상황을 통해 하나님을 경험하고 느낄 수 있어야 한다. 우리는 매일의 삶에서, 우리의 일상 속에서, 자연세계 속에서 우리를 자연적으로 이끌어주시는 하나님의 은혜를 깊이 경험하고 하나님을 볼 수 있는 감각을 길러야 한다. 자연세계도 마찬가지다. 일반은총의 영역에서 모든 사람에게 골고루 햇빛과 비를 주시는 그 은혜에 우리는 주목해야 한다. 매년 때마다 주시는 자연의 혜택들은 예측 가능하고 인과율을 따르는 것처럼 보이기 때문에 하나님이 주시는 은혜임을 포착하기 어렵다. 그러나 하나님은 자연법칙을 통해 우주 만물을 붙들고 계시고 그렇게 우리에게 매일매일 필요한 것들을 공급해주신다. 우리는 기적이라는 세계 안에 하나님을 가둘 것이 아니라 자연세계에 부여하신 자연법칙을 통해 나의 일상 속에서 일하시는 하나님을 볼 수 있는 눈을 길러야 한다.

하나님의 질서 있는 자연법칙이야말로 기적이다

기적이라는 말은 초월적 현상을 의미한다. 과학적으로 따져본다면 인과관계를 밝힐 수 없는 어떤 초자연적인 현상을 기적이라고 부를 수 있다. 성경에는 많은 기적이 나온다. 그중 어떤 기적들은 인과관계로 설명되기도 한다. 즉 자연의 어떤 기작을 통해서 그 일이 일어날 수 있다. 가령 가뭄이 나서 사람들이 굶어 죽어가는 상황에서 3년 만에 비를 내려주셨다면 그 현상도 우리는 기적이라고 부를 것이다. 그러나 비가 오는 현상은 인과관계로 설명할 수 있기 때문에 자연현상의 하나로 여길 수도 있다. 3년 동안 비가 오지 않던 환경이 어떻게 바뀌어서 그 시점에 비가 오게 되었는가라는 질문에 집중한다면 인과적 설명이 어려울 수도 있다. 이렇듯 우리가 흔히 표현하는 기적이라는 말에는 두 가지가 포함된다.[1] 하나는 자연적 기적으로 설명이 가능한 일, 그리고 다른 하나는 자연적 원인으로는 설명할 수 없는 어떤 초자연적인 현상이다. 성경에는 이 두 가지 종류의 기적에 관한 일화들이 다 들어 있다.

그러나 초자연적인 기적이 아닌 또 다른 예를 생각해볼 수도 있다. 가만히 생각해보면 어떤 의미에서는 자연법칙이 존재하는 것 자체가 기적 같은 일이다. 우주 공간의 모든 구성원이 동일하게 자연법칙을 따르는 것이 신비롭지 않은가? 우리 은하 내의 1,000억 개가 넘는 별들이 모두 동일한 중력 법칙을 따른다는 것, 100억 년이 넘는 우주의 역사에서 1,000억 개가 넘는 은하들이 동일한 중력 법칙과 자연법칙을 따라 생성되고 사라지는 규칙적인 모습을 보인다는 것이 이상하지 않은가? 그리스-로마 신화에 등장하는 신들은 매우 변덕스럽다. 그들은 자연세계에 마구 들어와 자연현상에 간섭해서 자신들이 원하는 것을 성취한다. 하지만 기독교의 신관은 매우 다르다. 성경이 제시하는 신은 동일하고 오래 참으시는 분이다. 그분은 약속을 지키는 신실한 분이고 변하지 않는 동일한 분이다. 하나님은 원래 자연세계에 부여하신 자연법칙을 사용해서 우주 전체를 주관하고 섭리한다.

만일 자연법칙이 성립하지 않는다면 어떨까? 독자들 중에 혹시 서울을 빼곡히 채우고 있는 고층 건물들이 무너질까 봐 무서워서 건물

---

1   기적에 관한 이해하기 쉬운 설명으로는 C. S. 루이스의 『기적』(홍성사, 2008)을 권한다. 8장에는 자연법칙과 기적에 대한 설명이 담겨 있다.

에 들어가지 못하는 분이 있는가? 만약 한 시간 뒤에 지구가 끌어당기는 중력이 2배로 세진다면, 고층 건물들은 다 무너지고 말 것이다. 한 시간 뒤에 지구의 중력이 변하지 않을 것이라고 누가 보장하는가? 지금까지 변하지 않았기 때문이라고? 그렇다. 지구의 질량은 변하지 않을 것이고 또 그 질량에 따른 중력도 변하지 않을 것이라고 생각하기 때문에 우리는 고층 건물이 무너질까 봐 걱정하지 않는다. 하지만 동일한 중력 법칙이 시공간에 관계없이 성립한다는 것이, 우주 전체가 자연법칙에 의해 질서 있게 운행된다는 것이 신비롭지 않은가?

어떤 의미에서는 우리가 매일매일 경험하는 자연법칙에 의해 우주가 운행된다는 것이 기적처럼 느껴진다. 예측 가능하고 쉽게 경험되는 일이기 때문에 신비롭지 않고 평범하게 여겨질 수 있지만 자연법칙이 존재한다는 것 자체는 어쩌면 기적 같은 일이다. 자연법칙이 존재하지 않는 무질서한 우주를 상상해볼 수 있을까? 중력이 없는 세계를 상상해볼 수 있을까?[2]

동일하신 하나님, 신실하신 하나님, 지혜로우신 창조주는 자신의 본성과 성품을 따라 창조물을 만들었다. 하나님의 창조 작품인 우주는 하나님의 어떤 특성들을 닮았을 것이다. 동일하신 하나님은 자연법칙이 동일하게 적용되는 창조계를 만드셨다. 그래서 하나님은 많은 경우에 자연법칙을 통해 일하신다. 과학이 밝히는 자연법칙 하나

---

2 자연법칙은 창조세계가 무질서로 돌아가지 않도록 붙드시는 성령의 역사로 이해할 수 있다. 마크 해리스는 그의 책 『창조의 본성』(두리반, 2016)에서 무로부터의 창조와 계속적 창조를 대비시키며 창조물들이 무로 회귀하려는 것을 막으시는 하나님의 역사에 대해 논한다. 6장 "창조주와 피조물과의 관계"를 보라.

하나는 하나님의 섭리와 일하심을 보여준다. 무질서의 세계에서 질서의 세계로 천지를 창조하신 하나님의 창조의 역사는 천지만물이 무질서로 되돌아가지 않게끔 붙들고 일하시는 성령의 사역으로 계속된다. 그래서 우리는 하나님이 기적적으로 무언가를 만드시지 않더라도 자연법칙을 통해서 일하시는 그 하나님을 목격하고 느낄 수 있는 감각을 길러야 한다. 그것이 무신론의 시대를 살아가는 그리스도인들에게 필요한 훈련이다.

하나님이 자연법칙을 통해 창조하시고 섭리하신다는 사실에 주목하면 사실 과학주의 무신론자들의 공격은 허수아비 공격이 되고 만다. 그들의 주장은 자연현상이 신 없이 설명되기 때문에 신이 필요 없다는 것이지만, 우리는 거꾸로 자연현상이 인과관계로 설명되는 것은 창조주가 자연법칙을 자연세계에 부여하시고 그 자연법칙을 통해 섭리하시기 때문이라고 고백한다.

10장

창조의 특성

하나님이 일하시는 두 가지 방식

하나님이 창조하시는 방식은 크게 두 가지로 요약해볼 수 있다. 첫째
는 초자연적인 방식이다. 가령 과학으로 설명될 수 없는 기적적인 방
식으로 무언가를 창조하실 수 있다. 이런 방식의 창조는 즉각적 창조
혹은 특별 창조(special creation)라고 불리기도 한다. 기독교 신앙은
하나님께서 기적을 통해서도 창조하고 섭리하실 수 있다는 사실을 당
연하게 받아들인다. 가령 하나님이 창조세계를 창조하신 첫 순간을
상상해본다면 그때 사용한 창조의 방식은 기적이라고 표현할 수 있
다. 무로부터의 창조라는 기독교의 창조 교리를 따라, 창조세계 즉 자
연이 처음 생겨나게 된 그 시점을 상상해본다면 하나님의 창조 방식
은 초자연적인 혹은 기적적인 방식이라고 할 수 있다. 왜냐하면 그 전
에는 자연이 존재하지 않았으니까 당연히 자연법칙이나 인과율에 따
른 창조의 방식은 그 시점에서 가능하지 않다. 그래서 흔히 첫 창조라

자연적(인과적) 창조 vs. 초자연적(즉각적) 창조

그림 16. 하나님이 설악산의 울산바위를 창조하는 두 가지 방법

고 불리는 무로부터의 창조라는 과정에는 하나님이 기적적 방식을 사용하셨다고 보는 것이 무리가 없다.

하나님이 창조하시는 두 번째 방식은 자연법칙을 통한 창조다. 하나님은 자연세계 내의 다양한 원인을 사용해서 인과율을 따라 하나님이 원하시는 창조물들을 만들어낸다. 하나님은 인터스텔라의 우주 공간에 중력으로 가스를 응축시켜서 새로운 별을 창조한다. 지구상에는 다양한 물리적 원인들을 사용하여 새로운 지질 현상들을 창조한다. 그뿐 아니라 임신한 여인들의 뱃속에서는 세포분열을 통해 태아가 성장하며 새 생명이 창조된다. 이러한 창조는 창조세계 내의 원인들과 자연법칙을 토대로 자연적 기작(mechanism)을 사용하여 창조하는 방식이기 때문에 자연적 창조 방식이라고 부를 수 있다.

우리는 흔히 하나님이 무언가를 창조하신다면 기적적 창조 방식을 사용한다고 생각하는 경향이 있다. 그러나 하나님의 창조 행위를 기적이라는 방식에 국한시키는 것은 하나님을 제한하는 것이다. 자연 세계와 자연법칙의 주인이신 하나님은 자연적 창조 방식을 통해서도 얼마든지 자신의 계획과 뜻을 드러내고 또 이를 실행하실 수 있는 분이다. 기적적인 방식과 자연적인 방식이라는 두 가지 범주는 창조 행위에만 국한된다기보다는 사실 하나님이 역사하는 방식에도 적용된다. 하나님이 우리 인간을 포함한 창조세계를 다스리고 섭리하시는 방식도 크게 기적적인 방식과 자연적인 방식으로 구분해서 생각해볼 수 있다.

두 가지 창조 방식 중에서 기적을 통한 창조는 과학으로 탐구할 수가 없다. 과학은 자연세계의 현상을 다루고 경험적인 증거를 토대로 하여 인과관계를 설명하는 학문이기 때문이다. 즉 기적적 창조 방식은 초자연적인 방식이기 때문에 자연을 다루는 과학의 대상이 될 수 없다. 반면 자연의 인과관계를 사용한 자연적 창조 방식은 당연히 과학으로 탐구해볼 만한 대상이 된다. 왜냐하면 자연적인 원인과 자연법칙을 사용한 창조의 과정은 그 인과관계를 과학으로 파악해낼 수 있기 때문이다. 가령 정자와 난자가 수정되어 착상되고 세포분열을 통해 자라서 10달 뒤에는 아기로 태어나는 과정은 하나님이 새롭게 생명을 창조하는 역사이지만 동시에 우리는 과학을 통해서 그 생명이 어떻게 만들어지는지를 파악하고 이해할 수 있다. 과학은 창조 과정의 인과관계를 밝히고 설명하지만 하나님을 믿는 그리스도인들은 새 생명이 목적 없이 우연히, 하나님 없이 만들어진 것이 아니라 하나님이 자연적 과정을 통해서 새 생명을 창조하셨다고 믿고 고백한다.

하나님은 많은 경우 자연적 방식을 통해 일하신다. 하나님은 창조세계에 부여한 자연법칙을 토대로 우주의 수많은 구성물들을 자연적 방식으로 창조하셨고 지금도 새로운 별들과 생명들을 자연적 방식으로 창조하고 계신다. 과학자들이 하는 일은 자연법칙에 따르는 창조세계를 연구하고 다양한 현상이 어떻게 발생하는지 그 인과관계를 설명하는 것이다. 그들은 자연의 창조 과정을 분석하고 종합해서 별이 어떻게 만들어지고 은하는 어떻게 형성되는지를 연구한다. 자연세계의 인과관계를 밝혀가는 과학이라는 학문을 수행하는 방법론은 그리스도인이든 아니든 똑같겠지만, 그리스도인 과학자의 경우는 하나님께서 자연법칙을 통해 창조하시고 섭리하심을 믿는다. 다른 과학자와 다름없이 자연을 연구하고 그 내용을 논문으로 쓰고 발표하지만 그 자연현상 뒤에는 하나님의 창조와 섭리가 있다고 고백하는 사람들이 그리스도인 과학자들이다. 그리스도인 과학자의 연구의 동기는 이 우주라는 창조세계가 바로 하나님의 작품이기 때문에 그 창조세계를 연구하고 밝혀가는 과정이 바로 하나님의 지혜와 지식을 찾아가는 것이라는 사실에서 출발한다.

더 나아가 그리스도인이 아닌 과학자들이 밝혀낸 과학의 성과도 동일하게 존중하고 수용해야 한다. 그 과학의 내용이 엄밀한 과학의 잣대에 의해서 검증되고 결론지어진 내용이라면 그 과학 연구를 수행한 사람이 어떤 신앙을 갖고 있는지와는 별개로 그 연구 결과는 과학으로 인정해주어야 한다. 왜냐하면 자연세계를 운행하고 섭리하는 것이 하나님임을 알든 알지 못하든 간에 하나님이 창조하고 섭리하시는 자연적 기작의 인과관계가 밝힌 내용은 결국 유효한 지식이기 때문이다. 하나님이 선한 자와 악한 자에게 동일하게 비를 내려주시는 것처럼 학문의 영역에서 만들어진 귀중한 성과들은 일반은총의 범주로 이해할 수 있다. 결국 모든 과학 지식은 자연적 창조 방식을 사용한 하나님의 창조와 섭리를 밝혀내는 유용한 결과라고 여길 수 있다. 과학은 우리가 멀리해야 하는 학문이 아니다. 오히려 하나님의 창조의 세계를 밝혀주는 학문이기 때문에 우리가 더 가까이 해야 하는 학문이다. 과학이 밝혀주는 내용들을 우리가 듣고 배우면서 그리스도인들은 "하나님이 이렇게 창조하셨구나!"라고 깨닫고 고백할 수 있다.

개입론과 비개입론

창조와 섭리를 포함하여 하나님이 일하시는 방법은 기적적 방식과 자연적 방식이 있다. 이 두 가지 방식은 각각 초월과 내재라는 하나님의 속성을 강조한다. 그렇다면 이 두 가지 방식을 통해 하나님은 자연세계 안에서 어떻게 일하시는 것일까? 사실 신과 자연의 관계를 밝히는 일은 쉬운 작업이 아니다. 자연이 신이라고 믿는 범신론과 다르게 기독교 신앙은 하나님이 자연세계를 넘어서는 초자연적인 분이라고 고백한다. 반면 신은 자연세계에 관여하지 않고 자연세계가 스스로 운행된다고 보는 이신론의 입장과 달리 기독교 신앙은 하나님이 자연세계와 소통하며 다스리신다고 고백한다. 흔히 초월과 내재로 대변되는 하나님의 두 가지 속성은 창조주 하나님이 창조세계를 어떻게 다스리고 섭리하시는지, 그리고 하나님이 어떤 방식으로 창조를 행하시는지를 이해하는 핵심 열쇠이면서 동시에 무한한 궁금증을 자아내는 퍼즐처럼 생각된다.

초자연적인 창조주는 과연 어떻게 자연세계를 섭리하고 운행하실까? 초월적인 하나님은 종종 자연세계에 들어와 간섭하시는 것일까? 아니면 하나님은 자연법칙을 통해서만 일하시고 자연세계에 초월해 계시는 것일까? 초월과 내재의 균형을 찾아 하나님과 자연세계의 관계를 이해하려는 시도는 신학의 난제 중 하나다.

하나님의 섭리 방법에 대해서는 크게 두 가지 견해가 있다. 하나는 개입론이다. 개입론(interventionism)은 초자연적인 신이 자연세계에 개입해서 들어온다고 보는 견해다. 초월하신 창조주 하나님이 자연세계 안에 들어와서 무언가를 일하신다는 말이다. 쉽게 말해 하나님이 기적적인 방식을 사용해서 일하신다고 보는 것이 개입론이다. 가령 하나님이 천사를 보내서 밤새 무언가를 새롭게 만든다면 그것은 개입론의 견해라고 볼 수 있다. 두 번째는 비개입론(non-interventionism)이다. 이 견해에 따르면 초월하신 하나님은 자연세계에 개입해 들어오지 않는다. 하나님은 갑자기 천사를 보내서 무언가를 뚝딱 만드시지 않고 자연법칙을 통해서 자연적인 방식으로 창조하신다고 보는 견해다.

근대 과학의 태동 이후에 그리스도인들은 하나님이 자연적인 방식을 통해 섭리하신다는 것을 깨닫고 배우기 시작했고 기독교 신학은 하나님의 창조 방식에 대해 보다 폭넓은 이해를 갖게 되었다. 하나님은 자연법칙을 통해 질서 있고 규칙적으로 창조세계가 운행되도록 다스리신다. 그러나 전능한 하나님은 여전히 기적적 방식을 통해 일하실 수 있다. 하나님이 자연법칙을 통해 우주를 다스리려면 자연세계에 간섭해서 기적을 만들 수 없다고 생각하는 사람들도 있지만 자연법칙과 기적을 꼭 양립될 수 없는 반대 개념으로 볼 필요는 없다. 가령 우리가 생각하기에는 자연법칙이 깨지는 초자연적인 현상, 즉 기적으로 보일 수 있지만 실제로는 자연법칙을 깨지 않고도 기적과 같은 현상을 일으킬 수도 있다. 철학자인 포우는 무거운 비행기가 하늘을 날아다니는 일은 자연법칙을 깬 기적 같은 일이지만 사실은 자연법칙의 범주 안에서 가능한 일인 것처럼 하나님은 기적적 방식을 통해 일하실 수 있고 그 방식은 자연법칙을 깬다거나 하나님이 원래 부여하신 질서를 깨지 않고도 조화롭게 이해될 수 있다는 견해를 제시한다.[1]

하나님이 자연세계 안에서 어떻게 일하시는가를 보여주는 이 두 가지 신학적 견해 중에서 어느 것이 절대적으로 옳다고 말하기는 쉽지 않다. 우리가 하나님을 제한할 수는 없다. 하나님은 스스로 창조의 방식을 선택하시고 그렇게 창조 사역을 행하셨다. 우리는 다만 성경과 자연이라는 책을 보며 하나님의 창조 사역을 가늠해볼 수 있을 뿐이다. 분명한 것은 하나님의 창조 사역 중에 자연법칙을 통한 창조가 분명히 들어 있다는 점이다. 오늘날 창조되는 수많은 작품들은 하나님이 기적이라는 방식을 통해서 하기보다는 자연법칙을 통해서 창조

---

1   Harry Lee Poe, Jimmy H. Davis, *God and the Cosmos*의 6장 "God, Uncertiantiy, and Openness"를 보라.

하시는 작품들이다.

무신론 vs. 이신론 vs. 기독교 유신론

기독교 신앙이 고백하는 창조주는 이신론의 신과는 다르다. 뉴턴의 기계론적 세계관이 유행하던 19세기의 이신론은 초월과 내재 사이에서 초월 쪽으로 치우친 견해다. 이신론은 흔히 시계와 시계를 만든 시계공의 비유로 요약된다. 시계는 시계공이 만들지만 일단 시계가 완성되고 나면 시계는 스스로 작동한다. 시계공은 시계를 더 이상 건드리지 않는다. 전혀 간섭을 하지 않는 셈이다. 시계공이 간섭하거나 도와주지 않더라도, 아무런 영향을 미치지 않더라도 시계는 저절로 움직인다. 심지어 시계공이 죽더라도 시계는 시계로서의 기능을 유지한다. 이런 견해를 소위 이신론이라고 한다. 신이 우주를 창조했지만 일단 우주를 만들어놓은 뒤에는 전혀 간섭하지 않고 우주가 스스로 운행된다는 견해다.

그러나 비개입론은 이신론과는 다르다. 이 둘은 초자연적인 간섭을 배제한다는 면에서는 비슷하지만 창조주와 창조세계의 관계는 전혀 다른 양상을 갖는다. 기독교의 비개입론은 하나님이 직접 자연세계로 들어와서 기적적으로 무언가를 창조하시는 것은 아니지만 그럼에도 불구하고 하나님은 계속 자연세계를 붙들고 섭리한다. 자연세계와 교감하고 교통한다. 우주 전체에 자연법칙이 성립하는 이유는 하나님이 그 자연법칙이 성립하도록 창조세계 전체를 계속 붙들고 있기 때문이다. 이것을 우리는 섭리라고 부른다. 시계가 시계공과는 상관없이 스스로 작동하는 이신론의 견해와는 다르게 창조세계는 창조주 없이는 운행될 수 없다. 그래서 만약에 하나님이 존재하지 않는다면 우주 안에 자연법칙이 존재하지 않는다고 이해할 수 있다. 하나님 없이는 자연법칙 자체가 유지될 수 없다는 말이다.

따라서 우리는 무신론과 이신론 및 기독교 유신론 세 가지를 구별할 수 있다. 우주 팽창이든 설악산 바위의 형성이든 생물의 진화든 간에 과학은 자연현상을 자연계 안의 원인을 찾아 인과관계로 설명한다. 이런 설명은(곧 과학은) 앞에서 다룬 것처럼 무신론을 지지하지도 유신론을 지지하지도 않는다. 과학은 그저 자연현상에 대한 설명일 뿐이다. 그러나 자연현상을 설명한 과학에 대해서는 세 가지 철학적 입장이 있을 수 있다. 첫째는 무신론이다. 가령 도킨스는 자연현상이 과학으로 잘 설명되기 때문에 신이 필요하지 않으며 그래서 과학은 무신론의 증거라고 주장한다. 둘째로 이신론의 입장은 신이 우주

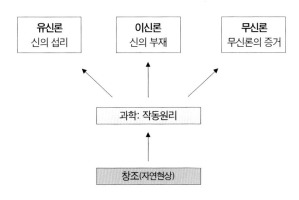

그림 17. 무신론 vs. 이신론 vs. 기독교 유신론

를 창조했는지는 모르겠지만 지금 현재 신은 자연세계에 관여하지 않는다고 주장한다. 과학이 자연현상의 인과관계를 다 설명했기 때문에 신은 부재중이라는 주장이다. 그러나 세 번째로 기독교 유신론은 자연현상의 인과관계를 설명하는 과학에 대해 그것이 바로 하나님의 섭리라고 말한다. 자연법칙을 통해 인과관계가 일어나는 과정은 무신론의 증거나 신의 부재를 보여주는 것이 아니라 오히려 신이 창조세계를 붙들고 일하시고 섭리하고 계시는 증거라고 이해한다. 자연법칙의 인과관계가 성립하는 것 자체가 신의 섭리인 것이다. 이신론의 신은 창조세계를 만들어 자연법칙을 부여한 후에는 아무 일도 하지 않으며, 시계공이 사망해도 시계는 자율적으로 작동하는 것처럼 자연세계를 떠난 신이다. 그러나 기독교의 신은 자연세계 전체를 붙들고 계시고 지금도 일하시는 신이다. 신이 존재하지 않으면 자연법칙 자체가 성립하지 않는다. 자연의 모든 과정은 신에게 의존적이다. 그래서 그리스도인들은 자연법칙을 통해 일어나는 모든 과정을 하나님의 역사와 섭리로 고백한다.

계속적 창조

비개입론과 관련해서 생각해볼 개념은 계속적 창조(*creatio continua*)의 개념이다. 하나님의 창조는 지금도 계속되고 있다. 지금도 인터스텔라의 공간에서는 새로운 별들이 탄생하고 지구에서는 새로운 지층과 구조들이 만들어지며 새로운 생명들이 탄생하고 있다. 자연세계에서 일어나는 다양한 창조의 현상들은 창조주 되신 하나님의 역사이고 섭리라는 것이 우리의 고백이다. 어머니의 뱃속에서 새로운 생명체가 탄생하고 10달이 지나면 아기로 태어나는 일은 생물학적 관점에서는 정자와 난자가 수정하여 세포분열을 통해 생명체가 태어나는 과정이지만, 기독교 신앙을 가진 우리는 그 과정이 바로 하나님이 생명을 부여하시는 창조의 과정이며 새로운 생명은 하나님의 창조의 작품이라고 고백한다.

100억 년이 넘는 우주의 역사 동안 다양한 은하와 별들이 계속 창조되었고 46억 년의 지구 역사에서 다양한 생물들이 계속 창조되었으며 지금도 창조되고 있다는 설명과는 다르게 창조는 창세기 1장에 나오는 창조 기사가 증언하듯이 한 번으로 끝났으며 계속적 창조라는 개념은 비성경적이라고 간주하는 견해도 존재한다. 창세기 1장의 창조가 무로부터의 창조라면 그 이후는 하나님의 창조 행위가 계속되는 것이 아니라 이미 창조된 세계를 보존하는 것일 뿐이라는 견해를 가진 신학자들도 있다.

하지만 근대 과학 이전의 시대에도 진작부터 아퀴나스와 같은 신학자는 창조가 계속된다는 신학적 이해를 갖고 있었다. 특히 근대 과학이 세워진 이후, 계속적 창조는 피할 수 없는 주제가 되었다. 그 이유 중 하나는 창조세계가 형성된 기간, 가령 우주나 지구의 연대가 매우 길다는 것이 과학을 통해 알려졌기 때문이다. 즉 하나님의 창조는 무에서 유로의 창조가 일어난 첫 창조의 시점에서 끝나지 않고 긴시간 계속되었음을 과학이 증언하기 때문이다.

계속적 창조는 특히 진화 현상과 같이 시간에 따른 변화를 중요하게 여기고 신과 자연의 관계를 중시하는 과정신학의 중요한 주제다. 또한 하나님의 내재성을 강조하는 면이 있기 때문에 범재신론의 논의와도 깊은 연관이 있다. 구체적으로 이언 바버나 아서 피콕 등을 예로 들 수 있다.

그러나 계속적 창조를 꼭 범재신론이나 과정신학의 관점으로만 이해할 필요는 없다. 복음주의를 비롯한 전통적인 신학의 시각에서도 계속적 창조는 충분히 수용될 수 있는 개념이며 또 수용해야 할 개념이다. 존 폴킹혼은 자연법칙을 통해 섭리하시며 인과율에 따라 새로운 창조물들을 창조하시는 하나님의 창조의 역사, 즉 계속적 창조는 하나님의 초월성보다 내재성이 강조된다고 이해한다. 신의 창조를 무로부터의 창조와 계속적 창조, 두 가지로 나누어볼 수 있는데, 무로부터의 창조는 하나님의 초월성을 드러내고 계속적 창조는 하나님의 내재성을 드러낸다는 것이 그의 설명이다. 마크 해리스는 존 폴킹혼의 관점을 바탕으로 계속적 창조를 설명하면서 성령의 역사에 주목한다. 그는 계속적 창조 과정에서 하나님의 내재성이 성령의 활동을 통해 드러난다고 설명하며 따라서 계속적 창조는 결정론이나 이신론이 아니라고 설명한다.

비록 무로부터의 창조와 계속적 창조는 하나님-세계 관계에 대한 다른 시각을 강조하지만(그러므로 다른 모델의 하나님을 강조하지만), 궁극적으로 이 둘은 하나님이 창조와 관련해서 초월적이고 내재적이라는 일반적인 유신론적 관점과 양립한다고 볼 수 있다. 여기서 무로부터의 창조 관점이 보다 근본적인 한편, 이 관점과 함께 계속적 창조 관점을 주장하는 것이 유용하다. 왜냐하면 계속적 창조는 우연과 돌연변이가 모든 것이 사실상 결정되었다는 이신론적 시각으로 간주되는 것을 막으며, 우연과 돌연변이를 우리의 신학적 모델 안으로 통합시키기 때문이다.[2]

계속적 창조의 경우, 인과율과 같은 자연적 창조 방법을 사용하지만 그렇다고 해서 결정론이나 이신론이 되는 것이 아니다. 오히려 성령이 내재적으로 일하시는 계속적 창조는 전통적인 유신론의 관점과 부합한다. 즉 계속적 창조 행위는 단순한 자연적 인과과정이 아니라 성령의 내재성을 담은 창조 행위라는 뜻이다. 그렇기 때문에 계속적 창조는 과학으로는 규명될 수 없는 신학적 이해가 필요한 영역을 포함한다.

하나님의 창조 방법에는 기적적 창조와 자연적 창조, 두 가지가 있다는 관점에서 본다면, 무로부터의 창조는 기적적 창조 방법을 사용한 초월성의 영역으로 이해하고 계속적 창조는 자연적 창조 방법을 사용한 내재성의 영역으로 구분해서 이해할 수 있다. 그러나 한 가지 유의해야 할 점은 계속적 창조를 단순히 과학의 범주로 보지 말아야 한다는 점이다. 계속적 창조가 자연적인 창조 방법을 사용한 창조의 과정이기 때문에 그것을 과학으로 온전히 알아낼 수 있다고 생각하거나, 하나님의 행위 자체가 자연적이라고 생각하는 것은 지나치다. 계속적 창조는 하나님이 자연법칙과 인과율을 사용한 창조이기 때문에 자연

---

2   마크 해리스, 『창조의 본성』(두리반, 2016), 186-187.

적 창조라고 부를 수 있고 과학을 통해서 그 인과관계를 파악할 수 있는 반면, 하나님이 자연세계와 어떻게 소통하시는지 그 관계를 과학에 근거해서 파악하기에는 한계가 따른다. 가령 우발성이라든가 창발성 등의 개념을 통해서 계속적 창조로 드러나는 새로운 창조 현상을 과학의 범주로 설명하려는 노력이 지속되고 있지만 그럼에도 과학의 범주는 어디까지나 자연세계에 국한된다. 특별창조와 다르게 자연적 창조는 신의 초월성 대신 내재성을 강조하기 때문에 마치 신의 행위를 과학으로 완벽히 파악할 수 있다는 잘못된 오해를 불러일으킬 수 있다. 그러나 자연세계 내의 우발성이나 창발성 혹은 인과율 등을 넘어서 신이 과연 어떻게 자연의 기작들을 사용하여 자신의 의도대로 섭리하는지는 불분명하다. 곧 신이 어떻게 자연적 창조 방법을 사용하여 창조 행위를 계속하는지는 파악하기 어렵다. 이런 면을 기억하면, 기적적 창조는 신학의 영역이고 자연적 창조는 과학의 영역이라는 단순한 이분법적 사고는 옳지 않다. 신의 창조 행위를 이해하려는 노력은 그것이 기적적 창조이든 자연적 창조이든 간에 본질적으로 신학의 범주라고 할 수 있다. 그리고 신의 초월성과 내재성은 확연히 구별되는 이원론적인 범주로 이해하기보다는 초월성과 내재성이 동시에 그리고 상호 보완적으로 존재한다고 이해하는 것이 더 바람직하다.

3부 | 과학주의 무신론의 도전

4부

근본주의와 문자주의의
오류를 넘어

11장

주일학교를
떠나겠다는 선언

교회 주일학교에 매주 잘 나가던 아이가 어느 날 갑자기 교회에 가지 않겠다고 폭탄 선언했다. 깜짝 놀란 부모가 그 이유를 물었더니 교회가 거짓말을 했기 때문이라고 한다. 자세한 내막을 알아보니 창조과학이 걸림돌이었다. 어릴 때부터 교회를 다녔던 그 아이는 주일학교에서 틀어준 창조과학 비디오를 보며 인간과 공룡이 함께 뛰어다니는 모습에 익숙했고 지구는 약 1만 년 전에 창조되었다는 창조과학을 배웠다. 그런데 중학교에 가면서부터 문제가 생겼다. 과학 수업 시간에 지구의 연대는 수십억 년이나 되었고 공룡은 인간과 동시대에 존재한 것이 아니라 수천만 년 전에 멸종했다고 배웠다. 학교에서 배운 내용과 교회에서 배운 내용이 서로 모순되는 걸 깨달은 아이는 갈등하고 고민하다가 결국 교회에서 거짓말을 한 것이라고 결론을 내렸다. 거짓을 가르치는 주일학교에 더는 다닐 수가 없었다. 그것이 바로 아이가 더 이상 교회에 가지 않겠다고 선언한 이유였다. 착실히 교회에 나가던 아이가 갑자기 교회를 가지 않겠다고 하자 아이의 부모는 어떻게 대처해야 하냐며 고민을 털어놓았다.

이 일화는 교회에서 과학을 잘못 가르치면 어떤 일이 일어날 수 있는지 그 심각성을 보여준다. 중학교만 가더라도 학교에서 배우는 과학 내용이 교회에서 배우는 내용과 달라 아이들이 혼란에 빠질 수 있다. 서로 모순되는 두 가지 생각이 머릿속에 그대로 섞인 채로 큰 문제 없이 넘어가는 경우도 있지만 언젠가 이 두 생각이 서로 모순된다는 걸 강하게 인지하는 순간, 과학 혹은 신앙 중 하나를 선택하고 다른 하나는 버리는 불운한 일이 발생할 수도 있다. 그 모순을 깨닫는 시점은 중고등학교 시절이 될 수도 있고 혹은 대학 시절이나 그 이후가 되기도 한다.

만일 그 아이가 교회가 아니라 학교에서 거짓말을 한 것이라고 판단했다면 어떤 일이 발생했을까? 아마도 과학 수업 내용을 거부하거나, 시험지 답안을 빈칸으로 내거나 혹은 배운 대로 답을 쓰고 나서는 양심에 가책을 받아 회개하는 일이 생길지도 모른다. 남의 이야기 같지 않다고? 이런 이야기를 들으면 나도 생물수업 시간에 진화론을 배우며 갈등했노라고 고백하는 사람들이 종종 있다. 이는 독자들만 겪은 문제가 아니다. 지금도 많은 아이들이 이런 갈등을 겪는다. 심한 경우, 부모가 학교에서 잘못된 과학을 교육한다며 학교를 신뢰하지 못하고 아이를 대안학교로 옮기기도 한다. 이러면 아이가 나중에 대학에 들어가더라도 과학 관련 전공을 회피하는 일이 발생할 수 있다. 한국에서만 일어나는 문제가 아니다. 그리스도인이자 생물학 교수인 진 폰드는 아프리카 시골의 한 고등학교에서 생물학을 가르치려고 애쓰며 보낸 1년을 이렇게 회상한다. 진화가 반기독교적이라고 이미 들고 배운 학생들은 진화를 가르치는 생물학 교수가 어떻게 그리스도인일 수 있는지 이해하지 못했고, 생물학을 공부하는 일도 거부했다. 아프리카의 심각한 경제적 상황에서 생물학을 전공하여 가난을 벗어나는 직업을 가질 수도 있을 텐데 그들에게는 그것이 선택사항이 될 수 없었다.[1]

교회에서 거짓말을 했다고 판단하거나, 혹은 학교에서 거짓말을 했다고 판단하거나, 두 경우 모두 참으로 안타깝다. 교회의 가르침과 학교의 가르침이 모순되어 둘 중 하나를 선택해야 하는 상황은 얼마나 기가 막히는가? 이런 상황에 노출된 아이들이 겪는 혼란과 고통은 누구의 잘못 때문일까? 단순히 갈등을 겪고 양심의 가책을 받는 정도면 모르겠지만, 이런 문제 때문에 아이들이 교회를 떠나고 신앙을 잃게 되면 그것은 누구의 책임일까?

물론 어린 시절 교회를 다니다가 성인이 되면서 교회를 떠나는 이유는 다양하다. 진화론(진화주의)에 영향을 받아 무신론적 세계관에 물들고 신앙이 약화될 수도 있다. 그래서 인간의 가치와 도덕을 훼손시킨다며 진화론을 반대하는 목소리가 크다. 충분히 귀 기울일 내용이다. 종교는 폐기되어야 한다고 주장하는 과학주의 무신론과 맥을 같이하는 진화주의가 미친 악영향을 간과할 수는 없다. 하지만 인간과 공룡이 동시대에 살았다고 주장하고 학교에서 배우는 과학 내용이 틀렸다고 주장하는 창조과학도 그 폐해가 만만치 않다. 무신론을 설파하는 진화주의에만 책임을 떠넘기는 대신, 반과학적인 창조과학을

---

1 리차드 칼슨 편저, 『현대과학과 기독교의 논쟁』(살림, 2003), 89.

교회에서 계속 가르친다면 결코 문제가 해결되지 않는다. 무신론적 주장인 진화주의도 경계해야 하지만 창조과학도 경계해야 한다.

과학과 신앙에 관련된 강의와 글쓰기를 많이 하다 보니 교회에서 잘못 배운 과학 내용 때문에 회의에 빠지거나 신앙을 잃게 되었다는 사람들의 고백과 메시지를 종종 받는다. 목사의 아들이지만 과학을 배우면서 교회에서 가르치는 반과학적인 내용을 믿을 수 없어서 교회를 떠났다는 청년, 선교사의 자녀로 태어나 신앙교육을 받았지만 자신은 더 이상 성경이 믿기지 않아 불가지론자가 되었다는 고등학생, 전문적인 과학교육을 받고 연구자가 되었지만 비과학적인 창조과학을 전파하는 교회 때문에 신앙을 회의하게 되었다는 과학자…. 그들의 메시지는 주일학교를 떠나겠다고 선언한 아이처럼 교회에서 잘못 가르친 과학이 신앙의 걸림돌이 되어 교회를 떠나는 현상이 실제로 우리 주변에서 일어나고 있음을 여실히 보여준다. 참으로 심각한 문제다. 더 늦기 전에 과학과 관련해서 과연 창조를 어떻게 가르쳐야 할지 한국교회가 심각하게 검토하고 고민해야 할 때다.

학교에서 배운 과학과 교회에서 배운 성경이 서로 모순된다고 판단하는 사람들에게는 과학이 신앙을 흔드는 단초가 될 수 있다. 도대체 이런 심각한 상황은 어디서 기원할 걸까? 한 가지 이유는 성경을 읽는 방법을 제대로 훈련받지 못했기 때문이다. 성경의 저자가 의도하지도 않은 내용까지 성경에서 읽어내려고 하거나 하나님이 성경을 통해 주시려는 메시지가 아닌 내용까지 성경에서 찾으려고 한다면 심각한 오류에 빠질 수 있다. 이를 피하려면 종교개혁자들이 경고한 것처럼 성경이 가르치는 데까지 가고 성경이 말하지 않는 내용에 대해

4부 | 근본주의와 문자주의의 오류를 넘어

서는 멈춰설 수 있어야 한다.

하지만 우리는 우리가 듣고 싶어 하는 답을 성경에서 곧잘 읽어낸다. 성경의 저자가 의도하지도 않은 과학 내용까지 성경에서 답을 찾으려고 한다면, 그래서 성경을 마치 과학 교과서처럼 읽는다면, 심각한 오류에 빠지게 된다. 결국 과학과 성경이 모순되어 보이는 원인 중 하나는 성경을 저자의 의도대로 제대로 읽지 못하고 문자적인 표현에 갇혀서 성경을 잘못 해석하는 데 있다. 결국 성경과 과학이 모순된다는 잘못된 판단은 성경 해석을 제대로 하지 못한 문자주의의 오류 때문인 셈이다. 문자주의의 오류는 한국교회가 넘어서야 할 심각한 도전이다.

문자주의와 근본주의

성경을 문자적으로 읽는 이런 경향은 어디서 유래하게 되었을까? 그것은 19세기에 등장한 소위 자유주의 신학에 대한 위기 의식에서 반동으로 생성된 근본주의에서 그 뿌리를 찾아볼 수 있다. 근본으로 돌아가자는 근본주의의 취지 자체는 좋은 것이다. 그러나 성경을 오로지 문자적으로 보고 그 문자 안에 신앙을 가두어버리거나 인간의 경험과 언어로는 다 파악할 수 없는 전능하신 하나님을 문자적 표현 안에 가두어두는 근본주의적 경향은 우리가 반드시 극복해야 할 잘못된 태도다.

복음주의 역사학자인 마크 놀은 근본주의 운동을 미국사회 전반이 빠르게 변하는 과정에서 나타난 역사적 산물로 평가한다.

자연주의가 종교를 위협하고, 상대주의가 사회의 도덕을 공격하고, 지적 유행은 성서를 그저 골동품에 불과한 책으로 취급하던 시대에, 근본주의자들은 종교의 초자연적인 성격, 기독교 도덕의 객관성, 시대를 초월한 성서의 유효성 등에 대해 마땅히 해야 할 주장을 펼쳤다. 하지만 그와 동시에 지성에 몇 가지 중요한 문제를 야기했다.[2]

마크 놀은 근본주의가 세상에 관심을 기울이지 말라고 강조했으며, 그래서 하나님이 창조한 세상을 탐구하는 지성적 작업, 곧 기독교적 사고를 억제하는 악영향을 끼쳤다고 평한다. 결국 근본주의는 심각한 반지성주의를 불러왔고, 성경 읽기에 관해서도 교조적인 문자주의를 낳았다. 그는 근본주의에서 파생한 창조과학 같은 유사 과학이 미국교회에 전반적으로 퍼진 이유는 그리스도인 과학자들이 과학에 대해서 제대로 가르치지 않았기 때문이라며 미국 복음주의계에 기독교적 지성이 없다는 신랄한 비판을 던진다.[3]

창조과학의 토대가 되는 20세기 근본주의는 근대 과학의 발전 이후에 지배적인 세계관으로 등장한 과학주의 혹은 증거주의에도 크게 영향을 받았다. 신을 신앙하는 것은 애초부터 역사성이나 과학성, 그리고 자연의 증거들을 뛰어넘는 초월적인 면을 갖는다. 그러나 현대

---

2   마크 놀,『복음주의 지성의 스캔들』(IVP, 2010), 160.
3   같은 책, 7장을 보라.

에 들어오면서 이성적이고 합리적인 과학적 사고방식이 권위를 갖게 되고 사실과 과학적 증거에 기반한 판단을 신뢰하는 증거주의 혹은 과학주의가 진리에 대해 최종적인 권위를 갖는 것으로 여겨지면서 심지어 기독교 신앙에도 증거주의와 과학주의의 영향이 들어온다. 신에 대한 신앙을 이성적이고 과학적인 영역으로 끌어내려 입증하려는 과학주의적 흐름은 한편으로는 새로운 무신론이라 불리는 과학주의 무신론을 등장시켰지만 다른 한편으로는 과학으로 신을 증명하고 성경의 내용을 증명하려는 근본주의를 낳았다. 종교 비평가인 카렌 암스트롱은『신을 위한 변론』에서 근본주의와 새로운 무신론 현상을 거울처럼 대칭적으로 분석한다.

> 종교를 합리적으로 해석하면서 근본주의와 무신론이라는 현대의 두 가지 현상이 생겨났다. 이 둘은 서로 무관하지 않다. 이른바 "근본주의"로 알려진 방어적 독실함은 20세기에 거의 모든 주요 신앙들로 번져나갔다. 기독교 근본주의자들은 미토스를 버리고 로고스에 기운, 완전히 이성적이고 과학적인 신앙을 갈구하며 종교사에 유례없는 문자주의로 성서를 해석했다. 미국에서는 프로테스탄트 근본주의자들이 이른바 "창조과학"이라는 이념을 발전시켰다. 성서의 신화들이 과학적으로 입증 가능하다고 여기는 그들은 공립학교에서 진화론을 가르쳐서는 안 된다는 운동을 벌여왔다. 진화론이 창세기 1장에 나오는 천지창조 이야기와 모순되기 때문이다.[4]

---

4   카렌 암스트롱,『신을 위한 변론』(웅진지식하우스, 2010), 27.

마크 놀과 카렌 암스트롱이 지적한 근본주의의 문자주의 해석과 그로 인해 파생된 다양한 문제들은 미국의 복음주의계뿐만 아니라 한국교회가 극복해야 할 과제다. 그중에 두드러진 흐름이 바로 20세기 후반에 유행한 창조과학이다.

이 책의 1부에서 우리는 과학이 신앙과 얼마든지 양립할 수 있다는 점을 논했고, 2부에서는 성경과 과학을 어떻게 함께 이해해야 하는지, 그리고 3부에서는 과학이 무신론의 증거라는 과학주의 무신론자들의 주장에 대해서 반론을 제기했다. 과학 자체가 주는 도전 및 과학주의 무신론자들의 도전과 함께, 근본주의적 문자주의의 오류는 21세기 한국교회가 극복해야 할 세 번째 과제다.

4부에서는 문자주의에 근거해 성경을 잘못 해석하는 경향과 과학에 기대어 신앙을 증명하려는 태도가 발생시키는 다양한 문제를 살펴보고 문자주의의 오류를 어떻게 극복해야 할지를 다룬다. 특히 과학과 신앙이 충돌하는 것처럼 오해하게 만드는 젊은 지구 창조론으로 대표되는 창조과학의 입장을 살펴볼 것이다. 그리고 하나님의 창조를 인정하는 다양한 창조론을 개괄적으로 다뤄보기로 하자. 독자들은 자연이라는 책을 읽어낸 과학의 결과들과 성경을 읽어낸 신학적 결과들을 종합하여 그리스도인들이 창조에 대해 어떤 입장을 취할 수 있는지 면밀히 살펴보게 될 것이다.

12장

지구의 연대에 관한
혼란

지구의 연대 문제는 기독교 신앙에 중요한 문제일까? 과학과 관련해서 그리스도인들이 갖는 가장 큰 오류 중 하나는 지구의 연대와 관련된다. 지구의 연대는 쉽게 말해서 지구가 언제 창조되었는지에 관한 내용이다. 과학이 제시하는 우주의 역사는 매우 길다. 생물학에 따르면 생물의 역사는 수억에서 수십억 년까지 거슬러 올라가며 영장류와 같은 고등생물의 역사도 수백만 년 이상이 되었다고 알려져 있다. 지질학은 지구의 역사를 46억 년 정도로 설명하며, 대기과학은 생명체가 존재하기 시작한 것은 최소한 30억 년 이전이라는 결론을 갖고 있다. 1부에서 자세히 다룬 것처럼 천문학은 태양과 지구를 비롯한 태양계가 대략 50억 년 전에 형성되었고 우주의 역사는 100억 년 이상 오래된 것으로 가르친다.

주류 과학의 결론과는 판이하게 다르게 창조과학은 지구의 나이가 대략 1만 년밖에 되지 않는다고 주장한다. 지구의 생성 연대를 1만 년으로 보는 이 견해는 젊은 지구 창조론(Young Earth Creationism)으로 불린다. 과학을 통해 알려진 지구의 오랜 연대와는 다르게 지구가 상대적으로 젊다고 주장하기 때문에 젊은 지구론이라는 이름을 갖게 된 것이다. 이 견해는 창세기 1장에 나오는 날을 24시간으로 보고 창조의 기간을 문자적인 6일로 해석한다. 그래서 창조의 기간이 6일이 었다는 창세기 1장의 내용을 과학적인 설명으로 해석한다. 그리고 창세기에 나오는 족보 계산을 통해서 하나님이 천지를 창조한 6일의 창조 기간이 최근, 즉 약 6천 년에서 1만 년 전의 시점에 있었다고 주장한다. 간단히 요약하자면, 젊은 지구론은 창세기가 창조의 연대기를 과학적으로 설명한다고 보는 관점에서 창세기 본문을 문자적으로 해석하는 입장이다. 그래서 그들은 하나님이 천지를 약 1만 년 전의 어느 한 시점에 6일 동안 창조했다고 주장한다. 흔히 젊은 지구론으로 표현되지만 지구뿐만 아니라 생물과 우주를 포함한 모든 창조물이 약 1만 년 전에 6일의 창조주간 동안 창조되었다고 주장하는 견해다.

창조과학이 제시하는 견해, 즉 지구와 우주가 약 1만 년 전에 창조되었다는 젊은 지구론은 천문학, 지질학, 대기과학, 생물학을 포함한 현대 과학이 통일되게 제시하는 지구나 우주의 역사와는 판이하게 다르다. 우주와 지구의 연대에 관해서 너무나 모순되는 주장을 하기 때문에 창조과학과 과학은 도저히 양립할 수 없다. 그러면 과연 어느 쪽이 옳은 것일까? 창조과학이 옳은가? 아니면 과학이 옳은가?

과학이 옳다고 하면 왠지 기독교 신앙을 버리는 느낌이다. 반면에 창조과학이 옳다고 하면 왠지 과학을 부정해야 할 듯하다. 이러지도 못하고 저러지도 못하는 애매한 상황에서 이 문제를 해결하는 가장 손쉬운 방법은 이 문제를 무시하고 넘어가는 것이다. 물론 별로 중요한 문제가 아니라거나 구원의 핵심에 관련된 문제가 아니라며 애써 외면할 수도 있다. 만일 이 문제가 독자 여러분에게 구원의 핵심에 관한 문제가 아니라면 여러분은 하나님의 축복을 받은 셈이다. 그러나 앞에서 제시한 일화에 등장하는 아이처럼 주일학교에 가지 않겠다고 선언할지도 모르는 많은 사람들에게 이 문제는 구원과 관련된 매우 중요한 문제가 되기도 한다. 지구의 연대 문제가 어떤 사람에게는 기독교 신앙을 지킬 것인가 혹은 버릴 것인가를 결정하는 심각한 문제가 될 수도 있다는 말이다.

창조과학의 주장은 현대 과학과는 명백히 서로 모순되어 보이는데 이 모든 과학의 내용이 틀렸다고 인정하기는 쉽지 않다. 그렇다면 창조과학이 틀린 것일까? 창조과학이 틀렸다면 내가 믿는 기독교 신앙이 거짓이라는 뜻이 되는가? 만일 누군가가 이런 갈등을 겪고 있다면 어떻게 도와주어야 할까? 과학을 신뢰하지 말고 그 대신 믿음을 굳건히 가지라고 한다면 그것은 좋은 조언이 될까? 과학이 틀렸고 창조과학이 옳다는 단순한 대답은 결코 이들에게 도움이 되지 않는다. 우주나 지구의 연대가 1만 년 이상 매우 오래되었다는 사실은 현대 과학이 명백히 제시하고 있기 때문이다.

지구 연대 이슈는 교회를 다니다가 회의에 빠지는 사람들만의 문제가 아니다. 많은 지성인들이 기독교 복음을 받아들이지 못하는 이유 중 하나도 바로 과학을 부정하는 창조과학 때문이다. 젊은 지구론을 수용하려면 지질학, 천문학, 대기과학, 생물학, 물리학 등 상당히 많은 과학을 포기해야 한다. 일반 상식을 가진 사람이라면 우주의 나이가 1만 년이 되었다거나 지구의 연대가 1만 년이라는 주장은 도저히 받아들이기 어렵다. 젊은 지구론은 마치 지구가 둥글지 않고 편평하다는 지구평편설, 혹은 지구가 우주의 중심에 있다는 천동설처럼 지성인들에게 전혀 설득력을 얻지 못한다. 그렇기 때문에 과학을 배운 지성인들은 지구의 나이가 1만 년이라고 주장하는 기독교인들의 이야기에 전혀 귀를 기울일 생각이 없다. 그들에게 창조과학의 주장은 마치 천동설이나 다름없이 상대할 가치가 없는 주장으로 여겨지기 때문이다. 문제는 바로 그 이유 때문에 그들은 그리스도인들이 전하는 복음의 내용에 관해서도 귀를 기울일 생각이 없다는 것이다. 지구의 나이가 1만 년이라고 주장하는 기독교인들이라면 그들이 주장하는 예수의 삶과 죽음과 부활을 담은 복음의 내용도 젊은 지구론처럼 형편 없는 수준의 궤변일 것으로 여기기 때문이다. 젊은 지구론이 복음을 전하는 데 걸림돌이 되는 것이다.

창조과학의 오류 때문에 생기는 다양한 문제를 지적하면 복음은 원래 무식한 것이라고 항변하는 사람들도 있다. 고린도전서 1:27의 "하나님께서 세상의 어리석은 것을 택하사 지혜 있는 자들을 부끄럽게 하셨다"는 말씀을 거론하면서 말이다. 그들은 세상의 지혜로운 과학자들이 보기에는 젊은 지구론이 어리석은 것일지 모르지만, 하나님께서 그 어리석게 보이는 젊은 지구론을 택하여 과학자들을 부끄럽게 하신다고 말한다. 과연 그럴까? 고린도전서의 이 구절은 창조과학에 적용할 것이 아니라 그리스도의 죽음과 부활에 적용해야 할 말씀이다. 세상 사람들이 볼 때 한 알의 밀알로 썩어지는 예수의 죽음은 어리석은 헛된 죽음이었지만, 하나님은 무가치해 보였던 그 죽음을 통해 모든 사람이 들어갈 수 있는 구원의 길을 여셨고 지혜로운 자들이 아무도 예측하지 못한 부활을 통한 새로운 하나님 나라를 시작하셨다.

하지만 지구가 둥글지 않고 편평하다고 주장하는 사람들이 고린 도전서 1:27을 들먹거리며 자기 주장을 변호한다면 어떻게 반응해야 할까? 세상 사람들이 보기에는 지구가 편평하다는 주장이 어리석어 보일지 모르나 하나님은 그 어리석은 것으로 지혜로운 자들을 부끄럽게 하실 거라고 열변을 토한다면 몹시 당황스러울 것 같다. 지구가 편평하다고 주장하는 어리석음은 하나님이 지혜로운 자들을 부끄럽게 할 만한 내용이 아니다. 그런 주장은 그냥 어리석은 말일 뿐이다. 물론 자신의 잘못이나 오류를 변명하기 위해 성경을 인용하여 궤변을 늘어놓는 일은 종종 발생한다. 다른 한편으로 그리스도인들은 복음을 위하여 고난받는 일을 기뻐해야 한다. 그러나 복음과는 별 상관없이 자기 잘못으로 고난을 받는 건 그저 안타까운 일일 뿐이다.

곰곰이 따지고 보면 우주의 나이가 1만 년이 되었든 100억 년이 넘었든 간에, 혹은 지구의 나이가 1만 년이든 46억 년이든 간에 성경을 믿고 신앙생활하는 것과는 상관없을 수 있다. 지구의 연대 문제는 예수의 도를 따라 그 삶의 자취를 따르는 데는 별 문제가 되지 않을 수도 있다. 지구의 연대가 길고 짧은지는 과학이 다루어야 할 내용이며, 하나님의 말씀대로 살고자 하는 대부분의 성도들에게는 별로 중요한 문제가 아니라는 말이다. 하지만 창조과학자들을 포함한 일부 그리스도인들이 지구의 나이가 1만 년밖에 되지 않는다는 터무니없는 주장을 외치다 보니, 기독교를 잘 모르는 사람들은 젊은 지구론을 신봉하는 창조과학과 기독교를 동일시한다. 많은 지성인들이 그리스도인들은 으레 젊은 지구론을 믿는다고 오해하기도 한다. 그래서 그리스도인들이 전하는 복음도 터무니없는 젊은 지구론처럼 전혀 설득력이 없을 것이라 생각한다. 이로 인해 중요하지 않은 지구 연대 문제가 너무나 중요한 문제로 바뀌어버렸다.

자, 지구의 연대 문제를 정확히 이해하는 일이 왜 중요한지 정리해보자. 첫째, 과학이 걸림돌이 되어 그리스도인들이 신앙을 버리는 일이 발생하지 않도록 예방하기 위해서다. 둘째, 비그리스도인들이 복음을 들을 수 있는 기회를 차단하지 않도록, 복음의 진보를 위해서 우리는 이 문제를 고민해야 한다. 그럼 먼저, 지구의 나이가 1만 년이라는 주장은 지구가 편평하다는 주장처럼 정말로 말도 안 되는 주장인지, 혹은 과학적으로 맞다고 판명될 가능성이 있는지부터 살펴보자.

지구의 연대는 더 이상 과학의 이슈가 아니다

강의를 하다 보면 종종 이런 질문을 받는다. "지구의 나이가 1만 년밖에 되지 않는다는 증거가 있는데 어떻게 생각하십니까?" 이런 질문을 받을 때마다 자연과학을 연구하는 과학자로서 약간은 답답한 심정이다. 지구의 연대가 오래되었는지 혹은 그렇지 않은지를 따지는 일은 더 이상 과학계의 이슈가 아니기 때문이다. 지구나 우주의 나이가 1만 년과는 비교도 되지 않을 정도로 매우 오래되었다는 과학적 증거는 천문학, 지질학, 대기과학, 생물학 등의 다양한 학문 영역에 걸쳐 압도적으로 쌓여 있다. 지난 수백 년 동안 과학이 발전하는 과정에서 지구의 연대가 매우 오래되었다는 사실은 세밀하게 밝혀졌다. 1부에서 기술했듯이 현대 과학은 지구를 포함한 우주의 연대가 매우 오래되었음을 자세히 밝혀냈다. 그래서 현대의 과학자들은 지구 연대가 1만 년인지 혹은 매우 오래되었는지는 더 이상 질문하지 않는다. 가령 400년 전에는 지동설과 천동설이 서로 경쟁하는 두 가지 과학 이론이었다. 하지만 그 경쟁은 이미 끝났고 지금은 아무도 지동설이 옳은지 천동설이 옳은지를 따져가며 연구하지 않는다. 지구의 연대 문제도 같은 맥락이다. 지구 연대는 더 이상 과학의 이슈도, 과학의 연구 주제도 아니다.

하지만 교회에서 강의를 하거나 그리스도인들과 대화를 나누다 보면 종종 지구 나이가 젊다는 여러 가지 "증거"를 꺼내놓으며 질문하는 분들이 있다. 과학자들도 잘 모르는 그런 다양한 "증거"를 교회에 다니는 평범한 사람들이 어떻게 알게 되었을까? 소위 젊은 지구론의 증거들이 어떻게 교회 안에 퍼졌을까? 지구 연대가 46억 년이라는 지질학의 결론이 틀렸고 그 대신 젊은 지구론이 옳다며 제시되는 창조과학의 논거들은 창조과학자들의 강의를 통해 교회를 거점으로 전파되어왔다. 창조과학 강의는 전국 어느 곳에서나 지역 교회를 통해 쉽게 들어볼 수 있다. 인터넷에도 창조과학 강의는 넘쳐난다. 아이들을 위한 주일학교 자료들도 주로 창조과학류의 자료로 가득하다. 반면에 교인들이 교회에서 주류 과학자들의 과학 강의를 들을 기회는 거의 없다. 독자 여러분은 교회에서 지구 연대에 관해 엄밀한 과학적 증거를 바탕으로 지질학을 다루는 과학 강의를 들어본 적이 있는가? 진화생물학을 연구하는 생물학자의 강의는 들어본 적이 있는가? 그렇다고 해서 그리스도인들이 과학 다큐멘터리를 즐기거나 대중과학서를 많이 읽는 것도 아닌 것 같다. 그리스도인들에게 현대 과학은 너무나 멀리 떨어져 있지만 창조과학은 교회 앞마당에서 굴러다닌다. 이런 현상은 결국 한국 기독교 안에 굉장히 심각한 정보의 불균형이 있음을 그대로 보여준다. 과학자들의 설명은 제대로 들을 기회가 없는 반면, 흔히 사이비 과학으로 지칭되는 창조과학 내용만 접하다 보니 마치 지질학이나 천문학 같은 현대 과학이 창조과학과 경쟁이라도 하는 걸로 오해하는 사람들이 넘쳐난다.

그렇다면 젊은 지구론의 증거로 제시되는 창조과학의 주장은 어떤 내용들일까? 그 주장들은 사실 교회 안에서만 알려지고 통용되는 이야기들이다. 그 분야의 전문 과학자들이 보면 웃어 넘길 내용들이 많다.[1] 사실 창조과학의 주장은 과학자들을 대상으로 생산된 것은 아닌 듯하다. 과학자들이 엄밀한 과학방법론을 가지고 연구하고 논쟁하며 결론을 찾아가는 과학계에서 창조과학의 주장은 전혀 보이지 않는다. 창조과학자들은 자신들의 주장을 과학자들 앞에서 발표하거나 연구논문을 써서 입증하려 하지 않는다. 그 대신 과학 전문가가 아닌 평범한 그리스도인들이 모인 교회에서 주로 자신들의 주장을 펼친다. 그러다 보니 결과적으로는 검증되지 않은 비과학적이고 반과학적인 내용들이 교회를 중심으로 퍼져나가게 되었다. 한편으로 한국교회가 겪는 심각한 정보의 불균형은 창조과학자들이 그만큼 열심히 교회를

---

1 창조과학회가 주장하는 지구의 나이가 1만 년가량이라는 젊은 지구론 주장에 대한 과학적 비판으로는 양승훈의 『창조연대 논쟁: 젊은 지구론, 무엇이 문제인가?』(SFC, 2017)를 참조하라. 또한 임택규의 『아론의 송아지』(새물결플러스, 2016)도 창조과학의 주장에 담긴 문제점과 왜곡을 잘 다루고 있다.

돌며 강의했다는 뜻이기도 하다. 복음을 위한 그들의 열심은 높이 살 만하지만 그만큼 잘못된 정보가 지역 교회를 네크워크로 하여 전반적으로 퍼지는 현상은 안타까운 일이다.

창조과학의 주장은 아마추어리즘이라고 비판받는다. 그럴 수밖에 없는 이유는 창조과학자들 중에 전문가가 없기 때문이다. 젊은 지구론을 주장하려면 지질학이나 천문학에 대한 전문성이 필요한데도 불구하고 이 분야에서 정식으로 교육을 받고 현장에서 연구하는 박사급 과학자가 거의 없다. 물론 한국창조과학회는 수많은 과학자를 회원으로 두고 있다. 그러나 지질학이나 천문학 전공도 아닌 타 분야 전문가가 지질학이 틀렸고 젊은 지구론이 맞다는 주장을 펼치다 보니 과학적 엄밀성을 갖는 증거들을 내놓기가 사실상 원천적으로 불가능하다. 더군다나 현대 과학은 매우 세밀하게 분화되었기 때문에 한 분야에서 인정받는 과학자라고 해도 다른 분야에서는 아마추어일 수밖에 없다.

창조과학의 주장을 자세히 살펴보면 사실 젊은 지구론을 지지하는 직접적인 과학 증거를 제시하는 건 아니다. 다시 말하면 지구의 나이가 1만 년가량 되었음을 입증하는 과학적 증거를 창조과학자들이 내놓지는 못한다는 말이다. 젊은 지구론을 지지하는 직접적인 증거가 없다는 점은 한국의 창조과학자들도 인정한다. 창조과학의 성지로 꼽히는 한동대학교의 대학신문인 「한동신문」은 2015년 5월 9일 자 기사에서 젊은 지구론을 주장할 과학적 근거가 없다는 사실을 인정하는 창조과학회 이사와 회원의 발언을 인용하며 보도했다. 굳이 창조과학회 회원의 말을 인용하지 않더라도, 자연과학 그 어느 분야에서도 지구의 연대가 1만 년이라는 주장을 과학적 증거로 입증한 창조과학의 연구 결과는 존재하지 않는다는 것이 이 분야의 과학자들에게는 상식이다.

그렇다면 지구의 연대가 젊다는 과학적 증거도 없는데 창조과학자들은 어떤 식의 주장을 펼치는 것일까? 창조과학은 젊은 지구론을 과학적으로 입증하는 대신에 지구의 나이가 46억 년가량 오래되었다는 지질학의 정설과 모순되어 보이는 반증들을 찾아 제시하는 전략을 사용한다. 즉 반증을 찾아서 지구가 오래되었다는 지질학의 결론을 공격하는 방식이 창조과학의 전략이다. 가령 달 표면의 먼지층이 두껍지 않기 때문에 달의 연대가 수십억 년이나 오래될 수는 없다고 주장하며, 이를 근거로 지구를 포함한 태양계의 연대는 지질학이나 천문학의 결론처럼 오래된 것이 아니라는 식의 반론을 제시한다. 대륙의 빠른 융기 속도, 세인트 헬레나 화산 및 나이아가라 폭포의 빠른 침식 속도, 태양계 행성들의 궤도의 특이점, 석탄 속에서 발견된 화석, 공룡의 혈액, 소금에서 나온 박테리아 등등 창조과학이 제시하는 소위 "과학적 증거"라는 것은 대부분, 46억 년의 긴 지구 연대와는 맞지 않아 보이는 반증들이다.

이런 반증들은 어떻게 평가해야 할까? 결론부터 말하자면 반증을 근거로 한 창조과학의 주장은 여전히 설득력이 없다. 왜냐하면 이 반증들은 대부분 오류이거나 왜곡되었거나 혹은 과학 연구가 필요한 내용을 침소봉대한 경우가 대부분이기 때문이다. 각 분야의 전문 과학자가 창조과학의 주장을 살펴보면 그들의 주장은 지질학자나 천문학자들이 집필한 과학논문 같은 1차 자료를 제대로 이해하지 못해서 생긴 오류를 많이 포함한다. 더 심각한 문제는 젊은 지구론을 주장하기 위해 자료를 취사선택하고 편집해서 조작에 가깝게 왜곡한 내용들이 적지 않다는 것이다. 저명한 과학사가인 로널드 넘버스는 젊은 지구론을 주장하기 위해서 창조과학자들이 범한 심각한 수준의 왜곡, 편집, 속임수로 점철된 창조과학의 역사를 방대한 자료를 통해 조명하고 있다.[2]

물론 창조과학자들의 주장 중에 왜곡된 내용들만 있는 것은 아니다. 그들의 주장 중 합리적이고 과학적인 내용들은 어떻게 이해해야 할까? 현대 지질학의 지식으로 설명할 수 없는 어떤 새로운 반증을 창조과학자들이 내놓는다면 어떨까? 그들이 제시하는 반증은 지구 연대가 46억 년이라는 현대 지질학의 결론이 틀렸고 지구의 나이는 1만 년밖에 되지 않는다는 것을 입증해줄까? 그렇지 않다. 우리가 태양에 대해서 모르는 것이 조금 있다고 해서 태양이 핵융합 반응을 통해 엄청난 에너지를 낸다는 사실이 무너지지는 않는다. 어떻게 해서 지구에 이토록 많은 양의 물이 존재하게 되었는지를 잘 모른다고 해서 지구에 대해 우리가 잘 알고 있는 다른 내용들이 거짓이 되지는 않는다. 지구가 하루에 한 번씩 자전을 하는 현상이 신비롭고 그 원리를 밝히지 못한 면이 있다 하더라도 그런 내용 때문에 지구가 둥글지 않고 편평하다고 주장할 수는 없다. 창조과학회가 제시하는 지엽적인 반증들은 설령 그 반증들이 과학적인 가치가 있다고 하더라도 젊은 지구론을 지지해주는 것이 아니라, 자연계에는 아직 설명되지 않고 알려지

---

2   미국의 저명한 과학사가인 로널드 넘버스는 창조과학의 편집과 왜곡의 역사에 관한 창조론자들의 운동을 체계적으로 정리하여 잘 보여주었다. 로널드 넘버스, 『창조론자들』(새물결플러스, 2016). 특히 13장 "기만과 차별"을 보라.

지 않은 다양하고 놀라운 새로운 지식들이 있다는 것을 우리에게 알려줄 뿐이다. 과학자들은 지속적인 연구를 통해 아직 숨겨져 있는 지구와 우주 역사의 다양한 면을 밝혀내고 있다. 하지만 앞으로 발견될 과학적 사실들이 있다는 것은 젊은 지구론을 입증하는 증거가 아니다. 무언가 설명을 요구하는 새로운 자료가 제시된다면 게으른 창조 과학자는 그것이 오랜 지구론에 대한 반증이라고 여길지 모르지만, 성실한 과학자들에게는 새롭게 연구할 주제가 주어졌을 뿐이다.

물론 어떤 이론이 틀렸음을 검증하기 위해 그 이론과 맞지 않는 반증을 제시하는 것은 적합한 과학적 방법이다. 하지만 반증을 제시하는 단계는 과학 이론이 아직 확립되지 않아 결론을 찾아가는 과정에 있을 때 혹은 심각한 문제가 있어서 새로운 대안이 요구될 때 필요하다. 결정적인 증거들이 넘치도록 쌓여 있으며 지구의 연대가 오래되었다는 사실이 이미 한 세기 전에 과학계의 정설이 되었는데 여전히 그에 대한 반증을 제시한다는 것은 어떤 의미일까?

비유하자면 이렇다. 가령 천동설과 지동설의 논쟁은 이미 수백 년 전에 끝났다. 그런데 여러분 중에 누군가가 어떤 반증을 제시하면서 지동설이 틀렸다고 끈질기게 주장한다고 해보자. 새롭게 발견된 이 반증은 지동설과는 양립될 수 없으므로 지동설의 오류를 보여주며 그래서 천동설이 옳다고 주장한다면 어떨까? 천동설을 입증하는 직접적인 증거는 제시하지 못하지만 지동설과 모순되는 듯한 반증을 찾아 지속적으로 지동설에 흠집내기를 시도한다면 어떻게 반응해야 할까? 물론 과학자들은 기존의 결론에 대한 반증이 제시될 때 그 증거를 면밀히 검토하고 살펴봐야 한다. 그러나 지동설이 틀렸다거나 지구가 둥글지 않다는 증거를 누군가가 계속 제시한다면 거기에 주의를 기울일 만큼 한가한 과학자는 없다. 아직 과학적으로 확실하지 않고 연구할 가치가 있는 주제라면 당연히 과학자들이 팔을 걷어붙이고 뛰어들겠지만 과학계에서 이미 확증된 결론에 시간과 에너지를 쏟는 일은 낭비가 될 뿐이다. 그래서 지질학자들은 창조과학자들이 제시하는 반증들을 거추장스럽게 생각하며 어느 누구도 그들의 주장에 심각하게 귀를 기울이지 않는다. 창조과학자들의 주장이 동의하기 어려운 트집잡기식 네거티브 공격이라는 것은 해당 분야 과학자들에게는 이미 잘 알려진 사실이다. 창조과학의 논쟁 방식은 한마디로 과학에 대한 흠집내기라고 비판받는 이유가 바로 여기에 있다.

창조과학이 교회를 중심으로 전파되면서 생긴 정보의 불균형은 심각한 오해를 낳았다. 창조과학 지지자들이 주장하는 증거들 때문에 많은 그리스도인들은 마치 젊은 지구론을 주창하는 창조과학과 지구의 연대가 오래되었다는 지질학이 서로 경쟁이라도 하는 두 가지 이론인 것으로 오해한다. 하지만 동네 아이들로 구성된 축구팀이 월드컵 대표팀보다 뛰어나다고 아무리 주장해봐야 별 의미가 없다. 문제는 과학을 전공하지 않은 일반인들과 과학자들 사이에는 과학을 이해하는 수준에 필시 큰 격차가 존재한다는 점이다. 그래서 교회를 통해 창조과학의 주장만을 일방적으로 들어온 많은 그리스도인들은 여전히 창조과학이 내세우는 젊은 지구론이 신빙성이 있다고 생각하거나 지구의 연대가 오래되었다는 지질학에 무언가 문제가 있다는 막연한 생각을 갖는 경우가 많다.

이런 오해를 풀기 위해서 노력을 기울인 과학자들도 있다. 창조과학의 오류를 밝히는 일은 과학적 측면에서는 별로 의미가 없기 때문에 보통의 경우 과학자들은 창조과학의 주장에 별 관심이 없으며 그들이 내세우는 주장의 모순과 문제점에 대해서도 별로 말하지 않는다. 그러나 보수적인 신앙을 가진 복음주의나 개혁주의 진영에 속한 과학자들 혹은 신학자들은 창조과학에 대해서 보다 더 구체적인 비판의 목소리를 내는 경우가 있는데 그 이유는 창조과학의 문제를 지적하는 것이 교육적 측면에서 중요하기 때문이다. 과학을 잘 모르는 일반인들이 지구의 연대에 관해 오해할 수도 있기 때문에 열심 있는 일부 그리스도인 과학자들은 창조과학자들이 주장하는 증거들을 살펴보고 검토해왔다.[3] 그리고 그 과정에서 창조과학이 주장한 증거들은 사실 오랜 지구 연대에 대한 반증이 되지 못함을 하나씩 입증해왔다. 하지만 창조과학자들은 이미 과학자들이 오류라고 밝혀낸 케케묵은 내용까지도 여전히 젊은 지구론의 증거로 사용하기도 한다. 그래서 미국 창조과학회는 과거에 창조과학의 증거로 사용했던 증거들 중이미 오류가 밝혀져 실효가 없다고 판명된 내용을 리스트로 만들어서 더 이상 창조과학의 증거로 사용하지 않도록 창조과학자들을 계몽하기도 한다. 그럼에도 불구하고 창조과학 지지자들의 네거티브 공격은 여전히 계속된다. 언제까지 이들이 주장하는 오랜 지구에 대한 반증

---

3   대표적으로 미국의 지질학자인 데이비스 영을 꼽을 수 있다. 그는 젊은 시절 창조과학의 홍수지질학에 깊이 빠졌다가 지질학을 전문적으로 공부하는 박사과정에 들어가면서부터 오히려 홍수지질학에 의심을 품게 되었고, 이후 창조과학의 젊은 지구론과 홍수지질학을 전문 지질학자의 입장에서 신랄하게 비판하게 되었다. 랄프 스틸리와 공저한 그의 책 *The Bible, Rocks, and Time*(IVP, 2008)은 지구의 나이에 대한 지질학적 증거들을 체계적으로 제시한 그리스도인 지질학자의 전문 시각이 담겨 있다.

을 과학자들이 상대해야 할까? 도리어 이미 해결된 문제 대신에 새로운 연구를 하도록 과학자들을 그만 내버려 두어야 하지 않을까?

창조과학자들은 탄소연대측정법을 비롯한 방사성동위원소를 이용한 연대측정 결과들도 인정하지 않는다. 방사성동위원소 연대측정법이란 다양한 원소들이 시간에 따라 동위원소가 반감되는 원리를 이용하여 생성 연대를 측정하는 방법을 말한다. 지질학뿐만 아니라 자원 탐사를 비롯한 다양한 산업 분야에서 사용되는 동위원소 연대측정법이 부정확하다고 부정하는 것은 사실 음모론에 가깝다. 창조과학자들이 젊은 지구론을 주장하기 위해 기존의 과학을 공격해온 역사를 보면 놀랄 만한 편집과 왜곡의 역사가 존재한다. 심지어 유명한 지질학자도 동위원소 연대측정법에 오류가 있음을 인정했다고 왜곡한다. 가령 『노아 홍수 콘서트』에서 젊은 지구론을 주장하는 이재만은 시카고 대학의 고생물학자인 라우프를 인용하며 방사성동위원소 연대측정의 문제점을 다음과 같이 지적한다.

시카고 대학의 고생물학자인 라우프는 일관성 없는 방사성동위원소 연대측정을 다음과 같이 지적했다. "지질학적 연대측정에서 방사성동위원소의 사용은 많은 문제점을 갖고 있다. 그 방법은 부정확하고 많은 근본적 오차를 내포한다.…한 암석에 대한 일련의 측정 연대들이 아주 다른 결과를 보여준다."[4]

---

4   이재만, 『노아 홍수 콘서트』(두란노, 2009), 277-278.

즉 저명한 고생물학자도 방사성동위원소 연대측정이 일관성 없는 부정확한 결과라는 점을 인정했다는 것이다. 그러나 실제로 라우프가 쓴 논문을 찾아보면 인용된 글 다음에 바로 연대측정 결과가 부정확한 이유가 누출이나 오염 등의 문제가 있기 때문이라는 설명을 덧붙이며 그럼에도 불구하고 암석의 연대측정법으로 방사성동위원소 측정법이 정확하고 신뢰할 만하다고 결론을 내린다. 이 내용을 연구하여 밝힌 임택규는 그의 책 『아론의 송아지』에서 이렇게 서술한다.[5]

『노아 홍수 콘서트』의 저자는 자신이 인용한 참고 도서조차도 읽지 않은 것 같다. 그 책의 저자가 실제로 책을 읽었다면 책 이름조차 소개를 안 했을 리가 만무하기 때문이다. 그 대신 아마도 미국 창조과학 단체인 ICR이나 AIG에서 돌아다니는 자료를 가져다가 편집한 것이 아닌가 추정된다. 아무튼 라우프 교수의 원글은 다음과 같다.
"지질학적 연대측정에서 방사성동위원소의 사용은 많은 문제점을 갖고 있다. 그 방법은 부정확하고 많은 근본적 오차를 내포한다.…한 암석에 대한 일련의 측정 연대들이 아주 다른 결과를 보여줄 수 있다. 왜냐하면 누출이나 오염, 혹은 다른 동위원소가 다른 사건들을 측정하려는 암석에 기록해놓을 수 있기 때문이다. 모든 동위원소 연대측정법 중에 탄소연대측정법의 신뢰도가 가장 낮을 것이다. 하지만 이것은 가장 최근의 지질학적 역사를 알려줄 수 있기에 많은 사람들이 관심을 보이는 방법이다. 그러나 이러한 난제에도 불구하고 방사성동위원소

---

5   임택규, 『아론의 송아지』(새물결플러스, 2017), 315-316.

측정법은 통계적으로 잘 작동한다. 암석의 연대를 정확히 측정한 사례들은 넘쳐난다."

라우프는 오염이나 누출의 문제가 있는 경우 동위원소 연대측정법의 결과는 신뢰할 수 없지만 그런 문제들을 잘 피하면 방사성동위원소 측정법은 과학적 방법으로 문제가 없다는 입장이다. 그런데도 창조과학자들은 라우프가 언급한 핵심 결론은 빼버리고 마치 연대측정법의 전문가가 그것의 오류를 인정했다는 식으로 인용한다. 이것은 고의적인 왜곡, 편집의 예라고 할 수 있다. 사실 창조과학의 편집과 왜곡 사례들을 보는 일은 가슴 아프다. 그럼에도 창조과학자들이 젊은 지구론을 주장하기 위해서 왜곡과 편집을 한 사례는 많다. 방사성동위원소 연대측정법과 관련하여 한 가지만 더 예를 들어보자.

대표적인 경우가 창조과학자 우드모랩이 내놓은 연대측정의 불일치라는 주장이다.[6] 그는 지질학자들의 연구 결과를 인용하면서 캘리포니아에서 채취한 암석의 연대가 340억 년이나 된다며 믿을 수 없는 연대측정 사례로 제시한다. 우주의 나이 138억 년보다 긴 암석의 연대는 물론 아무도 신뢰할 수 없을 것이다. 그러나 이는 명백한 왜곡 사례다. 왜냐하면 이 자료를 직접 연구한 지질학자들이 이 암석의 나이를 340억 년으로 결론 내리지 않았기 때문이다. 그들이 연구한 결과를 보면 이 자료는 연대측정에 사용할 수 없는 오염된 자료라고 결

6   양승훈은 그의 책 『창조연대 논쟁』(2017, SFC), 4장에서 방사성동위원소 연대측정법의 신뢰성과 창조과학자들의 주장에 대한 반박을 자세히 다루고 있다. 우드모랩의 사례에 관해서는 5절을 보라.

론 내렸음을 알 수 있다. 우드모랩의 사례를 잘 분석한 양승훈은 그의 책 『창조연대 논쟁』에서 이 사례에 대해 다음과 같이 지적한다.

> 원래 저자들까지 이러한 데이터로부터 연대를 측정해서는 안 된다고 지적한 데이터를 가지고서 등시선 연대측정법이 엉터리라고 주장하는 근거로 삼았다는 것은 학자적인 태도 이전에 그리스도인의 양심의 문제이다![7]

이러한 왜곡 사례들은 참고문헌을 제대로 안 읽었거나 아니면 일부러 원저자의 의견과 다르게 편집해서 인용했거나 둘 중 하나일 것이다. 두 경우 모두 할 말을 잃게 한다.

만일 창조과학자들의 주장이 사실이라면 어떻게 될까? 정말로 지구의 나이가 46억 년이 아니라 1만 년가량밖에 되지 않는다면 어떤 일이 벌어질까? 그 주장이 옳다고 밝혀진다면, 그것은 과학의 대혁명이 일어날 만한 대단한 발견이다. 창조과학자들이 자신들의 주장을 과학적으로 입증할 수 있다면 노벨상 하나가 아니라 열 개는 받을 수 있는 놀라운 업적이 될 것이다. 하지만 왜 그런 일이 일어나지 않을까? 왜냐하면 창조과학자들이 엄밀한 과학적 방법론을 바탕으로 연구한 결과를 가지고 지구가 젊다는 자신들의 주장을 과학적으로 입증하지 못하기 때문이다. 젊은 지구론을 신봉하는 창조과학의 주장은 지질학의 결론을 흠집 내는 네거티브 공격으로 제한되며 그마저도 많

---

7   양승훈, 『창조연대 논쟁』(SFC, 2017), 155.

은 경우 오류임이 밝혀졌다.

사실 창조과학자들이 주류 과학자들의 엄밀한 과학적 기준을 통과하여 젊은 지구론이 옳다는 증거들을 내세울 수 있다고 생각하는 지질학자는 거의 없다. 창조과학이 정말로 옳다면 해당 분야 전문가가 아닌 교인들이 모인 교회에서 오랜 지구 연대가 틀렸다는 프로파간다를 설파할 것이 아니라 당당하게 링 위에 올라와서 과학의 규칙을 따라 자신들의 주장을 입증하면 될 일이다. 하지만 그런 일은 일어나지 않고 있으며 앞으로도 그런 일이 일어날 것 같지 않다.

과학자들의 이런 비판에 대해서 창조과학자들은 음모론을 제기한다. 그들은 과학계가 자연주의와 진화론에 물들어 타락했기 때문에 자신들이 과학적 주장을 제시해도 공정하게 취급받지 못한다고 주장한다. 정말 그럴까? 유감스럽게도 그런 주장은 변명에 불과하다. 기독교 신앙이 발붙이지 못하도록 통제하는 거대한 마피아 같은 힘이 실제로 과학계에 존재할까? 글쎄다. 오히려 과학계에는 수많은 그리스도인 과학자들이 일하고 있다. 그들은 과학의 규칙을 충실히 그리고 엄밀하게 지키면서 연구하는 사람들이며 자신들이 밝혀낸 오래된 지구와 같은 과학 지식이야말로 바로 하나님의 창조 역사를 바르게 드러낸다고 생각하는 사람들이다. 사실 음모론은 거꾸로 창조과학자들에게 적용해야 할 듯하다. 그들은 과학계의 결론을 잘 알면서도 젊은 지구론을 주장하기 위해 왜곡된 주장을 하고 있는 것은 아닐까? 과학을 전공한 젊은 그리스도인들 중에 창조과학자들이 사기꾼이라고 생각하는 사람들이 늘어나는 것을 보면 참으로 큰 일이다.

창조과학이 주류 과학이 될 수 없는 이유를 한마디로 요약한다면 과학적 근거가 없기 때문이다. 지구의 연대는 결코 과학적 이슈가 아니다. 지구와 태양계의 연대가 수십억 년 오래되었다는 과학계의 정설은 창조과학의 젊은 지구론과 경쟁하고 있지 않다. 그런 오해는 그리스도인들이 겪는 심각한 정보의 불균형 때문에 생겨났을 뿐이다. 지구의 연대를 어떻게 보는 것이 바람직한가라는 문제는 창세기를 비롯한 성경 해석과 관련된 신학적 이슈일 수는 있다. 그러나 지구 연대 문제는 더 이상 과학의 이슈가 아니다. 그럼에도 불구하고 창조과학을 수용하는 교회가 많고 덩달아 젊은 지구론을 믿는 교인들이 많다. 한국교회가 겪는 심각한 정보의 불균형과 오해는 결과적으로 교회에 적응하지 못해 표류하는 소위 창조과학 난민을 생산한다.

창조과학 난민

오랜만에 학회에서 만난 어느 과학자가 교회에서 겪은 고충을 털어놓았다. 직장을 옮겨서 새로운 도시에 정착한 그는 결국 몇 달간 출석하던 교회를 떠나게 되었단다. 이유가 궁금했다. 젊은 지구론을 철석같이 믿는 담임목사님은 그가 과학자임을 알게 되자 창조과학 관련 소식지를 계속 보냈다고 한다. 그 소식지를 읽어본 과학자는 젊은 지구론을 주장하는 허무맹랑한 주장들에 깜짝 놀랐다고 한다. 그리고 과학자의 양심상, 아무래도 목사님께 과학을 제대로 알려드려야 한다는 의무감이 들었단다.

여러 번에 걸쳐 목사님과 대화의 자리를 마련해서 창조과학이 주장하는 젊은 지구론이 왜 비과학적이며 또 왜 과학자들이 그들의 주장을 인정하지 않는지 그 이유를 조목조목 설명해드렸단다. 하지만 대화는 고통스러웠다. 목사님은 관련 분야의 전문지식을 가진 과학자의 이야기를 전혀 수용하지 않았다. 몇 번의 대화 뒤에 결국 그 목사님은 이렇게 선언했다고 한다. "우리 교회는 하나님의 창조를 믿는 교회입니다." 무슨 뜻이었을까? "당신은 하나님의 창조를 믿지 않는군요." 그에게는 그렇게 들렸을 것이다. 이 말을 들은 그는 충격과 함께 복잡한 심정을 느꼈다. 무엇보다 억울했다. 자신도 하나님의 창조를 분명히 믿는데, 목사님의 표현에 의하면 자신은 하나님의 창조를 믿지 않는 사람이었다. 그 목사님의 관점에 따르면 젊은 지구론을 믿어야 창조를 믿는 것이었다. 그는 혼자서 많은 고민을 했다고 한다. 그 교회에 남아서 목사님께 과학을 제대로 알려드릴 기회를 엿볼까도 생각했다. 하지만 교회를 이끄는 목회자의 생각이 그렇다면 더 이상 그 교회에 남아 있는 것이 덕이 되지 않겠다고 판단한 그는 결국 교회를 옮겼다.

지구의 나이가 1만 년임을 믿지 않으면 하나님의 창조를 부정하는 것이라는 그 목사님의 흔들림 없는 오해는 도대체 어디서 기인한 걸까? 그런 좁은 시각 때문에 그 과학자는 결국 창조과학 난민이 되고 말았다. 가족과 함께 막 정착해서 몇 달간 공동체를 경험하고 사람들과의 나눔이 시작된 교회를 떠나야 하는 그의 마음은 어땠을까? 하나님을 창조주로 고백하는 것이 참된 창조의 믿음일 텐데, 어쩌다가 젊은 지구론이 창조를 믿는 기준이 되어버린 걸까?

창조과학자이자 변증가인 휴 로스(Hugh Ross) 박사는 미국교회에

서 발생하는 창조과학 난민 현상에 대해 안타까움을 드러낸다. 그의
책『창조와 시간』(Creation and Time)을 보면 창세기 1장에서 하루를
표현한 히브리 단어 "욤"에 대한 다양한 해석이 나온다.[8] 생물진화론
은 반대하지만 오래된 지구 연대와 오래된 우주 나이를 수용하는 그
는 오랜 지구 창조론자(old earth creationism)로 불린다. 그러니까 오
랜 지구론은 천문학이나 지질학의 결과는 수용하지만 생물진화는 부
정하는 입장이다. 나는 학생 시절에 휴 로스의 책을 읽으며 진화를 반
대하는 창조과학자들 중에도 젊은 지구론을 비판하는 사람들이 있다
는 사실에 놀랐던 기억이 있다. 창조과학의 역사를 조금 더 들여다보
면 젊은 지구론을 주장하는 창조과학자들과 오랜 지구론을 주장하는
창조과학자들 사이에 길고 지저분한 논쟁이 있음을 알 수 있다. 물론
창조과학의 주류는 젊은 지구론자들이다. 젊은 지구론을 믿는 창조과
학자들에게는 젊은 지구를 부정하는 오랜 지구 창조론자들이 이단과
같은 존재였다.

　로스 박사는 젊은 지구론자들이 오랜 지구론자들을 타협한 그리
스도인으로 취급하면서 창조를 믿지 않는다고 비난하는 일을 그만 멈
추어야 한다고 설파한다. 그는 미국교회를 향해서, 과학을 전공하는
학생들이나 과학자들이 젊은 지구론을 믿지 않는다는 이유로 불신당
하고 결국 교회를 떠나 헤매는 안타까운 일들이 발생함을 지적하면서
젊은 지구론을 기준으로 창조 신앙을 판단하는 비성경적인 태도를 버
려야 한다고 역설한다.

8　Hugh Ross, *Creation and Time*(Navpress, 1994).

젊은 지구론 때문에 교회를 떠나는 창조과학 난민들은 오늘날 한국교회 안에서도 빈번히 발생한다. 과학을 부정하는 담임목사님의 입장 때문에 오히려 신앙이 흔들리고 교회를 떠나게 되는 사람들, 젊은 지구론을 믿지 않는다는 이유로 교회에 적응하지 못하는 사람들, 혹은 창조과학을 신봉하는 교회에서 조용히 숨어지내는 과학자들의 이야기를 들을 때마다 나는 그리스도인 과학자로서 참담한 안타까움을 느낀다. 목사의 자녀로 혹은 선교사의 자녀로 자랐지만 교회에서 가르치는 창조과학의 내용에 도저히 동의할 수 없어서 교회를 떠나게 되었다는 청년들의 메시지를 받아보는 일은 가슴이 무너지는 일이다.

더 심각한 문제는 한참 자라나는 아이들이다. 인터넷 등으로 정보 습득이 매우 용이해진 시대에 태어나 자라는 아이들은 기성세대에 비해 훨씬 더 쉽게 과학 지식을 접한다. 교회에서 창조과학을 배우던 아이들이 과학책을 읽기 시작하거나 학교에서 과학을 배우기 시작하면 처음에는 아이들의 머릿속에 현대 과학과 젊은 지구론이라는 두 개의 모순되는 내용이 섞여 있기도 한다. 그러나 어느 순간 그 모순이 심각하게 인지되면 아이들은 심한 지적 갈등을 겪을 수밖에 없다. 어떤 사람은 청소년 시절에는 그런 갈등을 겪지 않다가 대학에 와서 맞닥뜨리기도 하고 또 어떤 사람은 30대가 된 이후에 그런 갈등을 겪기도 한다. 과학 지식이 너무나 명백해 보이는데도 교회에서 젊은 지구론을 강요한다면 그들은 창조과학 난민이 되기 쉽다. 우리의 상상과 선입견을 초월하는 신의 창조를 젊은 지구론이라는 전근대적인 사고에 가두어둔다면 앞으로도 창조과학 난민은 무수히 많이 생겨날 것이다. 그러한 창조과학 난민들은 도대체 어디로 가야 할까.

한국교회는 수많은 자정 노력이 필요하다. 그중에서도 과학을 부정하는 반지성주의는 꼭 극복되어야 한다. 전 세계의 수많은 과학자들이 밤을 지새워 연구하는 내용들을 과학이 아니라고 딱 잘라 말하는 일부 목사님들은 과학에 관해서 과학자들보다 더 높은 전문성을 가진 것 같다. 젊은 지구론을 믿어야 하나님의 창조를 믿는 것이라고 주장하는 목사님들은 성서신학자들보다 더 성경 해석에 정통한 모습이다. 길게는 수백 년 전, 짧게는 100년 전에 과학계에서 이미 결론 내린 내용들을 거부하고 창조과학에 머물러 있다면 한국교회는 반지성주의라는 비난을 피하기 어렵다.

기독교 신앙은 이성과 과학을 초월한다. 따라서 과학으로 설명되지 않는 내용을 꼭꼭 덮어놓고 모든 답이 과학에 있다는 식으로 과학주의를 선동하는 것이 아니다. 창조의 신비와 창조주의 전능하심을 외면하고 과학으로만 창조를 다루어야 한다며 창조 신학의 풍성함을 깎아내자는 주장도 결코 아니다. 오히려 과학이 알려주는 지식을 신앙으로 이해하고 신학 안에 품자는 말이다. 과학이 발전할수록 창조주 하나님의 창조의 역사는 더 자세히 드러나는 셈이 아닌가.

교회는 창조과학 난민이 더 이상 발생하지 않도록 노력해야 한다. 그리고 이미 창조과학 난민이 되어버린 그리스도인들을 수용해야 한다. 그들에게 하나님의 창조를 믿지 않는다는 근거 없는 비난의 화살을 던지지 말아야 한다. 교회를 떠난 창조과학 난민들이 단지 답답하고 무책임한 교회를 떠난 것이 아니라 신앙까지도 버리게 되면 그것은 누구의 책임인가? 젊은 지구론을 믿지 못하는 개인의 신앙이 부족한 탓일까? 아니면 하나님의 창조를 젊은 지구론에 가두어버린 목사나 교회의 책임일까?

    창조과학의 오류를 극복하는 길은 우선 하나님의 창조를 인정하는 창조론에는 젊은 지구론뿐만 아니라 다양한 견해가 있다는 것을 살펴보는 일에서 출발한다. 다음 장에서는 하나님의 창조를 믿지만 하나님의 창조 방법에 관해서는 다른 견해를 가진 다양한 창조론에 대해 살펴보기로 하자.

13장

다양한 창조론

기독교에는 다양한 목소리가 있다

창조과학이 기독교의 유일한 목소리일까? 창조과학 지지자들은 젊은
지구론을 믿어야만 창조를 믿는 것이며 또 창조과학을 믿어야만 기
독교를 믿는 것이라고 주장하면서 창조과학과 기독교를 동치로 취급
한다. 이는 동의하기 어려운 매우 위험한 주장이다. 분명한 것은 젊은
지구론을 신봉하는 창조과학이 기독교의 유일한 목소리가 아니라는
사실이다. 따라서 예수를 믿기 위해 창조과학을 꼭 믿어야 하는 것은
아니다. 생물진화 이론의 출발점으로 보는 찰스 다윈의 『종의 기원』
(1859)을 출판하기 훨씬 오래전부터 기독교 내에는 창조에 대한 다양
한 견해가 존재했다. 지구의 나이를 수천 년가량으로 짧게 해석했던
고대의 젊은 지구론이 긴 역사적 배경을 갖고 있긴 하지만 그 이외에
도 간격 이론, 성년창조론, 날-시대 이론, 오랜 지구론, 지적설계론, 진
화적 창조론 등 다양한 견해가 있다. 이 견해들은 모두 하나님의 창조

를 인정하며 넓은 의미에서 창조론(creationism)의 다양한 견해로 볼 수 있다.

그렇다면 창조를 보는 시각에 다양한 입장이 생긴 이유는 무엇일까? 크게 두 가지 원인을 꼽을 수 있다. 첫째는 창조를 다루는 성경 본문들을 어떻게 이해하고 해석할 것인가에 관해서 입장이 다르기 때문이다. 둘째는 자연의 역사를 밝힌 과학적 결론에 대해서 얼마만큼 신뢰하고 수용할 것인가에 관해서 판단이 다르기 때문이다. 이 책의 앞부분에서 우리는 이미 우리에게 주어진 책이 두 가지며, 성경과 자연이라는 책을 읽고 해석해가는 과정이 바로 하나님과 창조세계를 배우고 이해하는 과정이라는 것을 다루었다. 창조론의 다양한 입장에 관해서는 첫째로 성경 해석이 올바른지 건강한 신학을 통해 점검해야 하고, 둘째로 자연에 대한 해석이 올바른지 엄밀한 과학을 통해 판단해야 한다.

자, 그럼 하나님이 창조주임을 인정하지만 "어떻게" 창조하셨는가에 대해서는 서로 다른 견해를 갖는 다양한 창조론을 간단히 살펴보자. 크게 6가지 정도를 꼽아볼 수 있다.

1) 고대와 중세의 창조론

고대와 중세 시대의 창조론은 창조세계를 철저히 지구인의 관점에서 눈에 보이는 그대로 이해한 내용으로 구성되었다. 근대 과학이 발전하기 이전 시대의 사람들은 하나님이 주신 일반계시인 자연이라는 책을 면밀히 읽어낼 수 없었다. 그래서 창조의 연대나 창조의 방법에 관해서 특별계시인 성경을 통해 힌트를 얻을 수밖에 없었다. 성경은 근대 이후 생겨난 과학적 개념을 설명하거나 과학적 질문에 답하기 위해 쓰인 책이 아니다. 하지만 과학적 방법론이 확립되기 이전 시대에는 성경을 토대로 하나님의 창조를 부분적으로 이해하려 했고 따라서 제한된 내용에 만족할 수밖에 없었다. 밤하늘의 행성과 별들의 움직임을 보이는 대로만 이해했던 불완전한 책 읽기의 시대에 살던 사람들은 지구가 우주의 중심에 있다고 여겼으며 또한 지구는 움직이지 않는다고 생각했다. 자연이라는 책 대신에 창세기를 통해 그들은 하나님이 우주와 지구와 인간을 6일이라는 짧은 시간 동안 창조했다고 생각했다. 그들은 긴 시간 동안 동적인 변화 과정을 통해서 무언가가 만들어진다는 개념을 별로 갖고 있지 않았고 사물이 즉각적인 방법으로 완성된 형태로 창조(*creatio de novo*)된다는 관점을 갖고 있었다. 또한 창세기의 족보를 근거로 시간을 계산해서 하나님의 천지창조 사건이 약 6천 년 전에 발생했다고 생각했다.

고대와 중세 창조론의 대표적인 예가 바로 아일랜드의 주교였던 제임스 어셔의 관점이다. 그는 아담부터 예수까지 족보를 계산하여 천지창조가 기원전 4004년 시점에 이루어졌다고 주장했다. 그의 주석은 성경이 영어로 번역되면서 본문과 함께 실려 영어권을 중심으로 퍼져나가면서 천지창조가 약 6천 년 전의 사건이라는 견해를 유행시키고 또한 성경에 지구의 나이가 6천 년으로 기록되어 있다는 잘못된 견해가 퍼져나가는 데 크게 일조했다.

자연이라는 책을 제대로 읽을 수 없었던 시대의 사람들은 심지어 성경이 천동설을 지지한다고 생각하기도 했다. 이런 경향은 근대 과학이 성립되기 전 종교개혁 시대까지 계속되었다. 지구가 태양 주위를 공전한다는 지동설을 들은 마르틴 루터는 성경에 근거해 지동설이 말도 되지 않는 이론이라고 생각했다. 성경에 의하면 지구가 아니라 태양이 움직이는 것이 분명한데, 지구가 움직인다는 지동설을 주장한 코페르니쿠스를 루터는 바보라고 비웃을 수밖에 없었을 것이다. 루터가 지동설이 성경적으로 옳지 않다고 생각한 근거는 구약성경 여호수아 10장이었다. 본문에서 여호수아가 멈추라고 한 것은 태양이었지 지구가 아니었다. 그러니 성경에 의하면 지구가 움직인다는 코페르니쿠스의 지동설은 허황된 주장이며, 태양이 지구 주위를 운동하는 천동설이 분명히 옳았다.

여호수아 시대의 사람들은 당연히 지동설에 대해서 아는 바가 없었다. 그들은 태양이 아침이면 동쪽에서 떠서 저녁이면 서쪽으로 지는 매일매일의 경험을 토대로 태양이 지구 주위를 돈다는 상식을 갖고 있었다. 그러니 여호수아가 "태양아 멈추라"고 말했던 것은 당연하다. 확실히 여호수아 10장에서 지동설을 읽어낼 수는 없다. 그럼 여호수아 시절의 사람들의 상식대로 태양을 향해 멈추라고 했다고 해서 기도 응답을 못 받았을까? 자연현상에 대한 과학 지식이 부족하다는 이유로 하나님은 기도에 응답하지 않을까? 여호수아 10장을 보면 전혀 그런 것 같지 않다. 하지만 루터는 이 본문을 근거로 태양이 아닌 지구가 운동한다고 주장하는 코페르니쿠스의 지동설을 폄하했다. 물론 루터에게 일방적으로 잘못을 묻기도 뭐하다. 왜냐하면 과학이 발전하기 전 시대에 살았던 그에게 자연이라는 일반계시를 제대로 읽

　　　　　　　　　4부 | 근본주의와 문자주의의 오류를 넘어

어낼 수 있는 능력이 없었던 한계를 비난할 수는 없기 때문이다. 자연이라는 책 대신 성경이라는 책을 통해 태양과 지구의 운동에 관해 힌트를 얻으려했던 그들의 한계는 분명하다. 그리고 루터에게서 우리가 얻을 수 있는 교훈은 젊은 지구론에도 그대로 적용된다.

2) 간격 이론

고대와 중세의 창조론은 근대에 들어오면서 도전을 받기 시작한다. 근대 과학이 성립되고 과학이 발전하면서 사람들은 자연이라는 책을 보다 정확하게 읽을 수 있게 되었기 때문이다. 그들은 그 책에 담긴 다양한 새로운 이야기들에 귀를 기울이기 시작했다. 과학이 발달하면서 지구의 나이가 6천 년이라고 볼 수 없는 다양한 과학적 증거들이 등장했다. 가령 1700년대가 되면 지질학이 발전하면서 오래된 퇴적 암층이나 화산활동 등에 대한 다양한 지질학 연구가 이루어진다. 지질학자들은 1만 년보다 훨씬 오래된 방대한 양의 지질 흔적들을 발견했다. 이러한 증거들이 쌓이면서 19세기 초중반이 되면 지구의 나이가 최소 수백만 년이 된다고 보는 견해가 지질학의 주류 견해가 된다.[1]

---

1 Davis Young, Ralph Stearley, *The Bible, Rocks, and Time*(IVP, 2008), 2장과 3장을 보라. 그들은 19세기 초가 되면 지구의 나이가 6000년보다 훨씬 오래되었다는 결론은 피할 수 없게 되었다고 기술한다(p. 70). 데보라 하스마와 로렌 하스마는 『오리진』(IVP, 2011)에서 이렇게 기술한다. "이런 증거들로 인해 1840년쯤 되자 기독교 지질학자들을 포함한 거의 모든 지질학자는 지구의 역사가 최소 수백만 년이라고 믿게 되었다"(p. 122). 여기서 한 가지 기억할 점은 생물진화를 다룬 다윈의 『종의 기원』이

한편, 과학의 발견을 통해서 지질학 연구에 앞장섰던 그리스도인 과학자들과 그들의 과학 연구를 심각하게 받아들였던 신학자들은 자연이라는 책에서 읽어낸 결과들 앞에서 창세기의 창조 기사를 어떻게 이해해야 하는지에 관해 새로운 숙제를 안게 되었다. 창세기를 단순하게 문자적으로 해석해서 하나님이 약 6천 년 전에 지구를 창조했다고 주장했던 제임스 어셔로 대표되는 중세의 창조론은 지질학의 연구 결과들과 모순되어 보였기 때문이다.

제임스 어셔 방식의 문자적 창세기 해석과 지질학의 결론 사이의 모순은 두 가지 책에 대한 해석이 올바른가에 관한 질문을 불러일으켰다. 지구의 나이가 1만 년 이상 훨씬 오래되었다는 지질학의 결론은 하나님이 주신 일반계시의 책, 곧 자연을 제대로 해석한 것일까? 아니면 지구의 나이가 6천 년이라는 성경의 해석이 올바른 것일까? 과학이 점점 더 발전하고 지구가 오래되었다는 증거들이 쌓이자 그리스도인 과학자들은 자연이라는 책을 잘못 해석한 것이 아닌가 하는 확증을 더욱 강하게 갖게 되었다. 특히 18-19세기에 나왔던 오래된 암석들에 대한 증거를 넘어 20세기가 되면 핵물리학이 등장하고 방사성동위원소에 대한 새로운 발견이 이어진다. 동위원소의 반감기에 대한 지식이 쌓이면서 방사성동위원소 연대측정법이 과학적 방법으로 확립되는 20세기에는 지구 연대가 6천 년에서 1만 년가량이 아니라 수십억 년 정도 되었다는 결론이 도출되고 지구 연대의 장구함은 더 이상 흔들릴 수 없는 지위를 갖게 된다. 물론 지질학뿐만 아니라, 태양

___
출간된 것은 그보다 수십 년 뒤인 1859년이라는 점이다.

과 지구를 비롯한 태양계의 생성연대가 50억 년 가까이 된다는 증거들은 천문학에서도 쏟아졌다. 유성이 지구로 떨어지면서 지구 대기를 통과하며 타다가 남은 운석이라든지, 달 탐사 과정에서 수집하여 지구로 가져온 달의 암석 연대를 조사한 결과는 태양계의 형성 연대를 약 50억 년으로 알려준다.

다른 한편 특별계시인 성경을 제대로 해석한 것인가에 관해서도 다양한 신학적 질문과 검토가 이루어지기 시작했다. 그 과정에서 명백해진 것은 창조 기사에 관한 해석이 단순하지 않고 다양한 견해가 가능하다는 점이었다. 다양한 해석이 가능했던 근본적인 이유는 창세기의 창조 기사는 지구의 연대, 혹은 하나님의 창조의 방법이나 기간 및 순서 등에 관한 지식을 전해주려고 쓰인 것이 아니라는 점이 점차 분명해졌기 때문이었다. 창세기 1-2장의 목적에 대해 복음주의권의 구약성서학자인 트렘퍼 롱맨 3세는 이렇게 말한다.

창세기 1-2장은 이스라엘의 하나님 야웨가 모든 것과 모든 인간의 창조자이심을 선포하는 것을 주요 목적으로 한다. 하지만 성서 텍스트는 하나님이 어떻게 우주와 인간을 창조하셨는지를 언급하는 데는 전혀 흥미가 없다. 성서는 독자들에게 하나님이 세상과 인간을 만드신 방법을 전혀 언급하지 않기 때문에, 이에 관련된 질문을 탐구하기 위해 과학으로 관심을 돌리는 태도는 온전히 수용할 만하며 심지어 합리적이기까지 하다.[2]

---

2 대릴 찰스 편집, 『창조 기사 논쟁』(새물결플러스, 2016), 240. 트렘퍼 롱맨이 쓴 4장,

창세기를 올바로 이해하려고 노력하는 과정에서 등장하게 되는 견해가 바로 간격 이론(gap theory)이다. 간격 이론은 창세기 1장의 6일 창조 해석과 지질학의 오래된 지구의 연대를 조화시키려는 시도라고 할 수 있다. 우리는 흔히 하나님이 빛을 가장 먼저 창조하셨다고 생각한다. 창세기 1:3부터는 첫째 날의 창조가 묘사된다. "하나님이 이르시되 '빛이 있으라' 하시니 빛이 있었고 빛이 하나님이 보시기에 좋았더라. 하나님이 빛과 어둠을 나누사 하나님이 빛을 낮이라 부르시고 어둠을 밤이라 부르시니라. 저녁이 되고 아침이 되니 이는 첫째 날이니라." 그러나 3절 앞의 1, 2절은 이렇게 기록하고 있다. "태초에 하나님이 천지를 창조하시니라. 땅이 혼돈하고 공허하며 흑암이 깊음 위에 있고 하나님의 영은 수면 위에 운행하시니라." 이는 마치 3절부터 나오는 기록대로 첫째 날 빛을 창조하시기 전에 무슨 일인가 있었던 것처럼 읽히기도 한다. 이처럼 창세기 1:1과 1:2 사이에 긴 시간 간격이 있었다고 보는 관점이 바로 간격 이론이다. 즉 3절부터 나오는 6일의 창조 기간 이전에 긴 시간이 있었고 지구는 이미 오래전에 창조되었다고 보는 관점이다.

간격 이론에 의하면 창세기 1:1-2에 나타난 것처럼 지구는 매우 오래전에 창조되었기 때문에 지질학에서 측정한 지구의 긴 연대와 모순되지 않는다. 간격 이론은 1절의 첫 창조가 끝난 후 긴 시간(간격)이 흘렀고, 그 이후 6일 동안 재창조가 있었다고 보는 견해라고 할 수 있다. 그래서 창세기 1:3부터 기록되는 창조 기간을 6일로 해석한 전통

"창세기 1-2장이 주는 교훈"(혹은 교훈이 아닌 것)을 보라.

4부 | 근본주의와 문자주의의 오류를 넘어

적 해석과도 크게 모순되지 않는다. 그러나 창세기 1:1이 하나님의 첫 창조를 의미하고 긴 시간 지난 이후에 6일 동안 재창조가 있었다는 해석은 여전히 많은 해석학적인 문제를 안고 있으며 간격 이론에 대해서 성경신학자들의 통일된 동의를 기대하기는 어렵다. 과학적인 면을 검토해도 모순은 피하기 어렵다. 간격 이론은 지구의 오랜 연대는 설명할 수 있을지 모르지만 하늘의 해와 달과 별들은 여전히 최근에 창조된 것으로 봐야 하기 때문에 지구에 비해서 태양과 달과 별들의 연대가 젊다는 모순된 주장이 나온다. 가령 태양계는 젊은 데 반해 지구만 오래되었다는 모순된 그림이 나올 수밖에 없다. 그리고 이런 모순을 피하기 위해서는 계속 새로운 가정을 추가해야만 하는 딜레마가 발생한다.

간격 이론은 성경 해석과 과학적 결론을 조화시키려던 노력에서 나왔다고 볼 수 있다. 자연을 읽는 방법이 발전하면서 자연스럽게 등장한 이런 입장을 소위 조화주의 내지 일치주의라고 한다. 조화주의는 성경 본문을 여전히 과학적 텍스트처럼 읽어서 성경 해석과 과학을 일치시키려고 노력하지만 그런 노력은 성경에 담겨 있지 않은 다양한 가정을 추가해야 하기 때문에 오히려 더 많은 문제를 만들어 내기도 한다.

3) 날-시대 이론

조화주의 입장에서 나온 또 하나의 창조론은 날-시대 이론(day-age

theory)이라는 견해다. 이 견해는 간격 이론처럼 하나님이 우주와 지구를 오래전에 만드신 후에 최근에(즉 약 6천 년 전에) 6일 동안 재창조를 했다고 보는 관점과는 달리, 창세기 1장의 6일을 24시간으로 이루어진 하루로 보지 않고 매우 긴 기간으로 해석하는 관점이다. 즉 하루라는 개념이 100만 년 혹은 10억 년처럼 긴 기간을 의미한다고 보는 관점이다. 이 해석은 간격 이론과 마찬가지로 지구의 연대가 오래되었다는 지질학의 결론과 모순되지 않도록 성경을 해석하는 방법이다. 하지만 날-시대 이론은 여전히 조화주의 입장을 갖기 때문에 하루의 개념은 문자적인 24시간으로 보지 않지만, 창조의 순서는 문자적으로 해석하려고 고수하는 경향을 갖는다. 즉 첫째 날부터 여섯째 날까지 하루하루(즉 시대별로) 창조된 내용과 순서는 여전히 과학적으로 유효하다고 주장한다. 가령 셋째 날에 식물이 창조되고 넷째 날에 해와 달과 별들이 창조되었다는 본문은 식물이 먼저 창조되고 그리고 긴 시대가 지난 이후에 해와 달과 별들이 창조되었다는 방식으로 이해한다.

하지만 창세기 1장의 날의 의미를 긴 시대로 보는 반면, 6일 창조의 순서는 과학적 의미로 받아들이면 여전히 심각한 문제에 봉착하게 된다. 예를 들어 하루가 10억 년의 기간을 의미한다고 가정해보자. 그렇다면 셋째 날에 식물이 창조되고 넷째 날에 태양이 창조된다는 창조 기사는 태양이 창조되기 전에 식물이 창조되어 10억 년 동안 생존해야 했다는 의미가 된다. 현대 과학의 지식에 따르면 식물은 태양이 없으면 광합성을 할 수 없으며 따라서 생존할 수 없다. 이런 문제를 회피하는 방법은 태양이 창조되기 전까지 식물은 광합성을 하지 않고도 살 수 있었다고 가정하거나 태양은 식물보다 나중에 창조되었지만 그 전에 이미 태양과 같은 역할을 하는 다른 대상이 있었다고 가정하는 것이다. 그런 가정은 성경적일까? 혹은 과학적일까? 글쎄다. 날-시대 이론은 여전히 조화주의 입장에서 창조의 순서를 문자적으로 보고 과학 기록처럼 읽기 때문에 성경에 기록되지 않은 다양한 가정을 해야 하며 그 가정들은 종종 매우 작위적이다. 조화주의의 한계는 바로 성경과 과학을 일치시키려는 태도 그 자체다. 성경은 과학적인 텍스트로 쓰이지 않았기 때문에 성경을 과학적인 의미로 읽어 과학과 기계적으로 조화시키려고 한다면 성경이나 자연에 들어 있지도 않은 새로운 작위적 가정을 만들어낼 수밖에 없는 아이러니에 빠진다.

4) 홍수지질학 젊은 지구론

젊은 지구론은 1920년대에 조지 맥크리디 프라이스라는 안식교인이 만든 홍수지질학을 통해서 지질 현상을 이해하려는 관점이다. 프라이스는 당시 지질학의 주장이 반성경적이며 진화론에 물들었다고 판단했다. 안식교 배경에서 6일 창조를 굳게 믿었던 그에게는 암석과 지층의 연대가 6천 년 이상 매우 오래되었다고 주장하는 지질학은 말그대로 반성경적인 학문이었다. 그는 안식교의 전통을 따라 창세기를 극단적인 문자주의에 입각해서 읽었고 제임스 어셔 주교가 몇백 년 전에 주장했던 것처럼 천지창조가 기원전 4천 년경에 있었다고 믿었다. 따라서 그에게는 명백히 잘못되어 보였던 지질학의 결론들을 부정할 새로운 설명이 필요했으며 그래서 만든 것이 소위 홍수지질학이었다. 지층의 기록을 보면 단순한 종의 화석이 아래쪽에서 발견되고 위로 갈수록 복잡한 종의 화석이 발견된다는 것은 그 당시 모두가 인정하는 일반적인 지질 현상이었다. 이런 지층의 기록은 오랜 기간 동안 형성된 지층이 시간의 순서대로 각 시대의 동물들의 화석을 보여주는 것이었고 이를 통해 지질학자들은 지구의 연대가 매우 오래되었음을 알고 있었다. 프라이스는 화석의 순차적 기록은 인정했지만 그것이 수천만 년 혹은 수억 년 동안 형성된 것이라는 지질학의 결론을 수용하지 않았다. 성경이 절대로 틀릴 수 없었기에 (사실은 성경을 해석한 자신의 해석은 틀릴 수 있음에도 불구하고) 그는 지질학이 틀렸다고 판단했다.

그가 대안으로 내세운 것이 바로 홍수지질학이다. 홍수지질학은 노아의 대홍수 때 대부분의 동물이 죽으면서 지층에 화석이 기록으로 남았다는 것이다. 즉 지질학에서는 매우 오래된 지구의 역사를 통해 지질 현상들이 생겼다고 보지만, 그는 노아 당시 전 지구적인 홍수가 있었고 그때 화석의 기록들이 생성되었다고 설명한다. 아래쪽에 단순한 종의 화석이 있고 위로 갈수록 복잡한 종의 화석이 나오는 이유는 바로 홍수 기간 동안 동물들이 물에 빠져 죽을 때 단순한 동물들이 먼저 죽고 그보다 조금 더 지능이 높고 신체적인 능력이 좋은 동물들은 더 버티다가 나중에 죽었기 때문에 위쪽에서 발견된다는 설명이다. 홍수지질학에 따르면 지구가 오래된 것이 아니라 약 6천 년 전에 창조되었고 지표면의 화석의 기록은 단지 노아 홍수 때 죽은 동물들의 화석이라는 것이다.

물론 프라이스의 홍수지질학은 지질학자들에게는 전혀 설득력이 없었고 지질학의 발전에도 거의 영향을 미치지 못했다. 비록 화석의 순서는 그럴듯하게 설명했는지 모르지만 프라이스의 설명은 하나만 알고 둘은 모르는 아마추어 수준의 설명에 불과했기 때문이다. 어떤 암석들은 지표면 안쪽 지구 내부에서만 생성되어야 하는 조건을 갖기도 한다. 또한 지질 연대는 단지 화석의 순서에 의해서 결정되는 것이 아니다. 지질학의 다양한 증거를 종합하면 프라이스의 홍수지질학은 그저 아마추어의 기말보고서 수준이었던 셈이다.

지질학의 오랜 지구 연대를 부정하기 위해서는 단순한 종에서 복잡한 종의 순서로 화석이 차례대로 쌓여 있지 않는 지층을 발견하여 제시한다면 결정적 증거가 될 것이다. 그래서 프라이스를 비롯한 그의 동료들은 이런 지층을 찾기 위해 부단히 노력했지만 결국 실패했다. 그들이 유일하게 찾은 하나의 가능성은 역단층이었다. 역단층은 화석의 순서가 지질학에서 예측하는 순서와는 정반대로 복잡한 종의 화석이 밑에서 발견되고 단순한 종의 화석이 위에서 발견되는 지층이다. 프라이스는 역단층을 발견하고 환호했지만 사실 이 지층은 지층이 만들어진 뒤에 위아래가 뒤집어진 경우에 해당한다. 지질학자들은 역단층 현상을 당연히 잘 알고 있고 이를 지질학 현상으로 잘 설명한다. 반대로 생각해보자. 홍수지질학자들이 주장한 대로 정말로 지층이 긴 연대를 통해 만들어진 것이 아니라 노아의 홍수 때 만들어진 것이라고 가정해보자. 그렇다면 홍수지질학으로 어떻게 역단층을 설명할 수 있을까? 어떻게 이 지역에서만 복잡한 동물이 먼저 죽어 아래에 묻히고 단순한 동물은 나중에 죽어 위에 묻혔단 말인가? 역단층이 지질학을 무너뜨릴 반증이라고 착각한 홍수지질학자들에게 사실은 이 역단층이 홍수지질학을 무너뜨릴 반증이었던 셈이다. 그리스도인 학자들을 포함해서 과학자들은 홍수지질학을 주장하는 창조론자들을 상대해주지 않았다. 예외적인 경우가, 스탠퍼드 대학교의 학장이자 어류학자였던 데이비드 조던이다. 그는 아마추어 지질학자인 프라이스에게 제대로 된 지질학을 알려주기 위해 노력했다. 조던은 프라이스의 주장이 일반적인 지질학에서 벗어난 예외적인 사례들을 침소봉대하는 것이라는 점을 가르쳐주려 했지만 결국 그의 노력은 허사로 끝났다.[3] 창조론의 역사를 방대한 자료로 서술한 로널드 넘버스는 『창조론자들』에서 매우 흥미로운 사실을 제시한다. 지질학의 화석 증거가 오랜 지구에 대한 증거가 아님을 보이기 위해 화석의 순서가 다른 지층을 찾아다녔던 프라이스는 역단층이 어쩌면 그렇게 정확한 순서로 화석의 배열이 거꾸로 되어 있는지 의아해했다. 화석의 순서가 연대별로 정확히 거꾸로 배열되어 있다는 것은 단층 전체가 뒤집어진 것이라는 지질학의 설명을 정확히 뒷받침해준다. 그렇지 않다면 정확하게 거꾸로 된 화석의 순서를 달리 어찌 설명할 수 있겠는가?[4] 이처럼 홍수지질학은 주류 과학인 지질학의 증거와는 상충되는 주장이며 젊은 지구론자들은 지질학의 결론을 뒤엎을 어떤 과학적 증거도 제시하지 못했고 그것은 현재도 마찬가지다.

---

3   로널드 넘버스, 『창조론자들』(새물결플러스, 2016), 226.
4   같은 책, 239.

5) 오랜 지구 창조론: 점진적 창조론

근대 과학의 성장 과정에서 특히 지질학과 천문학이 발전하면서 새로 등장한 견해가 오랜 지구 창조론이다. 이 견해는 쉽게 말해 지질학과 천문학 등 과학의 결과를 수용하는 견해로서 지구의 연대가 오래되었음을 인정하고 창세기 1장의 6일 창조를 과학적인 진술이 아니라 신학적인 진술로 받아들인다. 가령 6일이라는 표현은 문자적인 의미가 아니라 창조주의 창조 역사를 인간의 한 주간의 노동에 비유한 것으로 이해한다. 물론 간격 이론이나 날-시대 이론도 지구의 오랜 연대를 인정하기 때문에 크게 보면 오랜 지구론에 속한다고 분류할 수도 있다. 즉 오랜 지구론을 다양한 입장으로 나누어 생각해볼 수도 있다는 뜻이다. 그러나 간격 이론이나 날-시대 이론과 차별성을 갖는 오랜 지구론의 특징은 하나님이 긴 시간 동안 점진적으로 창조하셨다는 관점을 수용하며 창세기 1장에 기록된 창조의 순서도 과학적 의미로 해석하지 않는 경향을 갖는다. 또한 하나님이 기적적인 방법을 통해 즉각적으로 해와 달과 같은 천체나 지질 현상을 창조하신 것이 아니라 인과관계를 통한 자연적인 방법을 통해서 우주와 지구를 창조하셨다는 점을 대체적으로 수용한다. 이 견해는 지질학이나 천문학에서 연구된 결과들, 곧 지구의 나이가 46억 년이며 대륙이 이동하여 6개의 대륙이 생겨났고 그랜드캐니언을 비롯한 지표면의 다양한 지질 현상은 지구의 긴 역사 동안 일어난 다양한 자연적 과정을 통해 창조되었다고 보는 관점이다. 그래서 오랜 지구론은 간격 이론이나 날-시대 이론과 구별하여 점진적 창조론(progressive creationism)이라고 불리기도 한다.

그렇기 때문에 오랜 지구론의 관점은 지질학이나 천문학과 크게 모순되지 않는다. 물론 날-시대 이론의 관점에서 오랜 지구론을 주장하거나 간격 이론의 관점에서 오랜 지구론을 주장하는 견해도 있지만 오랜 지구론은 간격 이론이나 날-시대 이론보다는 더 균형 잡힌 견해이며 과학이 발견한 내용들이 바로 하나님의 창조 과정이라고 보는 관점을 잘 드러낸다고도 할 수 있다. 그러나 오랜 지구론은 지질학이나 천문학과는 달리 생물학의 결과들은 여전히 수용하지 않는다. 오랜 지구론은 생물이 진화한 것이 아니라 하나님이 기적적이고 즉각적인 방법을 통해 하나하나의 종을 따로 만드신 것으로 해석한다. 곧 46억 년의 지구 역사에서 화석의 기록에 따라 단순한 종이 먼저 출현하고 복잡한 종이 나중에 출현하는 생물학적 발생 순서는 인정하지만 종에서 종으로 분화되어 생물진화가 일어났다고 인정하지 않는다. 그 대신 하나님께서 지구의 역사 중간 중간 자연세계에 개입하여 기적적인 방법으로 새로운 종을 즉각적으로 창조하셨다고 보는 관점이 주류를 이룬다.

오랜 지구론을 주장하는 사람들이 생물진화를 인정하지 않는 이유 중 하나는 창세기 1장의 해석 때문이다. 그들은 하나님이 식물과 동물을 각기 종류대로 창조하셨다는 성경의 표현에 주목한다. 물론 진화의 방법으로 동식물을 창조한다고 해도 동식물은 각기 종류대로 창조할 수 있다. 하지만 오랜 지구론자들을 비롯하여 반-진화의 입장을 가진 사람들은 "각기 종류대로"라는 성경의 표현이 하나님이 동식물의 종을 "독립적으로" 따로따로 만들었다는 뜻으로 해석한다. 또한

4부 | 근본주의와 문자주의의 오류를 넘어

이 본문은 하나님이 진화와 같은 자연적인 방법을 사용하신 것이 아니라 즉각적이고 직접적으로 창조하셨다는 뜻으로 해석한다. 요약하자면, 우주나 지구의 창조는 자연적 방법으로 창조되었지만 생물의 경우는 자연적인 방법이 아닌 특별한(기적적인) 방법으로 창조되었다고 보는 관점이 바로 오랜 지구론의 견해다.

오랜 지구론은 생물진화를 인정하지 않는 관점임에도 불구하고 젊은 지구론자들은 오랜 지구론자들을 향해 진화론자들이라는 공격과 비난을 퍼부었다. 젊은 지구론자들은 오랜 지구론자들이 과학에 맞추기 위해 성경 해석을 타협했으며 그래서 타협한 과학자라고 비난해왔다. 젊은 지구론자들의 관점에서 보면 창세기 1장의 6일 창조와 족보를 통해 계산한 지구의 나이가 1만 년이라는 해석을 받아들이지 않는 오랜 지구론은 결코 수용할 수 없는 이단적 견해였던 셈이다.

크게 보면 오랜 지구론이나 젊은 지구론은 둘 다 생물진화를 반대하는 반진화 운동인 창조과학의 흐름 안에 있다. 그러나 지구의 연대에 관해 내부의 논란이 발생하면서 다수였던 젊은 지구론자들이 소수인 오랜 지구론자들을 비난하고 공격하자, 지구의 연대에 대한 세부적인 논의를 덮어두고 진화를 반대하는 깃발 아래 협력하자는 새로운 운동이 일어난다. 이 운동이 바로 지적설계론이다. 지적설계론은 창세기의 해석이나 창조에 대한 변증과 같은 문제를 직접 다루지 않고 심지어 기독교의 창조주를 직접 제시하지 않는 대신 신과 같은 지적인 존재에 대한 증거를 과학적으로 탐지할 수 있다는 주장을 펼친다. 즉 자연세계 안에는 창조주로 여길 만한 어떤 지적인 존재의 흔적이 있으며 그 흔적을 과학적으로 탐지할 수 있다는 주장을 핵심으로 삼는다. 지적설계론은 기독교인 과학자들을 포함하여 과학자들에게 신랄한 비판을 받았다. 그 이유는 지적설계의 주장이 기껏해야 형이상학적 주장인데도 불구하고 과학이라는 이름으로 포장하여 지적설계론을 과학 시간에 가르쳐야 한다는 사회운동을 펼쳤기 때문이다. 더군다나 지적설계론이 주장하는 지적인 존재가 기독교의 창조주인지에 대해서는 논증하지 않기 때문에 하나님이 어떻게 창조하셨는가에 대한 다양한 견해 중 하나로 분류하기에도 한계가 있다.

6) 진화적 창조론

근대 이후에 지질학과 천문학이 발전하며 하나님이 주신 일반계시인 자연이라는 책을 읽는 방법이 현저하게 발전하면서 그 안에 담긴 하나님의 창조 역사를 세세하게 밝히기 시작했다면 19세기 후반 이후 이어진 생물학의 발전은 자연이라는 책에 담긴 생물의 창조 과정에 대한 놀라운 비밀들을 밝혀왔다. 특히 유전학의 발전과 최근에 비약적으로 발전한 유전자 정보에 대한 이해는 생물종들이 어떻게 서로 연관되어 있으며 종의 분화가 어떻게 발생하는지에 대한 획기적인 내용들을 알려주고 있다.

생물학의 발전과 더불어 하나님이 생물들을 어떻게 창조하셨는가에 대한 관점도 큰 변화를 겪었다. 19세기 중반 이전에는 다양한 종이 어떻게 서로 연관되어 있는지에 대한 이해가 매우 부족했지만 다윈의 진화 이론이 나오면서 생물의 종들을 하나로 묶어서 설명하여 종의 기원을 밝히는 추론이 가능해졌다. 흔히 진화론으로 불리는 이 관점은 생물의 종이 기적적이고 즉각적인 방법으로 따로 창조된 것이 아니라, 모든 종은 서로 연결되어 있으며 자연적인 방법을 통해 창조되었다고 설명하는 이론이다.

생물진화 이론은 생물종들이 하나하나 따로 창조된 것이라는 관점을 바꾸었다. 이 이론은 하나님이 한 종에서 다른 종으로 자연적 분화 과정을 통해 새로운 종을 만드셨다는 새로운 창조 방법에 눈을 뜨게 했다. 지질학과 천문학의 발전으로 하나님이 지구를 기적적으로 혹은 즉각적으로 창조하신 것이 아니라 자연법칙과 자연적 과정을 통해 긴 세월에 걸쳐 창조하셨다는 것을 깨닫게 되었다면, 생물학의 발전은 생물의 종도 기적적으로 혹은 즉각적으로 창조하신 것이 아니라 자연법칙과 자연적 과정을 통해 긴 세월에 걸쳐 창조하셨다는 것을 알게 해주는 놀라운 발견이었다. 다윈의 『종의 기원』이 출판된 이후 19세기 후반의 여러 신학자와 그리스도인들은 하나님이 진화라는 메커니즘을 통해서 생물종을 각기 종류대로 창조하셨다는 새로운 깨달음을 얻었고 생물진화 이론이 하나님의 창조 방법을 새로운 시각에서 보여준다는 놀라운 개념을 받아들였다. 진화적 창조론(Evolutionary Creationism or Theistic Evolutionism)이라고 불리는 이 견해는 하나님께서 우주와 지구는 자연적인 방법을 통해 창조하셨지만 생물들은 직접적이고 기적적인 방법을 통해 창조했다고 보는 오랜 지구론과는 달리 생물들도 자연적인 방법을 통해 창조하셨다고 보는 견해다.

진화적 창조론은 창세기 1장의 창조 기사에 나오는 식물과 동물 및 인간의 창조를 즉각적이고 기적적인 방법으로 해석하지 않는다.

창조 기사의 가장 중요한 메시지는 하나님이 우주와 지구와 인간을 창조하셨다는 점이지, 그것을 창조하신 방법이나 기간 및 순서를 알려주려는 목적으로 창세기가 쓰인 것이 아니라고 본다. 생물진화를 반대하는 젊은 지구론자나 오랜 지구론자들은 각기 종류대로 하나님이 동식물을 창조하셨다는 표현을 하나님이 즉각적이고 기적적인 방법으로 생물종을 하나하나 독립적으로 창조하신 것이라고 해석하지만, 진화적 창조론자들은 하나님께서 진화의 방식을 통해 "각기 종류대로" 동식물을 창조하셨다고 해석한다. 물론 창세기 1장의 "각기 종류대로"라는 표현이 생물학에서 말하는 종 개념을 지칭하는 것은 아니다. 현대 생물학에서 종을 정의하는 일은 상당히 어려운 작업이다. 하나님이 기적적인 방법이 아닌 자연적인 방법으로 생물을 창조하셨다고 보는 진화적 창조론은 젊은 지구론이나 오랜 지구론을 주장하는 창조과학자들에게 심각한 공격과 비난을 받았다. 왜냐하면 진화를 반대하는 견해를 가진 사람들은 생물진화를 인정하는 것 자체가 바로 하나님의 창조를 부정하는 것이라고 확대해석하기 때문이다.

하나님의 창조의 방법을 다양한 관점에서 서로 다르게 이해하는 창조론들, 즉 고대 창조론에서 진화적 창조론까지의 흐름은 결국 과학의 발전 과정과 성경 해석의 역사를 반영한다. 자연이라는 책을 점점 더 면밀히 읽게 될수록 우리는 하나님의 창조 역사에 대해 더 깊이 배우게 된다. 과학은 자연이라는 책을 완벽히 읽어낼 수 없지만 그럼에도 불구하고 자연이라는 실재에 더 가까이 다가가는 과정에서 우리는 창조 역사에 새롭게 눈을 뜬다. 그리고 더불어 성경이라는 책도 더 정확히 읽어낼 수 있게 된다. 자연과 성경이라는 두 가지 책을 읽어가는 우리의 해석이 두 책을 통해 우리에게 주시려는 일반계시와 특별계시를 보다 명확히 이해하는 쪽으로 발전하는 것은 하나님의 놀라운 은혜다. 그럼에도 불구하고 일부 독자들은 성경 해석이 달라지는 것이 혹 성경의 권위가 약화되는 것이 아닐까 염려하기도 한다. 그렇다면 과학의 발전에 따라 성경 해석이 달라지는 것은 어떻게 이해해야 할까?

14장

과학의 발전과
성경 해석의 변화

기독교의 두 가지 핵심 교리는 첫째 창조주 하나님에 대한 믿음이고, 둘째 그리스도 예수에 대한 믿음이다. 창조주 하나님에 대한 믿음은 흔히 창조론이라는 말로 표현한다. 최근에는 창조론이라는 표현이 젊은 지구론을 주장하는 창조과학을 지칭하는 좁은 의미로 사용되는 경우가 많다. 하지만 창조론이라는 말의 원래 의미는 하나님이 창조주라는 내용이 핵심이다. 하나님이 창조주라는 전제를 가진 창조론은 "하나님이 '어떻게' 창조하셨는가"라는 질문을 던질 때는 앞에서 살펴보았듯이 다양한 스펙트럼을 갖는다.

현대를 사는 그리스도인들은 다양한 창조론이 있다는 사실에 당황할 수도 있다. 진리는 하나일 텐데 어떻게 다양한 입장이 있다는 말인가? 성경과 관련된 진리라면 뚜렷하게 하나의 입장만 있어야 하지 않을까? 하지만 실제 삶에서 우리는 종종 다양한 입장에 부딪힌다. 어떤 교단은 여성의 목사안수를 인정하지만 어떤 교단은 인정하지 않는다. 교단마다 세례와 성찬에 대한 해석이나 강조점이 다르기도 하다.

창조의 방법에 관해서도 마찬가지다. 하나님이 창조주라는 진리는 성경이 명백하게 증거하지만, 하나님이 어떻게 창조하셨는가에 대해서는 성경이 명확하게 제시하지 않기 때문이다. 그래서 창조의 방법이나 순서 혹은 연대와 같은 문제에 관해서는 서로 다른 견해가 있을 수 있다.

고대의 창조론에서부터 진화적 창조론까지 다양한 견해가 생기는 이유를 따져보면 크게 두 가지로 요약할 수 있다. 첫째는 성경을 어떻게 해석할 것인가에 관련되고, 둘째는 과학을 얼마나 수용하는가에 달려 있다. 앞 장에서 개관한 것처럼 과학이 발전하고 자연에 대한 이해가 깊어지면서 하나님의 창조세계에 대한 우리의 이해는 크게 변해 왔다. 그 과정에서 "성경을 어떻게 해석해야 하는가"라는 질문이 자연스럽게 중요한 주제로 떠올랐다. 과학도 마찬가지다. 자연을 정확하게 읽어내려는 노력인 과학의 연구와 발전은 여전히 계속되고 있으며

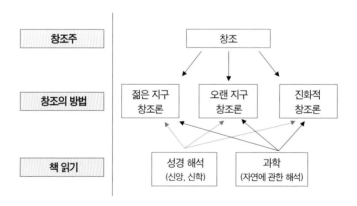

그림 18. 창조와 창조의 방법과 책 읽기

하나님의 창조 과정을 파악하는 우리의 이해는 여전히 완벽하지 않다. 성경 해석(신학)과 자연 해석(과학), 이 두 가지가 서로 상호작용하면서 하나님이 주신 성경과 자연이라는 두 책을 각각 더 정확하게 해석할 수 있도록 해석의 역사가 흘러왔다고 볼 수 있다. 먼저 창조론과 성경 해석에 관해 살펴보자.

나의 성경 해석은 성경과 다르다

창조론에 다양한 입장이 있는 이유는 특히, "창세기 1, 2장과 같은 창조 기사를 어떻게 해석할까"라는 질문과 직접적으로 연결된다. 창조 기사가 담긴 본문을 얼마나 문자적으로 해석하는가에 따라 서로 다른 견해로 입장이 나누어지기 때문이다. 가령 젊은 지구론은 보다 문자적인 해석에 가깝고 진화적 창조론은 지나친 문자주의를 경계한다. 중간적 입장이라고 할 수 있는 오랜 지구론은 지나친 문자주의를 피하려고 하지만 어느 정도 문자적인 해석을 고수한다.

창조론 안에 다양한 견해가 있는 이유는 자연이라는 책을 읽어낸 새로운 과학의 결과 때문이기도 하다. 하나님이 천지를 창조하신 시점을 수천 년 전으로 이해했던 전통적 해석은 지구의 연대가 길다는 것을 밝힌 과학의 도전을 받아왔다. 그러나 자연이라는 책과의 비교 검토를 제외하더라도, 즉 성경 자체만을 가지고 창조 기사를 읽더라도 해석의 일치는 쉽지 않다. 구약성경을 전문적으로 연구해온 성서신학자들 사이에서도 창세기 1, 2장에 대한 일치된 해석은 기대하기 어렵다. 성경은 하나님이 창조하셨다는 사실은 명확하게 제시하지만, 창조의 방법에 관해서는 별로 관심을 두고 있지 않으며 그래서 다양하게 해석될 여지가 있기 때문이다.

최근에 출판된 『창조 기사 논쟁』은 복음주의 신학계의 신학자들 사이에서도 창세기 1, 2장에 대한 해석에 다양한 의견 차이가 있음을 잘 보여준다. "복음주의자들의 대화"라는 부제가 붙은 이 책은 5명의 성서신학자들 각자가 창세기 1, 2장을 해석하는 자신의 견해를 제시하고 다른 입장의 신학자들이 논박하는 방식으로 구성되어 있다. 이 책의 특징이라고 한다면 과학의 결과를 직접 고려하지 않고 성경 본문 자체만을 가지고 다양하게 비교 분석하는 진지한 노력이 담겨 있다는 점이다. 이들의 견해는 젊은 지구론을 지지하는 입장에서부터 진화적 창조론을 지지하는 입장까지 그 스펙트럼이 넓다. 5명의 저자 중 한 명인 토드 비일은 창세기 해석에 관해 크게 4가지 입장으로 구분할 수 있다고 설명한다. 즉 (1) 신화적 해석, (2) 비유적 해석, (3) 부분적 비유적 해석, (4) 문자적 해석 등의 입장이다. 신앙과 과학 강의를 하다 보면 창세기 1, 2장 내용 중 어디까지를 역사적 사실로 봐야 하고 어디까지를 비유로 봐야 하는가라는 질문을 자주 받는다. 이 질문은 위의 4가지 방식을 창세기 전체에 일관되게 적용할 것인가, 혹은 원역사라고 불리는 1-11장이나 창조 기사를 다루는 창세기 1-2장에만 적용할 것인가라고 더 구체적으로 물을 수 있다. 창세기 1-2장을 일관되게 문자적으로 봐야 한다는 토드 비일에 대해 다른 저자들은 창세기에는 다양한 서술 방식이 선택적으로 섞여 사용되었기 때문에 창세기 전체를 산문인가 혹은 시인가 하는 식의 이분법으로 구분하는 것은 지나친 이원론적 접근이라고 비판한다.

창세기 1장은 하나님이 모든 만물을 창조했다는 역사적 사실을 담고 있다. 그러나 비일이 구분한 4가지 해석의 기준에서 마지막에 해당하는 문자적 해석은 바람직스럽지 않아 보인다. 왜냐하면 창세기에는 다양한 문학적 표현, 곧 비유라든가 유비라든가 하는 의인화 같은 표현들이 담겨 있기 때문이다. 가령 "하나님이 '빛이 있으라' 하시니 빛이 창조되었다"는 표현을 하나님이 성대가 있어서 음파를 만들어 소리를 내셨고 그 소리가 전달되어 빛이 생겨났다는 뜻으로 읽을 수는 없다. 하나님이 성대가 있을 리 없으며 이 부분은 의인화된 표현이기 때문이다. 트렘퍼 롱맨 3세는 비일이 주장하듯 창세기 전체를 문자적으로 보거나 혹은 전체를 비유적으로 보는 것만이 일관된 관점이라는 논점에 대해 다음과 같이 묻는다.

내가 묻고 싶은 것은 어느 정도까지의 세부 사항이 역사로 취급되도록 기록되었느냐는 점이다. 하나님이 인간을 창조했다는 점은 창조 기사 텍스트가 역사적 사실이라고 주장하는 내용이다. 그러나 그가 문자 그대로 첫 번째 인간을 땅의 흙으로 빚으셔서 자신의 숨을 불어넣으셨다는 말은 사실이 아니다. 이는 분명히 비유이다. 하나님이 육체를 지니시지 않으므로 말 그대로 폐를 통해 흙에 숨을 불어넣으시는 하나님이라는 장면을 상상하기 힘들기 때문이다.[1]

---

1   대릴 찰스 편집, 『창조 기사 논쟁』(새물결플러스, 2016), 161.

트렘퍼 롱맨 3세의 지적대로 창세기에 담긴 비유나 유비 혹은 의인화 표현들을 무시한 채 극단적인 문자적 해석을 주장하면 오히려 하나님을 인간처럼 만들어버리는 것과 같은 많은 문제들이 발생할 수 있다.

과학의 내용은 일단 제쳐두고라도, 성경만을 가지고 창조 기사의 내용을 해석할 때 창조에 관한 다양한 스펙트럼이 나올 수 있다는 사실은 무엇을 의미할까? 일반 그리스도인들이나 목회자들뿐만 아니라 성경을 연구하는 성서신학자들 사이에서도 창조 기사에 관해 서로 다른 해석이 생기는 이유는 두 가지를 꼽아볼 수 있다. 첫째, 우리 인간의 성경 해석이 완벽하지 않기 때문이다. 성경은 하나님의 영감으로 주어진 무오한 계시이지만 우리의 해석은 무오하지 않기 때문이다. 성경은 놀라운 하나님의 계시이지만 인간이 성경을 완벽하게 이해할 수는 없다는 점을 우리는 종종 잊어버린다. 특히 성경의 권위를 높이 두는 사람들에게서 흔히 발견되는 모습은 자신의 성경 이해를 성경 자체와 동일시한다는 점이다. 나의 성경 이해를 성경 자체와 동일시하는 순간 우리는 교조적인 태도에 빠지기 쉽다. 하지만 창세기 해석에 난제들이 있다는 점과 복음주의 신학자들 간에도 창조 기사 해석에 관해 다양한 견해와 넓은 스펙트럼이 있다는 사실은 성경이 하나님의 영감으로 기록되었지만 우리의 해석은 같은 영감을 받은 것이 아님을 분명하게 알려준다.

창조 기사에 관해 다양한 해석이 생기는 두 번째 이유는 하나님이 "어떻게" 창조하셨는가에 대해서, 즉 창조의 방법에 관해서 성경이 별로 중요하게 생각하지 않고 따라서 큰 관심을 두고 있지 않기 때문이다. 그래서 창조의 방법에 관해서는 성경이 딱히 분명하게 제시하고 있지 않다. 앞에서 살펴본 대로 창조 기사의 메시지는 창조주가 누구인지를 알려주는 데 초점을 맞추고 있지만 창세기 저자는 창조주가 어떻게 창조했는가에 관한 과학적 지식을 전달하려는 데는 별로 관심이 없다. 창세기 1, 2장에 기록된 서술은 창조의 방법을 정확하게 과학적으로 묘사하려는 목적이 아니라 하나님이 창조주로서 천지를 만들었다는 신학적 메시지를 담아내기 위한 그릇에 가깝다. 그렇기 때문에 성경 본문이 앞에서 제시한 다양한 창조론 중에서 어떤 입장을 더 지지하는가를 결론짓는 일은 근본적인 한계에 부딪힐 수밖에 없다. 반대로 똑같은 이유에서, 즉 성경은 창조의 방법을 명확히 설명하지 않기 때문에 다양한 창조론과 각각 양립할 수도 있다.

성경 해석에 과학을 사용하는 것은 위험하지 않은가?

다양한 창조론의 견해 중 어떤 것이 더 적합한지를 판단할 때 성경 해석뿐만 아니라 자연에 대한 해석인 과학을 중요한 판단 기준으로 삼을 수 있다. 물론 복음의 핵심적인 내용에 관한 본문을 과학으로 판단하자는 이야기가 아니다. 하지만 창조 역사의 성격, 기간, 순서 등과 내용은 당연히 하나님의 창조 역사를 낱낱이 기록하고 있는 자연이라는 책을 통해서 배워야 한다. 어떤 사람들은 성경과 과학을 직접 대비시켜서 과학으로 성경을 판단하는 일은 옳지 않다는 주장을 펴기도 한다. 하지만 성경은 하나님의 말씀이고 과학은 세속적이라고 보는 것은 이원론적인 관점이다. 이런 관점을 갖고 있으면 결코 성경과 자연, 두 책을 종합적으로 보는 시각을 기를 수 없다. 사실 성경과 과학을 직접 비교하는 것은 격이 맞지 않다. 성경은 자연과 대비되고, 성경을 읽어내는 한 입장인 성경 해석은 자연을 해석한 한 입장인 과학과 대비시켜 비교해야 격이 맞다. 다시 말하지만 성경과 우리의 성경 해석 사이에는 긴 간격이 있을 수밖에 없으며 우리는 결국 우리의 성경 해석과 과학(자연에 대한 해석)을 비교하는 것이기 때문이다.

일부 젊은 지구론을 신봉하는 사람들은 자신들의 성경 해석을 성경 자체와 동일시하고 거기에 절대적인 권위를 부여하는 경향이 있다. 이들은 마치 지구가 젊다는 사실을 매우 중요한 교리처럼 여기며 다양한 성경 해석이나 과학에 대해서는 매우 비판적이다. 그래서 교조적인 경향을 갖는 젊은 지구론자들은 종종 그리스도인이라기보다는 젊은 지구교인이라는 비판을 받는다. 성경에 권위를 부여하는 것은 옳지만 자신들의 성경 해석에 절대적 권위를 부여하는 것은 성경과 성경 해석 사이에 있는 영원한 간극을 보지 못하는 심각한 오류다. 더군다나 성서신학의 배경이 약하거나 없는 창조과학자들이 성서신학자들을 가르치려 하는 모습을 목격하는 일은 유감스럽다. 똑같은 원리가 진화적 창조론에도 적용된다. 진화적 창조론을 주장하는 학자들의 경우도 자신들의 성경 해석을 절대화하는 것은 결코 옳지 않다. 성경은 진리이지만, 우리의 성경 해석에는 오류가 있을 수 있음을 인정하면 우리는 한 단계 더 앞으로 나갈 수 있다. 그 점을 인정하면 자신의 성경 이해를 성경 자체와 동일시하는 실수를 넘어서서 건설적인 대화가 가능하다. 안타깝게도 성경과 과학을 대립시키는 대부분의 논쟁은 이 실수를 극복하지 못한다.

　과학의 발전과 성경 해석의 변화를 접하는 일부 독자들은 이렇게 묻기도 한다. 성경은 진리이지만 과학은 변하기 때문에 진리가 아닐 수도 있지 않은가? 과학은 계속 변하는 잠정적인 것인데 어떻게 신뢰할 수 있는가라는 지적은 일리가 있다. 과학의 내용이 변한다는 것은 사실이다. 인간의 성경 해석이 불완전하듯 자연에 대한 해석인 과학도 불완전할 수 있다. 1부에서 다루었듯이 과학은 절대적인 진리라기보다는 어떤 자연현상을 설명하는 현재 가장 적합한 설명 체계다. 그렇다고 해서 과학이 진리가 아니고 상대주의적이라는 뜻은 아니다. 과학의 결론이 마구잡이로 변덕스럽게 변하지는 않는다. 오늘은 우주의 나이가 138억 년이라는 주장이 과학의 결론이었다가 내년에는 우주의 나이가 1만 년이라는 주장으로 과학의 결론이 송두리째 바뀌는 것이 아니라는 말이다. 과학은 자연이라는 실재에 대해 점점 더 가까이 가는 영원한 근사라고 할 수 있다. 과학이 변한다는 말은 과학이 보다 더 실재에 가깝게 다가갈 수 있다는 뜻이다. 그래서 과학의 가변성은 오히려 과학의 장점이다.

　성경 해석 과정에도 비슷한 면이 있다. 주어진 성경(계시)은 불변하지만 성경에 대한 해석은 계속 변해왔다. 왜냐하면 우리의 성경 읽기는 하나님의 특별계시인 성경이라는 실재에 대한 영원한 근사이기 때문이다. 성경은 불변하지만 과학은 변하는 것이니, 성경은 믿을 수 있지만 과학은 믿을 수 없다는 식의 주장은 그래서 별로 바람직하지 않다. 성경 자체와 나의 성경 해석 사이에는 간극이 있기 때문이고 나의 성경 해석도 계속 변하기 때문이다. 우리는 인생을 살아가다 보면 하나님이나 성경이 바뀌는 것이 아니라 하나님과 성경에 대한 우리의 이해가 바뀌는 것을 경험한다. 성경 해석이 변하는 것도 성경의 권위를 떨어뜨리는 것이 아니라 하나의 장점으로 이해할 수 있다. 그만큼 성경이 원래 의미하는 메시지에 더 가까이 다가가고 있음을 의미하기 때문이다. 그것은 신앙의 성숙을 뜻한다.

우리의 책 읽기는 완벽하지 않기 때문에 성경 읽기와 자연 읽기 사이에서 모순처럼 보이는 일들이 종종 발생하기도 한다. 그래서 성경과 과학이 충돌하는 것처럼 보이는 혼란이 발생한다. 과학을 얼마만큼 수용할 것인가에 대해서 다양한 입장이 있을 수 있고 그에 따라 창조론에 대한 견해도 달라진다. 앞 장에서 제시한 창조론의 다양한 입장은 결국 성경을 어떻게 해석할 것인가와 과학을 얼마만큼 수용할 것인가에 의해서 나누어지는 견해들이다. 하지만 과학을 얼마만큼 수용할 것인가의 문제를 성경 해석을 토대로 판단하는 것은 바람직하지 않다. 성경은 과학이 찾아내는 결론에 관해 판단해주는 책이 아니며 과학의 결론이 적합한지 아닌지는 과학의 엄밀한 잣대, 즉 하나님이 주신 자연이라는 일반계시의 책을 얼마나 정확히 읽어냈는가로 판단해야 하기 때문이다.

다양한 창조론이 존재하는 두 번째 이유는 결국 자연이라는 책을 읽어낸 과학의 내용이 발전해왔고 과학을 수용하는 정도가 다르기 때문이다. 가장 유명한 역사적 예는 천동설과 관련한 성경 해석이다. 천동설과 지동설이 경쟁하던 16세기에 종교개혁자였던 마르틴 루터는 여호수아 10장이 천동설을 지지해주는 것으로 이해했다. 그는 여호수아가 멈추라고 명령한 것이 지구가 아니라 해와 달이었기 때문에 지구가 운동하는 것이 아니라 해와 달이 운동하는 천동설이 맞다고 생각했다. 하지만 지구에서 보는 인간의 관점으로 관측된 자료들이 망원경과 같은 보다 정교한 기기들을 통해 정량적이고 통계적인 자료들로 대치되면서 천동설이 틀렸고 지동설이 맞다는 것이 점차 입증된다. 즉 자연이라는 책을 제대로 읽어내면서 지동설이 입증되었던 것이다. 천동설과 지동설의 경쟁이 종식되자 우리는 여호수아 10장이 천동설을 지지하는 본문이 아니었다는 것을 알게 되었다. 과학을 통해 성경 해석의 오류가 밝혀진 셈이다. 지동설-천동설의 논쟁은 창조주에 대한 논쟁이 아닌 창조의 방법에 관한 논쟁이었으며, 천체의 운동과 같은 과학 내용은 성경이 아닌 자연이라는 책을 기준으로 결론 내려야 한다는 점을 명백히 드러낸 사건이다.

하지만 과학을 통해 성경을 해석하는 일에 대해서는 많은 보수적인 그리스도인들이 여전히 우려를 나타낸다. 그들은 종종 이렇게 말한다. 과학으로 성경을 재단하면 과학을 성경 위에 두는 것이며, 과학을 성경 위에 두는 태도는 그리스도인으로서 용납할 수 없다고 말이다. 하지만 과학의 발전 내용, 즉 하나님이 주신 일반계시인 자연을 보다 명확하게 읽어냄으로써 알게 된 창조세계에 관한 지혜를 통해 성경을 조명하는 일이 과연 과학을 성경 위에 두는 잘못된 행동일까? 글쎄다. 동의하기 어렵다.

신학자인 찰스 핫지는 과학을 성경 해석에 사용한다고 해서 성경의 권위가 훼손되는 것은 아니라고 설명한다.

자연은 성서만큼 참된 하나님의 계시다. 그리고 우리는 과학에 의거해서 성서를 해석할 때에야 비로소 하나님의 말씀으로 하나님의 말씀을 해석할 수 있다.…성서에서 지구의 기초나 지구의 기둥, 혹은 견고한 하늘, 태양의 움직임에 대해 이야기할 때, 분별 있는 사람이라면 과학적 사실에 의거해서 이런 말을 해석하지 않는가? 5천 년 동안 교회는 지구가 우주 안에서 가만히 서 있으며 태양과 별이 그 주위를 회전한다는 것이 성서의 가르침이라고 이해했다. 과학은 이런 생각이 참이 아님을 증명해냈다. 그래도 계속 성서는 태양이 지구 주위를 돈다는 거짓을 가르친다는 식으로 성서를 해석해야 하는가? 아니면 과학에 의거해서 성서를 해석하고 그 둘을 조화시켜야 하는가? 물론 이 원리는 두 방향으로 작동한다. 성서가 과학과 모순될 수 없다면, 과학도 성서와 모순될 수 없다.…어떤 사람들은 과학자들의 견해와 이론을 너무 쉽게 수용하고 성서를 억지스럽고 부자연스럽게 해석하여 성서를 그런 견해와 일치시키려고 한다. 반면, 과학자들의 견해뿐 아니라 과학 자체도 성서 해석에 아무런 발언권이 없다며 거부하는 이들도 있다. 이 두 가지 오류를 다 피해야 한다.[2]

우리가 기억할 점은 성경의 여러 본문에 지구가 아니라 태양이 움직인다는 표현이 있으며 이 본문들을 문자적으로 이해했던 루터나 칼뱅의 성경 해석은 이미 폐기되었지만 그럼에도 불구하고 성경의 권위나 창조주에 대한 믿음이 약화되지 않았다는 점이다.

---

2   마크 놀,『복음주의 지성의 스캔들』(*The Bible in Science*, IVP, 2010), 239에서 재인용.

과학이 발전하면서 새롭게 알려진 사실들이 창조에 관한 전통적인 성경 해석에 도전할 경우에는 어떤 일이 일어날까? 이런 경우에는 세 가지 입장이 두드러진다. (1) 전통적 해석을 고수하고 과학을 부정하는 견해, (2) 전통적 해석을 넘어 새로운 해석을 시도하는 견해, (3) 전통적 해석을 수용하지만 창세기는 과학적 질문에 답하려는 의도가 없다고 보는 견해로 크게 나눌 수 있다. 자, 그럼 몇 가지 구체적인 예를 살펴보자.

달은 스스로 빛을 낼까?

가로등이 없는 시골길을 달밤에 걸어보면 달빛이 얼마나 밝은지 실감하게 된다. 하지만 달은 스스로 빛을 내지 못한다. 그럼에도 고대의 사람들은 달이 스스로 빛을 낸다고 생각했다. 밤하늘에 별보다 더 밝게 빛나는 금성, 화성, 목성도 역시 별과 같이 빛을 내는 천체라고 생각했다. 그러나 과학이 발전하면서 고대인들의 생각이 틀렸음은 명확해졌다. 지구를 포함한 태양계에서 스스로 빛을 내는 대상은 태양뿐이다. 금성이나 화성 그리고 목성처럼 달은 태양 빛을 반사해서 밝게 빛날 뿐이다. 매우 멀리 떨어진 별들보다 훨씬 가까이 있기 때문에 달은 엄청난 밝기를 자랑하지만 달빛은 그저 반사된 태양빛일 뿐이다.

그런데 창세기 1장은 달이 광명체라고 기술한다. "하나님이 두 큰 광명체를 만드사 큰 광명체로 낮을 주관하게 하시고 작은 광명체로 밤을 주관하게 하시며"(창 1:16). 여기서 광명체라는 말은 빛을 내는 대상이라는 뜻이다. 해나 별도 광명체라고 기술되어 있다. 다른 번역을 보면 광명 혹은 빛이라고 표현하기도 한다. 즉 해나 별과 마찬가지로 달도 광명체라는 것이다.

그렇다면 달은 정말 광명체로 봐야 할까? 달이 스스로 빛을 낸다고 봐야 할까? 천문학은 달이 해와는 달리 스스로 빛을 내지 못한다고 알려주는 반면, 성경은 달이 해와 동일한 광명체라고 기술한다. 그렇다면 과학이 옳은 걸까? 성경이 옳은 걸까?

성경과 과학이 모순되어 보이는 이런 문제들을 어떻게 이해해야 할까? 크게 세 가지 방식이 있다. 첫째로 과학이 발전하기 전 시대의 사람들이 해석했던 대로 전통적 해석을 고수하고 새롭게 발견된 과학의 내용을 부정하는 방식, 둘째로 전통적 해석과 새롭게 발견된 과학의 내용을 조화시키는 방식, 셋째로 전통적 해석을 일부 수용하지만 창세기는 과학 지식을 알려주려는 의도가 없다고 보는 방식이다. "달이 광명체인가"라는 질문에 이 세 가지 방식으로 답해보자.

첫 번째 방식: 성경에 달이 광명체라고 기록되어 있으니 달은 분명히 광명체가 맞다. 그러니 달이 스스로 빛을 내지 않는다고 주장하는 과학이 틀렸다. 이 방식에 따르면 성경의 표현을 과학적 기술로서 읽으며 이에 반대되는 과학을 부정하는 셈이다.

두 번째 방식 1: 성경에 달이 광명체라고 기록되어 있으니 달은 원래 광명체였다. 그러나 인간이 죄를 범하고 타락한 이후 자연도 죄의 영향 아래 놓이게 되었고 그래서 타락 이후에는 달이 스스로 빛을 내지 못하게 되었다(그렇다면 해는 왜 여전히 스스로 빛을 낼까?).

두 번째 방식 2: 성경에 기록된 광명체라는 말은 스스로 빛을 내는 대상 뿐 아니라 빛을 반사시키는 대상도 포함해서 지칭하는 단어다. 그렇기 때문에 빛을 스스로 내지 못하는 달도 광명체라고 지칭할 수 있다(그렇다면 달뿐만 아니라 빛을 반사하는 구름도 광명체이겠다).

세 번째 방식: 성경은 하나님이 달을 창조하셨다고 계시한다. 그러나 달이 어떤 방식으로 빛을 내는지 그 물리적 원인을 알려주려는 목적으로 쓰이지 않았다. 고대인들은 달도 태양처럼 빛을 낸다고 생각했고 그들을 대상으로 쓰인 창세기가 달을 광명체로 기술한 것은 당연하다. 하지만 그 구절을 과학적 텍스트로 읽어서 성경은 달이 스스로 빛을 낸다고 가르친다고 주장하면 그것은 지나친 성경 해석이다.

달이 광명체라고 표현되어 있는 창세기 1장 이외에 다른 예도 생각해볼 수 있다. 창세기 1장에는 하나님께서 하늘(궁창) 위의 물과 하늘 아래 물을 나누어 만드셨다고 기록되어 있다. 그래서 창조과학자들은 하나님이 지구 대기권에 물층을 창조하셨다고 주장한다. 반면, 과학에 의하면 하늘 위에 물층이 있었다는 과학적 증거는 없고 물층이 존재했다는 주장은 자연을 연구해보면 받아들이기 어렵다. 이를 위의 세 가지 방식에 따라 각각 다음과 같이 해석할 수 있다.

첫 번째 방식: 6일 창조 기간 동안에 하나님이 물층을 실제로 창조하셨다. 그러므로 물층이 없었다는 과학의 주장은 틀렸다.

두 번째 방식: 과거에는 하나님이 창조하신 대로 물층이 있었지만 노아 홍수 때 비가 되어 쏟아졌다. 그래서 현재는 물층이 존재하지 않는다.

세 번째 방식: 하나님이 바다와 육지와 하늘을 창조하셨다는 것이 이 구절의 핵심이다. 하늘 위에 물층이 있다는 생각은 고대 근동 지역에 살던 사람들이 일반적으로 가진 상식이었다. 창조 기사는 그런 상식을 가진 고대 근동 지역 사람들이 이해할 수 있도록 물층을 설명한다. 하지만 물층이 실제로 있었다고 주장하면 성경의 의도를 넘어서는 해석이다.

창세기뿐만이 아니다. 구약성경에 나오는 내용 중에는 달이 광명체라는 표현과 같이 과학의 잣대를 들이대면 옳지 않은 표현들이 꽤 있다. 가령 성경은 토끼가 되새김질을 한다고 기술하지만 과학은 토끼가 되새김질을 하지 않는다고 알려준다. 이 문제에 관해서도 똑같이 세 가지 방식이 적용된다.

첫 번째 방식: 과학이 틀렸다. 토끼는 되새김질을 한다.

두 번째 방식: 토끼는 되새김질을 했었는데 인간의 타락 이후 더 이상 되새김질을 안 한다.

세 번째 방식: 성경의 1차 독자들은 토끼가 되새김질한다는 상식을 갖고 있었고 그들을 대상으로 성경이 쓰였다. 하지만 그 본문으

로 토끼가 실제로 되새김질한다고 주장하면 성경을 그 당대의 상식에 가두어두는 셈이 된다.

『무신론 기자, 크리스천 과학자에게 따지다』에 열왕기상의 물통 이야기를 담았더니 그 책을 읽고 반론을 제기하는 목소리들이 들려왔다.[3] 열왕기상에는 물통은 지름이 열 자고 둘레가 서른 자라고 나오지만, 수학에 따르면 지름이 열 자인 물통은 둘레가 (파이값을 곱해서) 대략적으로 31.4자가 되어야 한다. 모순되어 보이는 이 두 가지 기술을 이해하는 방식도 세 가지가 가능하다.

첫 번째 방식: 파이값이 3.141592…가 아니라 3이다.

두 번째 방식: 지름은 물통의 바깥 지름이고, 둘레는 물통의 안쪽 둘레를 지칭한 것이다. 즉 물통이 두꺼워서 안쪽 지름과 바깥쪽 지름이 다르고 성경의 표현은 안쪽 둘레를 지칭한 것이니 성경은 오류가 없다.

세 번째 방식: 이 본문은 파이값이 3인지 3.141592…인지를 알려주려는 목적으로 쓰이지 않았다. 열 자 단위로 반올림해서 대략적으로 서른 자로 표현했다. 정확히 하자면 31.41592…자라고 해야 한다. 성경은 수학 교과서가 아니다.

첫 번째 방식은 수학을 부정하는 견해이며 수용하기 어렵다. 두

3　우종학, 『무신론 기자, 크리스천 과학자에게 따지다』(IVP, 2014), 112.

번째 방식은 성경이 모순되지 않게 하기 위해 억지로 짜맞추어 해석하는 것 같은 느낌을 지울 수 없다. 세 번째 방식은 성경을 과학 교과서나 수학 지식을 알려주는 책으로 읽지 않는 자연스럽고 건강한 방식으로 여겨진다.

위에서 제시한 여러 예에 관해 창조과학자들은 주로 첫 번째나 두 번째 방식을 많이 따른다. 반면 과학을 수용하는 그리스도인 과학자들은 세 번째 견해를 수용하는 사람들이 많다. 물론 성경에 나오는 모든 예를 셋 중 한 가지 방식으로만 이해해야 한다는 주장을 펴려는 것이 아니다. 자연이라는 책을 얼마나 면밀히 읽었으며 과학의 결과가 얼마나 확실한가에 따라서, 그리고 성경 해석이 가능한 스펙트럼의 범위에 따라서 말씀을 다양하게 적용할 수 있다는 뜻이다. 앞에서도 언급했지만 중요한 점은 세 번째 해석을 따른다고 해서 성경의 권위를 떨어뜨리거나 손상시키는 것이 아니라는 점이다.

성경을 과학 텍스트로 읽지 말자고 하면 마치 성경을 허구나 신화로 읽어야 한다고 주장하는 것으로 오해하는 사람들이 많다. 그렇지 않다. 오히려 성경이 가르치는 바를 정확히 이해하는 것이 중요하다. 지동설과 천동설의 논쟁의 예는 정확히 이 맥락에서 이해할 수 있다. 성경을 문자적으로 해석한 사람들은 지구가 움직일 수 없다며 지동설이 틀렸다는 첫 번째 방식을 따랐고, 하늘(천국)에 가는 방법은 성경에서 배우고 하늘이 어떻게 가는지(운동하는지)는 자연에서 배우라던 갈릴레이는 세 번째 방식을 따른 것이다.

달이 광명체일까? 아니다. 과거에는 빛을 내다가 이제는 낼 수 없게 된 걸까? 아니다. 달이 광명체라는 표현은 창세기의 1차 독자였던 고대인들의 상식을 반영한 표현이다. 우리는 달이 광명체라는 성경의 기술을 세 번째 방식으로 충분히 이해할 수 있다.

그럼에도 여전히 창조과학자들은 성경을 문자적으로 해석해서 하늘 위에 물층이 있었고 지구의 나이는 1만 년이라고 주장한다. 하지만 과학을 부정하는 창조과학의 주장처럼 첫 번째나 두 번째 방식을 따라야 성경을 믿는 것이고 세 번째 방식을 따르면 성경을 믿지 않는 것이라고 판단하는 것은 옳지 않다. 만일 그런 주장이 사실이라면 우리 모두는 지동설을 받아들인 이후에 성경을 문자 그대로 안 믿는 이단이 된 셈이다.

구원의 길은 성경에서, 창조의 역사는 자연을 통해 배워라

어떤 사람들은 특별계시인 성경과 일반계시인 자연을 동격으로 놓는 것을 불편해한다. 성경은 모든 것에 관해 최종적인 권위를 가진 하나님의 계시이기 때문에 일반계시인 자연과 동격으로 둘 수 없다고 주장한다. 마치 이들은 일반계시는 특별계시의 보조적인 수단에 불과하다고 생각하는 것 같다. 과연 그럴까? 이 질문에 답하려면, 그 수단이라는 것이 어떤 목적에 관한 수단인가에 대해 먼저 생각해봐야 한다.

예수가 누구인가? 세상은 창조되었는가, 아니면 우연히 목적 없이 생겨났는가? 구원의 길은 무엇인가? 하나님의 백성은 어떻게 살아야 하는가? 예수의 가르침은 무엇인가? 이런 질문에 답하려면 당연히 성경을 읽어야 한다. 자연이라는 책에는 그에 대한 답이 없다. 즉 기독교 신앙의 핵심이 되는 구원에 관련된 내용 및 하나님에 관한 내용은 성경이 최종적 권위를 가지며 성경을 통해 답을 얻어야 한다.

자연을 통해서 신에 관한 지식을 직접적으로 얻을 수 있을 것이라 기대했던 19세기 영국의 자연신학은 상당한 비판을 받았다. 성경에 의존하지 않고 자연을 통해서만 하나님을 알게 되고 구원의 길을 찾을 수 있을까? 자연은 하나님에 관한 힌트를 담고 있을 뿐이다. 그분의 언약과 구원의 길이 담긴 성경은 우리가 살아가야 할 삶의 방식, 곧 예수의 도를 따르는 과정에서 가장 권위를 갖는 책이다. 자연에 담긴 증거들을 토대로 과학으로 신을 변증하겠다는 접근 역시 19세기 영국의 자연신학과 마찬가지로 비판적으로 볼 수밖에 없다. 과연 과학으로 신을 증명할 수 있을까? 창조주에 관한 답을 얻기 위해서 일반계시는 기껏해야 특별계시의 보조적 수단이 될 수밖에 없다.

하지만 다른 질문을 해보자. 사탕을 먹던 어린아이의 기도가 막혔을 때 어떻게 해야 할까? 집을 구매해야 할지, 전세를 얻어야 할지를 놓고 고민할 때 어떻게 결정해야 할까? 수영을 배우려면 어떻게 해야 하나? 이런 질문들에 관해서는 성경에 답이 없다. 오히려 자연이라는 책을 읽어야 답이 나온다. 목구멍 내부의 식도와 기도의 구조가 어떻게 생겼는지, 어디에 어떻게 힘을 주어야 막힌 기도가 뚫릴 수 있는지 알아야 하고, 매매와 전세의 경우 비용 차이가 얼마나 나는지 또 그동안 집값이 올랐는지 떨어졌는지 구체적 정보를 알아야 한다. 수영을 하려면 호흡법과 동작을 배워야 한다. 이런 질문들에 대해서도 특별계시인 성경이 중요하고 일반계시인 자연은 보조적 수단에 불과하다고 말한다면 전혀 설득력이 없다. 물론 그리스도인은 기도하며 하나님의 뜻을 묻고 성경의 원리에 맞게 살아가야 하기에 성경이 삶의 표준이 되지만, 구체적인 정보, 곧 어떻게 해야 하는가에 관한 내용은 자연이라는 책을 통해서 얻어야 한다.

성경은 "누가" 창조주이고 "누가" 구원자인지를 알려주는 책이다. 반면에 자연이라는 책은 창조주가 "어떻게" 우주를 창조하고 섭리하는지를 보여주는 책이다. Who와 How를 이분법적으로 나누는 것이 못마땅한 경우가 있겠지만 이해를 쉽게 하기 위해 유형별로 구분해보자면 그렇다는 말이다. 하지만 창조세계에 관해서 알고자 한다면 일반계시인 자연이라는 책을 보고 읽어야 한다. 과학은 창조세계에 대한 연구이므로 과학적인 질문에 답을 얻기 위해서는 당연히 자연이라는 책을 봐야 한다. 과학 연구를 하는데 성경을 더 중요한 수단으로 삼고 자연을 보조적 수단으로 삼는다면 우물에서 숭늉을 찾는 격이다. 그런 잘못된 주장을 하는 분들도 실제로 자기 삶에서는 아이의 기도가 막히거나 주택 매매에 관한 질문이 있거나 수영을 배울 때 성경보다 관련 서적들을 읽을 것이라는 것은 누구나 짐작할 수 있다.

그렇기 때문에 성경은 성경을 통해서 해석하는 원칙이 중요함에도 불구하고, 하나님의 창조를 이해하고 다양한 창조론의 견해 중 실제 창조세계와 부합하는 견해를 찾으려 한다면 성경과 더불어 하나님이 주신 일반계시인 자연이라는 책을 참조해야 한다. 성경뿐만 아니라 자연도 하나님이 주신 책이다. 그리고 과학은 하나님이 주신 자연이라는 책을 읽어내는 방식이며 해석이다. 그렇기 때문에 과학의 결과에 대해서도 귀를 기울여야 하는 것은 당연하다. 칼뱅은 이렇게 말한다.

내 생각에 성경은 그저 세계를 눈에 보이는 형태 그대로 다루고 있다. 이것이 분명 기본 원리다. 천문학 같은 난해한 학문을 배우고자 하는 자는 다른 곳으로 보내라. 여기서는 하나님의 성령이 모든 자를 한 명도 빠짐없이 가르치시니…초자연적인 신비를 말할 때 모세가 철학적인 날카로운 말을 쓰지 않고 미개한 자들을 포함하여 누구나 일상적으로 쓰고 있는 언어로 이야기했다는 점을 우리는 기억해야 한다.[4]

---

4 데보라 하스마, 로렌 하스마, 『오리진』(IVP, 2012), 159에서 재인용.

15장

문자주의 해석의
한계를 넘어

성경과 자연을 정확하게 해석하기 위한 노력은 오랫동안 지속되었다. 자연이라는 책을 읽어내는 도구인 과학이 발전하기 전에는 하나님의 창조의 과정과 역사를 이해하는 일이 매우 어려웠다. 하지만 고작해야 겉으로 드러나는 현상들을 관찰하며 어렴풋하게 창조의 역사를 이해했던 고대나 중세와 달리 근대는 과학의 혁명적인 발전을 통해 자연세계에 관해 수많은 새로운 지식이 쏟아져나왔다. 특히 지난 20세기를 거치면서 우리는 우주와 지구와 생물의 역사가 수백 년 전 사람들이 생각했던 것과는 판이하게 다르다는 것을 과학을 통해 새롭게 알게 되었다. 더불어 성경 해석의 역사도 의미 있는 변화를 기록하고 있다. 하나님이 주신 일반계시를 통해 알려진 새로운 사실들이 하나님의 창조 역사를 더 명확히 조명해줄수록 성경에 담긴 창조 기사와 창조의 방법을 이해하는 성경 해석도 혼란과 더불어 한 단계 발전을 이루었다. 이제 우리는 성경을 읽으며 성경이 천동설을 지지한다고 생각하지 않으며 밤하늘의 별들이 궁창이라 불리는 지구의 대기권에 존재하거나 하나님의 창조세계가 밤하늘의 별들이 존재하는 영역 정도로 보잘것없이 작은 것이 아니라 인류의 지성을 뒤흔들 정도로 광대한 우주를 포함한다는 것을 알고 있다.

그럼에도 불구하고 21세기 한국교회는 여전히 고대와 중세 시대의 성경 해석에서 좀처럼 못 벗어나는 한계를 갖고 있다. 특히 지구의 연대와 관련해서 한국교회에 지대한 영향을 미친 창조과학자들은 여전히 우주와 지구의 나이가 1만 년가량밖에 되지 않는다는 고대와 중세의 창조론인 젊은 지구론을 주장하고 있으며 젊은 지구론만이 옳다고 믿기 때문에 오랜 지구론이나 진화적 창조론과 같은 창조론의 다른 견해들은 이단시하고 있다. 그리고 창조과학의 영향 아래 한국교회의 많은 그리스도인들은 창조과학식의 성경 해석만이 유일하게 옳은 성경 해석이라는 오해에 빠져 있다. 이러한 오해는 과학을 배우는 아이들이 신앙을 잃어버리게 할 걸림돌로 작용할 수도 있고 그리스도인들은 반과학적인 사람들이라고 오해를 불러올 수 있으며 그렇게 판단한 비그리스도인들이 복음에 귀를 귀울이지 않게 하는 편견으로 작용하기도 한다. 특히 창조-진화 논쟁에서 그리스도인들은 당연히 진화를 반대하는 입장에 서야 한다는 잘못된 편견이 한국교회 안에 만연해 있다. 이런 문자주의 해석의 한계는 21세기 한국교회가 반드시 넘어야 할 장벽이다.

진화와 진화주의는 다르다

기독교인들은 진화라는 개념에 대해 불편해한다. 종북이나 공산주의라는 말처럼 진화라는 단어에는 빨간 딱지가 붙어 있다. 진화는 절대로 수용할 수 없는 반기독교적인 개념이라고 생각하는 그리스도인들이 많다. 그들은 신이 진화라는 방법으로 우주를 창조했다는 시나리오 자체를 어불성설이라 생각한다. 마치 착한 공산주의가 말이 되지 않듯이 말이다.

그러나 진화라는 단어는 다양한 의미를 갖는다. 과학자들은 주로 자연현상과 관련해서 진화라는 말을 사용하는 반면, 진화를 반대하는 사람들은 무신론과 연결해서 철학적 의미로 진화라는 말을 사용하는 경우가 많다. 그래서 진화를 정의하는 것에서부터 논쟁이 시작되기도 한다. 진화에 대한 오해와 편견을 풀려면 그리스도인들은 진화와 진화과학, 그리고 진화주의를 구별해야 한다.

다양한 과학 분야에서 사용되는 진화라는 개념은 시간에 따른 변화를 의미한다. 물론 단순한 변화보다는 과학적으로 의미 있는 변화를 뜻한다. 가령 균일했던 초기 우주가 역동적인 현재의 우주로 바뀌는 과정을 우주진화라고 하고, 빛을 내기 시작한 별이 크기와 온도가 변하면서 결국 백색왜성이나 초신성으로 일생을 마감하는 과정을 별의 진화라고 한다. 세대에 걸쳐 유전자 풀이 증가하고 종의 분화가 일어나는 과정은 생물진화라고 부른다. 이처럼 시간에 따른 변화를 뜻하는 진화는 자연현상이며 다양한 데이터를 통해 직간접적으로 관측되는 과학의 탐구대상이다.

진화과학은 진화가 어떻게 발생하는지를 설명하는 하나의 설명 체계를 뜻한다. 진화의 원인이나 인과관계를 찾아 설명하는 과학 이론이라는 말이다. 별의 진화 이론은 태양 같은 별이 100억 년의 시간 후에 어떻게 크기가 수백 배로 커져서 적색거성이 되는지 설명해준다. 생물진화 이론은 유전자 풀이 어떻게 증가하고 또 생물종이 어떻게 분화되는지를 설명한다.

진화라는 자연현상을 어떤 관점에서 볼 것인가에 따라 다양한 해석이 가능하다. 진화주의라는 말은 진화에 대한 하나의 철학적 관점이다. 흔히 무신론적 진화론이라고 불리는 진화주의는 진화 현상을 무신론적인 입장에서 해석한다. 가령 진화가 진화 이론으로 잘 설명되니까 더 이상 신은 필요 없다는 영국의 생물학자 리처드 도킨스의 주장이 대표적이다.

반면 유신론적 입장의 해석도 가능하다. 진화는 하나님이 다양한 생물종을 창조하는 과정을 보여주며, 진화 이론은 그 창조의 방법을

- **진화**(evolution) – 자연현상
  시간에 따른 인과적 변화(우주진화, 생물진화)

- **진화 이론**(evolutionary theory) – 과학
  우주나 생물의 진화가 어떻게 일어났는지
  인과관계를 밝히는 과학 이론

- **진화주의**(evolutionism) – 세계관(worldview)
  진화 이론을 무신론적으로 해석한 신념

그림 19. 진화, 진화 이론, 진화주의의 차이점

밝힌 것이라고 보는 미국의 생물학자 프랜시스 콜린스의 견해가 대표적이다. 이런 견해는 유신론의 관점에서 진화를 이해한다는 의미에서 유신론적 진화(theistic evolution)라고 불리기도 한다.

이와 관련하여 그리스도인들은 어떤 입장을 취해야 할까? 우선, 자연에서 관찰되는 진화라는 현상 자체를 거부하면 대화가 불가능해진다. 지구의 역사에서 생명체가 없었던 시대가 분명히 있었고 반면 생명체가 존재한 시대가 분명히 있었다. 지구의 역사에서 단순한 종이 먼저 출현했고 복잡한 구조를 가진 영장류와 같은 종은 나중에 출현했다. 무생물에서 생물로, 혹은 단순한 종에서 복잡한 종으로 시간에 따라 생물종이 달라졌다는 것은 자연현상에 담긴 기록이자 데이터에 가깝다. 이런 데이터 자체를 부정하고 시간에 따른 변화가 없었다고 주장한다면 대화가 불가능하다. 물론 이런 변화 과정이 자연적 인과관계로 설명이 될 수 있는지, 아니면 자연적 인과관계로 설명이 불가능하며 기적과 같은 특별한 방법이 필요한 것인지에 대한 판단은 그다음에 논할 문제다. 그러나 시간에 따른 변화 자체를 인정하지 않는 젊은 지구론과 같은 견해는 과학과의 대화를 거부하는 셈이다. 하나님의 창조 과정은 자연이라는 책에 낱낱이 기록되어 있다. 100억 년 이상의 역사를 통해 드러나는 우주 진화나, 46억 년의 지구 역사동안 화석과 유전자의 기록에 담긴 생물의 진화는 다름 아닌 창조주의 창조 과정을 보여준다. 이렇듯 일반계시로 주어진 자연이라는 책을 거부한다면 창조주의 창조 역사를 바르게 이해할 수 없다.

진화과학은 어떨까? 반진화주의자들은 흔히 진화론은 과학이 아니라고 주장한다. 과연 그럴까? 사실 그런 주장을 하는 사람들 중 진화생물학을 체계적으로 연구하는 사람은 별로 없는 듯하다. 우주진화를 부정하는 창조과학자들의 주장을 들어봐도 천문학에 대한 이해가 현저히 부족하다는 것을 쉽게 알 수 있다. 진화 이론이 과연 진화 현상을 잘 설명하는지, 탄탄한 과학적 증거들에 기초하는지, 얼마나 엄밀한 설명 체계인지를 판단하는 일은 과학자의 몫이다. 곧 생물학자, 지질학자, 천문학자 등 전문성을 가진 과학자들이 판단해야 한다. 그렇지 않고 해당 분야의 전문 과학자도 아닌 창조과학 지지자들의 일방적 주장만 듣는 일은 심각한 정보의 불균형을 초래한다. 설교 시간이나 주일학교에서 진화 이론은 과학이 아니라고 가르친다면 그리스도인 과학자들을 포함한 전 세계의 해당 분야 과학자들에게 매우 무례한 일이 될 수밖에 없다. 물론 진화학은 완성된 것이 아니라 지금도 발전하고 있다. 그러나 과학에 대한 판단은 전문 과학자의 영역이다.

진화주의에 관해서는 어떤 태도를 가져야 할까? 진화주의는 진화

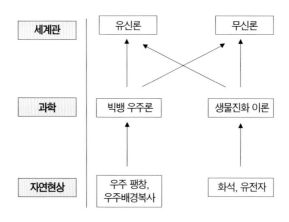

그림 20. 세계관과 과학과 자연현상의 차이점 및 세계관에 따른 두 개의 해석

라는 자연현상이 진화과학으로 잘 설명되기 때문에 무신론이 옳다는 주장이다. 진화론이라는 말로 종종 표현되는 진화주의는 인간이 아무 목적 없이 우연히 만들어졌으며 신에 의해서 존엄한 존재로 창조된 것이 아니라고 주장한다. 그리스도인의 입장에서 진화주의는 수용할 수 없다. 진화주의는 과학이 아니라 과학에 대한 철학적 해석일 뿐이다. 태양계에서 관측되는 행성들의 운동을 중력 이론이라는 과학으로 잘 설명할 수 있다고 해서 무신론이 입증되는 것은 아니다. 진화도 마찬가지다. 진화와 진화과학을 수용한다고 해서 무신론자가 되는 것은 아니다. 따라서 진화에 대한 편견을 버려야 한다. 진화주의는 창조주를 부정하지만, 진화는 오히려 창조의 놀라움을 알려준다. 과학을 통해 진화에 담긴 창조주의 지혜를 밝혀낸다면 그만큼 창조주의 위대함이 드러날 것이다.

자연적 창조(진화적 창조) vs. 초자연적 창조(기적적 창조)

창조-진화 논쟁 탓에 진화라는 말이 왜곡되어 있는 것은 사실이다. 진화는 흔히 진화론 혹은 진화주의라는 개념으로 사용되지만 사실 여러 과학 분야에서 사용하는 진화라는 말은 자연현상의 변화를 지칭하는 경우가 많다. 즉 과학적인 의미에서의 진화는 자연법칙에 따른 인과적 관계를 지칭하는 말이다.

진화적 창조라는 말은 자연적 창조라는 말로 대치할 수도 있다. 진화적이라는 말의 반대는 초자연적 혹은 기적적이라는 말이다. 그래서 진화적 창조와 대비되는 입장은 기적적 창조 혹은 특별 창조론이라고 부른다. 특별 창조론은 창조물이 자연법칙과 인과관계를 통해서 창조된 것이 아니라 초자연적인 기적과 같이 특별한 방법으로 창조되었다는 것을 강조하는 입장이다. 가령 생물들을 어떤 자연법칙을 통해서 창조하지 않고 초월적이고 특별한 방법으로 창조한다면 그것은 초자연적이고 기적적인 방법으로 창조했다는 이야기가 된다. 기적적 방법은 생물들이 어떤 시간의 경과를 거쳐서 만들어지는 것이 아니라 즉각적으로 창조되기 때문에 즉각적 창조론 혹은 즉성적 창조론이라고 불리기도 한다.

그래서 자연적 창조론과 특별 창조론은 첫째, 창조의 방법으로 자연적 인과관계를 사용했는가 아니면 초자연적인 기적의 방법을 사용했는가, 둘째, 창조가 긴 시간에 걸쳐서 이루어졌는가 아니면 즉각적으로 이루어졌는가에 따라 서로 다른 입장을 갖는다. 가령 젊은 지구론은 지구와 생물들 모두 6일 동안 초자연적인 방법을 통해 창조되었

창조 방법에 따른 다양한 창조론

- 초자연적 창조: 기적적, 즉각적
- 자연적 창조: 인과적, 진화적

	우주 시작	별/태양계	지구	최초 생명	생물	의식
젊은 지구론	초자연적	초자연적	초자연적	초자연적	초자연적	초자연적
오랜 지구론	초자연적	자연적	자연적	초자연적	초자연적	초자연적
진화적 창조론	초자연적	자연적	자연적	초자연적/자연적	자연적	초자연적/자연적

그림 21. 다양한 창조론의 견해는 각 창조물에 어떤 창조의 방법이 사용되었는가에 따라 차이점을 갖는다.

다는 특별 창조론의 입장을 갖는 반면, 오랜 지구론은 우주나 지구는 자연적 창조를 통해 만들어졌지만 생물들은 자연적 창조가 아닌 특별 창조를 통해 만들어졌다고 보는 입장이다. 한편 진화적 창조론은 생물들도 자연적 방법을 통해서 창조되었다고 보고 과학이 그 과정을 잘 설명한다고 본다.

설악산에서 볼 수 있는 울산바위는 하나님의 창조 작품이다. 그렇다면 하나님은 울산바위를 "어떻게" 창조하셨을까? 하나님은 천사를 보내서 하룻밤 안에도 울산바위를 만드실 수 있다. 반면 수백만 년의 긴 기간에 걸쳐 풍화작용을 사용하여 울산바위를 창조하셨을 수도 있다. 울산바위가 어떻게 창조되었는가를 묻는 것은 창조주의 능력에 관한 질문이 아니다. 또 하나님이 밤새 천사를 보내어 울산바위를 만들어낼 능력이 있는지 없는지를 묻는 것도 아니다. 이 질문은 기적도 행할 수 있고 자연법칙도 사용하실 수 있는 하나님이 둘 중 어느 방법을 실제로 사용하셨는가를 묻는 질문이다. 그럼 이 질문에 어떻게 답해야 할까? 성경에 그 답이 있을까? 성경은 하나님께서 기적을 행할 능력이 있다고 증언하는 동시에 자연법칙을 사용해서 섭리하고 창조할 능력이 있다고도 증언한다. 그러나 하나님이 실제로 어떤 방법을 사용하셨는지 답하려면 자연이라는 책을 읽어야 한다. 과학을 통해 과학적 증거들을 찾고 울산바위 암석의 특징, 종류, 형성 연대 등을 연구하여 결론을 내려보면 하나님께서 천사를 사용하지 않고 다양한 지질학적 방법을 사용하셔서 울산바위를 창조하셨다는 것을 알 수 있다.

지구의 창조나 우주의 창조 혹은 생물의 창조도 마찬가지다. 우리는 창조의 방법에 대해 궁금해하며 그에 대한 답을 과학을 통해 찾는

다. 창조의 방법에 관한 질문은 창조주의 능력에 관한 질문이 아니다. 하나님이 지구나 우주 혹은 생물종을 창조하실 때 자연적 방법을 사용하실지 혹은 초자연적 방법을 사용하실지는 그분이 결정할 사항이다. 우리 인간이 창조주에게 창조의 방법을 정해주고 명령하는 것이 아니다. 그것은 월권 행위다. 그리고 창조주가 결정한 창조의 방법은 창조의 역사 안에 담겨 있다. 과학은 그 기록을 담은 자연을 연구하여 하나님의 창조 방법을 밝힐 뿐이다.

16장

창조과학

창조과학을 어떻게 봐야 하는가?

흔히 우리는 진화론 때문에 청년들이 신앙을 잃고 교회를 떠난다고 말한다. 맞는 말이다. 리처드 도킨스 같은 무신론자들은 과학이 무신론의 증거라는 진화주의의 입장에서 기독교 신앙을 공격한다. 그 공격이 도화선이 되면, 신앙의 지적 토대가 약한 그리스도인들은 내상을 입고 심지어 신앙을 잃기도 한다.

하지만 진화론은 전체 그림의 한 부분에 불과하다. 오히려 창조과학이 신앙을 무너뜨리는 도화선이 되기도 한다. 교회에서 배우는 창조과학과 학교에서 배우는 과학 사이의 모순 때문에 심하게 갈등하다가 신앙을 잃을 뻔했다는 이야기를 종종 듣는다. 반면, 다행히 훌륭한 스승이나 균형 잡힌 책을 통해서 창조주를 믿으면서도 얼마든지 과학을 수용할 수 있음을 깨닫고는 오히려 더 풍성한 신앙을 갖게 되었다는 결말을 들으면 한시름 놓는다.

앞서도 언급했듯이 모태신앙인으로 교회를 다니면서 공룡이 사람과 함께 살았다는 비상식적인 주장을 들으며 자라다가, 과학을 배우더니 교회가 거짓을 가르쳤다는 데 실망하여 기독교 신앙을 버린 사람들의 이야기도 들린다. 젊은 지구론을 믿어야만 진정한 그리스도인이라는 오해가 한국교회 안에 퍼져 있다 보니, 천문학이나 지질학 그리고 생물학의 내용을 수용하면 그리스도인이 될 수 없는 분위기다. 젊은 지구론이나 창조과학의 논리가 조잡한 수준임을 목격한 과학 전공자들 그리고 과학을 수용하는 사람들은 결국 기독교를 떠난다.

또 한 부류의 사람들도 있다. 창조과학을 비판하는 그리스도인 과학자들에게 과학이란 교만을 버리고 예수를 믿으라고 말하는 사람들이 그들이다. 창조주를 믿고 예수 그리스도를 믿는다고 공공연하게 밝혀도, 그들이 보기에는 창조과학을 반대하는 사람이 아무래도 진정으로 예수를 믿을 리는 없나 보다. 그리스도인이라는 가면을 쓴 진화론자에 불과하다는 낙인을 찍고 예수 믿고 복 받으라며 던지는 언어의 폭력 앞에 씁쓸한 미소가 지어질 뿐이다. 이런 공격을 받는 많은 그리스도인 과학자들과 지성인들이 기독교에 회의를 느끼고 신앙을 버리는 길을 택하는 걸 목격하면서도 그저 인내하고 침묵한다면 과학자로서 받은 소명을 감당하지 못하는 것이다.

물론 창조과학은 진화론의 위협에서 기독교를 지키려는 선한 의도로 진화론을 공격했다. 그러나 결과적으로 보면, 현대 과학의 성과를 부정하는 창조과학은 교회를 떠나는 수많은 창조과학 난민을 양산했고 그들로 하여금 신앙을 잃게 하는 도화선이 되기도 한다. 따라서 더 이상 이런 사태를 마냥 방치할 수만은 없다. 한국교회는 창조과학을 심각히 재고해야 한다.

과학이 무신론의 증거라는 공격에 맞서는 바른 전략은 오히려 과학이 하나님의 창조를 드러낸다고 반론하는 것이다. 과학에는 창조주의 증거가 없다고 무신론자들이 주장한다면, 그리스도인 과학자들은 과학이 오히려 창조주의 지혜를 드러낸다고 알려야 한다. 하지만 안타깝게도 창조과학은 처음부터 잘못된 전략을 취했다. 그것은 과학이 틀렸음을 보임으로써 무신론을 무력화시키고 유신론이 옳음을 입증하겠다는 전략이었다.

이 불운한 전략은 첫째, 창조과학으로 대변되는 근본주의 기독교와 과학계 사이의 충돌을 초래했다. 창조과학회는 무신론자들과 맞서려 했지만, 오히려 그리스도인 과학자를 포함한 과학계와 싸움을 벌이게 되었다. 창조과학자들의 역사를 다룬 넘버스의 책 『창조론자들』을 보면 과학 대신 창조과학을 가르치려 했던 법정 투쟁에서 많은 그리스도인 과학자들이 오히려 창조과학의 반대편에 섰던 일화들이 나온다. 그리스도인 과학자들이 창조과학을 반대할 수밖에 없었던 이유는 비과학적이고 비전문적인 창조과학의 주장을 받아들일 수 없었기 때문이다. 가령 동위원소 연대측정법이 엉터리라거나 그랜드캐니언이 수천 년 전에 형성되었다는 주장은 그리스도인이든 무신론자든 간에 전문 과학자가 수용할 수 없는 허황된 견해다. 다양한 학문에 걸쳐 지구 연대가 오래되었다는 과학적 증거가 압도적으로 많음에도 불구하고, 마치 젊은 지구론만이 진정한 과학인 양 포장하는 창조과학의 주장들에 대해 과학자들은 고개를 설레설레 젓는다. 창조과학은 과학에 대한 오해와 반감을 심어 대중을 오도하는 골칫거리로 각인된 지 오래다.

둘째, 과학을 부정함으로써 무신론의 공격을 무력화시키겠다는 전략은 꽤나 시대착오적이었다. 헨리 모리스를 중심으로 1960년대에 과학적 창조론이라는 이름으로 시작된 창조과학 운동의 배경에는 근본주의가 있고 더 밀접하게는 제7일 안식교회의 성경 해석이 있다. 창조과학의 주류 견해인 젊은 지구론은 아마추어에 불과했던 안식교 신자인 맥크리디 프라이스가 만든 홍수지질학을 토대로 세웠겠다. 물론 지질학계는 홍수지질학을 거들떠보지도 않았다. 사실 다윈의 진화론이 출판되기도 전에 이미 과학계에는 지구 연대가 매우 오래되었다는 견해들이 자리잡았고 그 결과를 받아들인 신학자들도 있었다. 그럼에도 불구하고 진화론이라는 누명을 씌워서 지질학의 결론을 반기독교적인 견해로 규정하는 것은 시대착오적이다.

셋째, 과학을 대적하는 창조과학의 전략은 심각한 신학적 문제를 안고 있으며 교회에도 악영향을 미친다. 하나님께서 자연세계에 계시하신 창조의 역사를 무시하고, 성경에서 유일한 답을 찾으려는 태도는 성서신학적 오류다. 성경의 저자들이 의도하지 않은 내용까지 성경에서 답을 찾으려는 태도는 위험하다. 성경을 과학 교과서처럼 읽어서 재구성한 창조과학의 주장은 하나님의 창조 사역과 창조세계의 특성을 왜곡한다. 하나님께서 인과관계를 가지고 세계를 창조하실 수 있음을 굳이 외면하고, 하나님을 마술사의 모습으로 제한하는 심각한 왜곡을 낳는다. 자연현상의 인과관계가 과학으로 설명되면 마치 신의 창조나 신의 섭리가 아닌 것으로 오해하는 창조과학식의 이해는 신을 기적이라는 세계에 가두어버리는 전근대적 입장으로 전락한다. 따라서 이제라도 자연주의적 방법론에 대한 이해와 더불어 자연에 담긴

4부 | 근본주의와 문자주의의 오류를 넘어

일반계시에 대한 신학적 이해가 창조과학자들에게 절실히 요구된다.

창조과학자들은 왜 진화를 반대하는가?

도대체 창조과학자들은 왜 진화론을 반대하는 것일까? 크게 두 가지 이유를 꼽아볼 수 있다. 그들은 첫째, 진화라는 개념 자체가 성경에 위배되기 때문이라고 주장한다. 둘째, 진화 이론은 과학이 아니기 때문이라고 주장한다. 이 두 가지 이유가 타당한지 차분히 다루어보자. 우선 진화가 성경에 위배되는지에 대해 살펴보자. 진화가 반성경적인 개념인지 아닌지는 결국 성경 해석과 관련되어 있다. 특히 창세기 1, 2장의 해석이 중요하다. 앞에서 다룬 것처럼 창조 기사에 대한 해석에 관해서는 크게 일치론적 해석과 비일치론적 해석이 있고 복음주의권 내에도 다양한 견해가 있다. 해석의 다양함을 한마디로 표현하자면 창조는 진리지만 창조의 그림은 다양하다고 말할 수 있다. 하나님이 천지를 창조하셨다는 사실은 진리이지만 어떤 순서와 방법으로 얼마나 긴 시간 동안 창조하셨는지, 그 방법에 대한 해석은 다양하다는 말이다. 그렇기 때문에 창세기 1, 2장을 문자적으로 해석해 하나님이 긴 시간 동안의 변화 과정을 통해서 생물들을 창조하지 않으셨고 따라서 진화라는 개념은 성경에 위배된다고 주장하는 것은 모든 그리스도인이 동의할 수 있는 주장이 아니다. 창세기 1, 2장이 하나님의 창조가 즉각적이었는지 혹은 긴 시간 동안 이루어진 것인지, 기적적이었는지 아니면 자연의 인과관계를 사용하신 것인지를 명확하게 설명하지 않는다는 입장을 가진 성서신학자나 그리스도인들도 무척 많다. 그럼에도 한 가지 해석에 근거해서 하나님의 창조 방법을 제한하는 주장은 우려스럽다.

결국 성경, 즉 하나님의 특별계시는 인간의 언어로 주어졌기 때문에 우리는 성경을 통해 하나님을 이해하는 데 근원적인 한계를 겪는다. 하나님의 계시는 무오하지만 인간의 언어는 완벽하지 않다. 인간의 경험과 문화, 상식, 어휘 등을 토대로 한 인간의 언어가 초월적인 하나님을 다 담을 수는 없다. 그런 면에서 성경이 인간의 언어로 주어진 사실에는 하나님께 감사드려야 하지만, 인간의 언어로 하나님을 규정하려 할 때는 제약이 있을 수밖에 없다. 우리는 하나님이 시간을 초월한 분이라고 말하지만 시간을 초월한다는 것이 무슨 뜻인지 정확히 알지 못한다. 그것이 인간의 경험을 초월하는 개념이기 때문이다. 창조를 이해할 때도 마찬가지다. 하나님의 창조를 이해하려고 할 때 우리는 우리가 무언가를 창조할 때의 모습을 하나님께 덧입혀서 이해할 수밖에 없다. 이것이 소위 신인동형론(anthropomorphism) 문제다. 우리는 우리의 창조처럼 하나님의 창조를 이해하려다 하나님의 창조를 제한하는 어리석음을 범할 수 있다. 인간의 경험을 바탕으로 한 인간의 언어로 표현된 그 문자적 의미를 넘어서 전능한 하나님의 창조는 우리가 상상할 수 없는 놀랍고 신비로운 방법일 수도 있다. 인간이 생각할 수 있는 그리고 표현할 수 있는 창조의 개념 안에 하나님의 창조를 가두는 것은 불경이다. 이것이 성경을 통해 하나님을 이해하려고 할 때 우리가 반드시 기억해야 하는 점이다.

창조과학자들은 성경 본문을 문자적으로 해석하고 심지어 문학적

4부 | 근본주의와 문자주의의 오류를 넘어

표현까지 과학적 표현으로 읽는 오류를 범한다. 하나님의 창조는 사실이지만 인간의 언어로 모두 담을 수 없는 하나님의 창조 행위와 그 방법을 기껏해야 시적으로 표현할 수밖에 없는 문자적 의미에 가두는 일은 전능한 신을 인간의 수준으로 전락시키는 무모한 일이다. 진화라는 개념이 성경에 위배된다는 주장은 성경에 표현된 문자에 얽매어 하나님의 전능한 창조의 능력을 오히려 제한하는 셈이 된다.

진화는 우연이고 목적일 수 없다?

성경 본문이 진화를 배제한다는 주장뿐만 아니라 진화라는 개념 자체가 신학적인 면에서 반성경적이라는 주장도 있다. 진화를 하나님이 사용할 수 없다고 주장하는 사람들의 이야기를 들어보면 진화는 우연한 현상이기 때문에 하나님의 계획과 목적을 반영한 창조의 방법이 될 수 없다고 설명한다. 과연 그럴까? 여기서 짚고 넘어갈 점은 과학에서 설명하는 우연, 즉 우발성이라는 개념과 우리가 일상생활에서 사용하는 우연이라는 개념이 다르다는 점이다.

　과학에서 설명하는 우연 혹은 우발성이란 다양한 실현 가능성 중 하나가 실현되는 것이다. 가령 주사위를 던져서 6개의 숫자 중 하나가 나오는 것을 우발적 사건이라고 한다. 6개 중 한 숫자가 뽑혔다는 뜻이다. 그러나 과학은 그 현상 뒤에 어떤 목적이나 섭리가 있었는지 또는 없었는지를 다루지 않는다. 초월적인 신이 어떻게 그 현상을 섭리하고 자신의 뜻을 실행하는지에 관해서는 과학이 밝힐 능력도 없거

니와 사실 관심도 없다. 그렇기 때문에 과학적인 의미에서 우연이라는 말은 철학적이고 형이상학적인 의미에서의 우연을 배제하거나 전제하지 않는다.

진화가 우연히 발생하는 현상이라는 과학적 설명은 다양한 변화 가능성 중에서 어떤 한 가지 방식으로 진화가 일어났다는 것을 우발적이라고 표현할 뿐이다. 그러나 과학이 우연이라고 설명한 바로 그 사건에 신의 섭리와 뜻이 들어 있을 수 있다. 대표적인 예가 여호수아서에 나오는 아간의 범죄 사건이다. 여리고와의 전쟁에서 전리품을 훔쳐둔 아간의 죄 때문에 그다음 전쟁인 아이성과의 전쟁에서 이스라엘은 대패를 한다. 과연 이 패배가 누구의 범죄 때문인가를 밝히는 과정에서 하나님은 12지파의 대표가 제비를 뽑도록 한다. 그리고 한 지파가 뽑히자 그 지파의 여러 족장이 일련의 제비뽑기 과정을 거쳐 결국 아간이 범인이었음을 드러낸다. 여기서 제비뽑기 사건은 12개의 제비 중 하나가 뽑히는 우발적인 사건이다. 과학적인 의미에서 우연한 사건이라는 말이다. 그러나 과학적으로 우연한 사건을 통해서 하나님은 정확하게 그분의 뜻을 드러내신다. 진화가 과학적으로 우연한 사건이라고 해서 하나님의 계획과 뜻을 드러내는 방법일 수 없다는 주장은 하나님을 제비뽑기조차도 통제하지 못하는 능력 부족의 신으로 전락시킨다. 진화는 과학적으로 우연한 현상으로 설명되지만 전능한 하나님은 자신의 계획대로 진화를 통해 생물들을 창조하실 수 있다.

진화 이론은 과학이 아니다?

둘째로, 진화 이론이 과학이 아니라는 창조과학의 주장은 결국 진화를 다루는 생물진화 이론이 과학적으로 얼마나 엄밀한가와 관련된 문제다. 이 부분은 기본적으로 생물진화 과학에 정통한 전문가들의 판단을 들어봐야 한다. 이 문제를 전공 분야에 속하지도 않는 비전문가들의 의견에 따라 혹은 다수결에 따라 판단할 수는 없는 노릇이다. 만일 그리스도인이 아닌 생물학자들의 의견을 신뢰하기 어렵다면 많은 그리스도인 생물학자들의 이야기를 들어봐도 좋다. 중요한 것은 생물진화 이론을 과학적으로 판단할 전문성이 누구에게 있는가다. 창조과학자들은 대부분 진화 이론을 비판할 만한 엄밀한 전문성을 갖지 못한다. 하지만 그리스도인들을 포함한 생물학자들은 기본적으로 진화이론을 수용한다. 물론 진화생물학은 여전히 연구할 내용들이 많이 남아 있는 분야이며 아직도 밝혀야 할 진화의 메커니즘들이 남아 있다. 이 부분들은 과학자들이 당연히 연구해야 하는 내용이며 지금도 전 세계의 과학자들이 각 영역에서 열심히 노력하는 중이다.

진화 창조론은 이신론이다?

『무신론 기자, 크리스천 과학자에게 따지다』가 출판된 이후 이 책이 진화론을 주장하는 위험한 책이라는 창조과학 진영의 비판을 많이 받았다. 비판의 내용 중 하나는 이 책이 제시하는 관점이 이신론이라는 주장이었다. 이신론(deism)은 신이 만물을 창조한 뒤에 간섭하거나 섭리하지 않는다는 관점이다. 이 이론은 시계공이 시계를 일단 만들어 놓으면 시계공과 상관없이 시계가 작동하는 것과 비슷하다고 할 수 있다. 창조과학자들은 과학자가 별과 은하의 생성 등 우주가 자연법칙에 따라 생성되고 운행된다고 설명하면 이신론이라는 누명을 씌운다. 또 생물들이 진화의 메커니즘에 따라 종이 분화되고 진화된다고 설명하면 이신론이라고 비판한다. 즉 우주의 역사를 천문학으로 설명하거나 생물의 역사를 생물학으로 설명하면 이신론이라는 것이다. 그리고 이 이신론이 바로 진화론이라면서 기독교의 입장이 될 수 없다고 한다.

그러나 기독교 유신론은 이신론과 다르다. 그리스도인들이 믿는 하나님은 히브리서 1:3이 선언하듯 자신이 창조한 만물을 붙들고 계시고 지금도 자연세계를 다스리고 섭리하는 신이다. 빅뱅 우주론이나 진화생물학과 같은 과학에 이신론의 누명을 씌우면 그리스도인 과학자들을 삐딱하게 보이도록 만들 수 있다. 하지만 창조과학자들의 누명과 달리 그리스도인 과학자들은 하나님이 자연법칙의 주인이고, 과학이 인과관계를 설명하는 모든 자연현상을 하나님이 운행하고 섭리한다고 믿는다. 이신론의 입장에서는 시계공이 죽어도 시계는 작동되겠지만 기독교 유신론은 만물을 다스리고 운행하는 하나님이 없으면 자연법칙도 성립하지 않는, 그래서 우주도 존재할 수 없다고 믿는다.

창조과학자들은 이신론의 망령에 휩싸여 있다. 이들은 마치 하나님이 기적을 사용하면 하나님의 역사이고 자연법칙을 사용하면 하나님의 역사가 아닌 것처럼 오도하는 잘못된 이원론에 입각한 창조신학을 갖고 있다. 하지만 결코 그렇지 않다. 정자와 난자가 수정해서 단 세포로부터 아기가 만들어지는 10달의 기간 동안 하나님이 천사를 보내서 자궁 안에 무언가 기적을 행하는 건 아니다. 세포는 유전자 정보에 따라 스스로를 복제하고 그래서 아기가 탄생한다. 그러나 우리는 과학으로 설명되는 이 과정을 하나님이 주관하시고 섭리하신다고 고백한다. 자연법칙에 따라 만들어지는 생명은 하나님의 창조물이다.

이신론의 망령은 사실 근대 과학이 세워지던 18세기부터 이미 신학자들과 철학자들을 괴롭힌 문제였다. 자연세계의 작동원리, 즉 자연법칙이 밝혀지기 시작하면서 사람들은 혼란을 느끼기 시작했다. 과학으로 설명되면, 즉 자연현상의 작동원리가 밝혀지면 신이 배제된다는 생각 때문이었다. 뉴턴이 달의 운동을 중력이라는 새로운 개념으로 설명하자, 천사가 달을 끈다고 믿었던 사람들은 그의 주장을 반기독교적 사상이라고 오해했다. 그러나 중력 법칙은 창조주가 우주를 운행하는 작동원리로서 창조세계에 부여되었고 그것을 통해 하나님은 우주를 질서 있게 만드셨고 또한 다스리고 계신다.

천체의 운행에 관해서 우리는 더 이상 뉴턴 시대의 사람들과 같은 오해를 하지 않는다. 그러나 창조과학자들은 여전히 똑같은 문제를 우주 역사나 지구 역사에 적용한다. 가령 이런 비판이다. "창조의 주체를 하나님으로 설정한 것만 제외하면 내용은 거의 진화론이다"(온누리교회 신문에 나온 창조과학자의 칼럼에서 따온 표현이다). 이런 비판은 그리스도인 과학자들의 설명이 이신론적이라는 전제에서 출발한다. 창조의 주체는 하나님으로 정하지만, 실제로는 자연이 스스로 다 창조했다는 식의 설명은 반기독교적이라는 비판이다. 그러니까 창조과학자들은 하나님이 중력 법칙과 같은 자연법칙을 사용해서 태양계를 만들거나 우리 은하를 창조하면 이는 하나님의 창조가 아니라 이신론이라고 비판하는 것이다. 한마디로 이신론의 망령이다.

창조과학자들은 과학적인 설명을 진화론이라며 일방적으로 누명을 씌운다. 우주 팽창이나 별의 생성이나 은하나 블랙홀의 탄생과 같은 과학 연구들은 자연법칙에 기초해서 이루어지지만, 창조과학자들에 따르면 그런 식의 설명은 창조의 주체만 하나님으로 설정했을 뿐이지 자연이 모든 것을 스스로 했다고 주장하는 진화론이 되어버린다는 것이다. 참으로 동의하기 어렵다.

어떤 과학자도 자연이 스스로 했다는 식의 주장을 과학 논문에 쓰지 않는다. 과학은 그저 작동원리를 밝히는 것뿐이다. 그리스도인 과학자는 그 작동원리가 하나님의 주 되심과 다스리심과 섭리 안에서 이루어지고 있다고 고백하고, 무신론 과학자는 그 작동원리가 신 없이 스스로 움직인다고 고백하며, 창조과학자는 작동원리를 설명하면 그것은 진화론이 된다고 주장한다.

수백 년이나 오래된 이신론의 망령이 한국교회를 휩쓸고 있다. 자연법칙은 하나님이 당연히 창조 과정에 사용할 수 있는 것인데도 불구하고 하나님은 그러면 안 된다고, 오직 기적으로만 창조하셔야 된다고 하나님을 마술사처럼 축소 왜곡시킨다. 이렇듯 그리스도인 과학자들을 이신론자로 누명 씌우고 하나님을 기적의 세계에만 가두어두는 창조과학의 왜곡된 주장은 많은 그리스도인들이 보다 위대하고 크신 창조주 하나님을 보지 못하게 눈을 가리고 있다.

창조과학자들은 매일 아침 해가 뜨고 때에 따라 새로운 계절이 오

4부 | 근본주의와 문자주의의 오류를 넘어

는 현상에 대해 뭐라고 할까? 지구의 자전과 공전에 의해 완벽하게 설명되는 이 현상들에 대해서 그들은 이신론이라고 할까? 아니면 낮과 밤을 주관하시는 분이 하나님이라고 할까? "하나님을 창조의 주체로 설정한 것만 제외하면 이것은 진화론이야"라고 할까? 아니면 하나님이 중력의 법칙을 섭리하고 주관하시므로 낮과 밤의 현상은 하나님의 역사가 맞다고 할까? 만일 전자라면 그들은 하나님의 섭리를 믿지 않는 자들이 되는 셈이고, 후자라면 지구의 자전은 하나님의 섭리로 인정하면서 똑같은 중력 법칙이 적용되는 우주의 역사에 대한 설명은 진화론이라고 보는 이중잣대를 가졌다는 비판을 피할 수 없다.

과학의 겸손? 신학의 겸손은?

과학자로서 젊은 지구론이나 창조과학을 비판하면, 과학은 불완전하고 성경은 온전하니 과학을 성경 위에 두면 안 된다는 반응이 나온다. 그렇다. 그리스도인 과학자라면 결코 과학을 성경 위에 두려고 하지 않을 것이다.

　하지만 과학의 교만과 더불어 신학의 교만도 주목해야 한다. 과학이 겸손해야 한다는 주장은, 마치 나는 성경을 완벽히 이해하는 데 반해 너의 과학은 불완전하니 과학을 성경 위에 두지 말라고 말하는 듯하다. 글쎄다. 나의 성경 해석을 성경 자체와 동일시할 수 있을까? 나와 우리 교단의 성경 해석은 결코 완벽하지 않다. 성경 해석이 잘못되었을 가능성은 왜 겸손하게 돌아보지 않는가? 과학이 자연이라는 실재에 대한 영원한 근사에 불과하듯, 신학도 하나님의 계시에 대한 영원한 근사에 불과하다. 그러니 과학의 겸손과 더불어 신학 역시 겸손한 태도를 갖추어야 한다. 창세기에 지구 연대가 1만 년이라고 명백히 써 있지도 않은데 지구의 나이를 성경에서 읽어내는 것이 과연 적합한 태도인지 겸손히 돌아봐야 하지 않겠는가?

과학은 겸손할 수밖에 없다. 과학으로 입증되지 않는 내용에 대해 과학자가 무엇을 주장하겠는가? 물론 과학주의 무신론자들처럼 과학으로 감히 신의 존재를 논하겠다는 사람들도 있다. 하지만 과학이 겸손해야 한다는 주장으로 이미 전문 분야의 과학자들이 오래전에 합의하고 결론 내린 내용까지 공격하는 것은 학문적인 태도가 아니다. 지구가 태양 주위를 돈다고 설명하는 사람에게 과학은 겸손해야 한다고 말한다면 격이 맞지 않는다. 창조과학회가 비판받는 이유는 바로 지구의 오래된 연대처럼 과학계에서 이미 합의되고 결론 내린 내용까지 불확실한 것처럼 오도하기 때문이다.

과학을 향해 겸손할 것을 주장하는 창조과학회가 들어야 할 말은 비전문가의 겸손이다. 현대 과학은 매우 세분화되어 있어 전문가가 아니면 그 분야의 전문적 내용을 판단하는 일이 거의 불가능하다. 하지만 창조과학 강의들을 검토해보면 전문 과학자도 아닌 공학자나 의사가 과학자라는 이름으로 천문학, 지질학, 생물학 등 다양한 분야의 내용들을 예시하면서 학계에서 이미 공인된 이론에 대해 과학이 아니고 가설에 불과하다는 식의 황당한 주장을 펼친다. 그러므로 과학의 겸손을 말하기 전에 비전문가들의 겸손을 말해야 하지 않겠는가?

과학 기사나 인터뷰 혹은 잡지의 내용을 따다가 입맛에 맞게 편집해서 마치 과학에 심각한 결함이라도 있는 것처럼 대중을 오도하는 창조과학의 동영상이나 글이 교회에 널리 퍼져나가는 것을 보면 참으로 안타깝다. 전문 과학자의 입장에서 그 내용들을 분석해보면 피상적인 이해 때문에 오해했거나 침소봉대하는 경우가 대부분이다. 정말로 과학에 문제가 있으면 전문가들과 토론하고 또 연구 논문으로 밝혀야지 왜 과학을 잘 모르는 일반 성도들을 대상으로 프로파간다를 펼치는가? 그 이유는 자명하다. 과학자들을 상대할 전문성이 없기 때문이다. 그럼에도 정말로 천문학, 지질학, 생물학의 오류를 밝히겠다면 골목길에서 시비 걸지 말고 당당하게 링으로 올라와서 붙어야 하지 않을까?

한국교회가 취할 바람직한 방향

교회가 젊은 지구론을 버리지 못하는 이유를 꼽아보자. 첫째, 젊은 지구론이 무너지면 복음이 무너진다는 오해 때문이다. 과연 그럴까? 중세 시대에는 성경을 토대로 지동설이 틀렸고 천동설이 맞다고 주장했었지만 결국 천동설은 무너졌다. 그렇다고 해서 기독교가 무너졌는가? 젊은 지구론을 폐기한다고 해서 예수의 삶과 죽음과 부활을 담은 복음이 무너지지는 않는다.

둘째, 교회는 창조과학의 주장에만 일방적으로 노출되어 심각한 정보의 불균형을 겪기 때문이다. 과학의 성과를 판단할 전문성의 부재와 과학계와 교류하지 않는 폐쇄성은 창조과학이 진화론에 물들지 않은 진정한 과학이라는 허상에 푹 빠지게 만든다. 이 불균형을 깨려면 전문 과학자의 견해를 듣고 배워야 한다.

하지만 세 번째 문제는 창조과학자들이 진화론자라고 낙인찍은 과학자들의 견해를 들으려고 하지 않는다는 점이다. 창조과학이 아니면 진화론이라고 규정하는 근본주의적 폐쇄성은 오래전에 폐기되었어야 할 젊은 지구론이 여전히 창조과학의 주류 의견으로, 그리고 한국교회의 대다수 의견으로 남아 있게 만든 원인이다.

넷째, 그동안 창조과학을 가르쳐왔던 입장을 쉽사리 바꾸기가 어렵다는 현실적인 이유 때문이다. 확신을 갖고 가르쳤던 젊은 지구론을 폐기하는 데 따르는 부담감과 철저히 부정했던 지구의 오랜 연대를 수용하는 데 따르는 심리적 거부감은 당연하다. 특히 목회자의 입장에서 쉽지 않다. 하지만 늦게라도 깨달았을 때 반성하고 돌이키는 것이 최선이다.

창조과학을 심각히 재고하지 않으면 교회의 미래는 어둡다. 신앙에 걸림돌이 될 내용을 주일학교에서 가르치는 일은 시급히 멈춰야 한다. 지질학 전공자도 아니면서 방사성동위원소 연대측정법이 틀렸다고 하고, 천문학자도 아니면서 적색이동을 믿을 수 없다고 하고, 생물학자도 아니면서 종의 분화는 관측된 적이 없다고 하는 그런 비전문가 창조과학 강사들이 교회에서 젊은 지구론을 가르치면서 과학을 깡그리 쓰레기통에 집어넣는 일이 버젓이 벌어지는 것이 안타깝고, 그런 강의를 듣는 과학 전공자들이 갈등하고 힘들어하는 일이 참으로 안타깝고, 그러다가 신앙을 버리고 불가지론자가 되거나 무신론자가 되는 경우를 보고 접하는 것이 너무나 안타깝다. 주일학교 아이들과 청년들이 과학 때문에 갈등하다가 교회를 떠나면 그것은 과연 누구의 책임인가?

교회의 미래를 걱정한다면 과감하게 젊은 지구론을 폐기해야 한다. 교회는 창세기를 제대로 가르쳐야 한다. 이성과 과학의 칼을 두려워할 필요가 없다. 창조주 하나님은 과학보다 훨씬 위대하다. 교회에서 유통되는 정보의 불균형을 깨야 한다. 과학자들을 진화론자라고 정죄하지 말고 그들의 전문적인 견해를 듣고 배워야 한다. 심리적 부담감을 딛고 반성하고 돌이켜야 한다. 젊은 지구론 유의 창조과학을 털고 갈 수 있도록 연착륙할 출구를 열어주어야 한다.

창조에 관한 7가지 스펙트럼

4부에서 우리는 창조과학이 신봉하는 젊은 지구론 때문에 교회를 떠난 아이의 예에서 출발하여 지구의 연대에 관한 혼란과 오해, 그리고 창조를 보는 다양한 견해에 대해서 살펴보았다. 우주가 어떻게 생성되었고 생명체와 인간은 어떻게 만들어졌는지에 관한 질문은 과학의 질문이기도 하지만 신앙적인 질문이기도 하며 세계관의 질문이기도 하다. 신을 믿거나 믿지 않는 유신론과 무신론의 차이에서부터 출발하여 성경 해석에 대한 차이, 그리고 과학의 결과를 얼마만큼 수용하는가의 차이에 따라 창조에 대한 견해는 다양하게 나뉜다.

우주의 생성에 관해서 우선 크게 두 가지 입장으로 나눌 수 있다. 신은 존재하지 않으며 우주는 특별한 목적 없이 우연히 생겨났다고 보는 무신론의 입장이 한편에 있다면, 다른 한편에는 신이 존재하며 신의 계획과 섭리에 따라 우주가 창조되었다고 보는 유신론이 있다. 무신론의 입장은 신과 같은 초월적인 영역을 부정하며 물질이 존재하는 모든 것이라고 믿는 유물론적 관점을 갖는다. 반면 유신론은 신의 초월성과 내재성을 인정하고 신의 목적과 계획, 섭리와 역사를 믿고 고백하는 입장이다.

유신론의 견해는 창조주가 만물을 창조한 창조의 방법과 그의 섭리 방식에 따라 크게 6가지 견해로 나눌 수 있다(그림 22 참조). 우선 창조주의 창조의 방법은 앞에서 살펴본 대로 첫째, 즉각적이고 완성된 형태로 창조하는 초자연적인(혹은 기적적인) 방법이 있고, 둘째, 자연계 내의 원인을 사용하여 인과관계에 따라 창조하는 자연적인(혹은 인과적인) 방법이 있다. 창조주를 믿는 유신론의 스펙트럼 안에는 우주와 지구, 인간을 비롯한 각 창조물에 따라 창조주가 어떤 창조의 방법

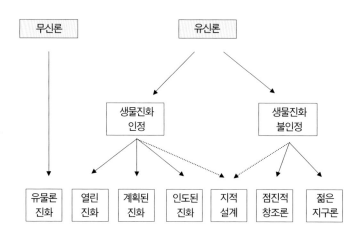

그림 22. 창조에 관한 7가지 스펙트럼

4부 | 근본주의와 문자주의의 오류를 넘어

을 사용하셨는지에 대해 견해 차이가 있으며 이에 따라 몇 가지 입장이 나눠진다. 특히 생물의 창조 방법에 대한 입장 차이로 많은 그리스도인들이 첨예하게 대립한다. 핵심적인 차이점은 진화의 방법을 수용하는가, 수용하지 않는가에 달려 있다. 하나님이 자연선택이나 유전자변이 등 자연세계의 인과관계를 사용해서 생물을 창조했다고 보는 입장은 생물진화를 수용하는 견해로 요약할 수 있다. 반면 하나님은 과학으로 탐구 가능한 자연계 내의 인과적 과정을 사용하지 않고 기적을 일으켜서 즉각적이고 완성된 형태로 생물종을 하나하나 창조했다고 보는 견해는 생물진화를 수용하지 않는 견해로 요약할 수 있다.

생물진화를 인정하는 견해는 창조주가 인과적 방법, 즉 진화를 사용해서 생물들을 창조하셨다고 보는 입장이지만 과학적인 질문에 해당하는 창조의 방법을 넘어서 창조주의 계획이나 섭리 및 자연세계와의 상호작용을 어떻게 보는가에 따라 구체적으로 세 가지로 나뉜다.[1] 그중 첫 번째 견해는 열린 진화(open evolution)의 입장이다. 이 견해는 신이 진화의 방법을 사용하여 생물을 창조했지만 어떤 구체적인 설계도나 진화의 방향을 계획하여 창조한 것이 아니라 자연세계의 우발성에 따라 자유롭게 진화가 일어나도록 허용했다는 견해다. 즉 창조주가 시간에 대해 혹은 미래에 대해 열려 있으며 진화가 어떤 특정

---

1 제럴드 라우는 『한눈에 보는 기원 논쟁』(새물결플러스, 2016)에서 비목적론적인 진화 (nonteleological evolution), 계획된 진화, 인도된 진화의 개념을 사용한다. 그러나 열린 신학이나 범재신론을 포괄하는 견해는 목적론이나 신의 행위, 시간과 창조주에 관해 매우 넓은 스펙트럼이 있다. 이 책에서는 다양한 입장을 포괄하기 위해 비목적론적인 진화보다 열린 진화라는 말을 사용한다.

한 방향으로 일어나도록 섭리하거나 인도하기보다는 자연계에 이미 부여하신 창조계의 속성에 따라 새로운 종들이 생성되는 방식으로 생물들을 창조하셨다고 보는 견해다. 이 견해는 신이 미래에 대해 열려 있다고 보는 열린 신학이나 범재신론의 관점과 가까우며 신이 하나하나 세밀한 설계도에 따라 창조세계를 창조했다고 보았던 전통적인 견해와는 사뭇 다르다.

두 번째 견해는 계획된 진화(planned evolution)의 입장이다. 이 견해는 열린 진화의 입장과는 다르게 창조주가 구체적이고 세밀한 창조의 계획을 가지고 있었으며 그 계획에 따라 자연계의 인과관계를 사용하여 자연적 방법으로 생물들을 창조했다고 본다. 과학적으로 보면 진화가 일어나는 일은 우발적이지만 형이상학적으로 보면 창조주의 의도대로 진화가 발생하도록 미리 계획되어 있었다고 보는 입장이다. 이 견해는 히포의 아우구스티누스가 설명한 씨앗 창조론과 가깝다. 아우구스티누스는 창세기 1장의 6일이라는 시간의 틀을 하나의 유비로 해석한다. 그는 전능한 창조주 하나님이 만물을 창조하는 데 6일이라는 시간이 걸릴 리가 없다고 문제를 제기한다.[2] 창조는 하나님께서 창조세계를 구상하신 혹은 계획하신 시점에 이미 완성된 것이다.[3]

---

2 아우구스티누스의 『신국론』(분도출판사, 2004)을 보면 6일 창조에 관해 이렇게 기술한다. "6이라는 숫자의 완전함 때문에, 같은 날 여섯 번 반복된 것임에도 불구하고 성서는 창조가 엿새 동안에 이루어진 것처럼 이야기한다. 그렇다고 하느님이 동시에 모든 것을 창조하지 못하여 적절한 운동에 따라서 시간이 흘러가는 것처럼 하느님께 시간의 간격이 필요했다는 말은 아니다. 그보다는 여섯이라는 완전수를 통해 창조 사업의 완전함을 상징한 것이다"(11권 30. p. 1223).

3 알리스터 맥그래스는 아우구스티누스의 창조 개념을 설명하면서 두 개의 과정으로 나누어 이해한다. "아우구스티누스는 하나님의 창조 행위를 창조라는 최초 행위로 한정

그리고 그 하나님의 계획대로 창조세계가 하나하나 발현되어가는 과정이 우주의 역사였다. 마치 씨앗 안에 줄기와 잎이 자라고 열매가 맺힐 모든 가능성이 담겨 있다가 그것이 때가 되면 실제로 발현하는 것처럼 말이다. 알리스터 맥그래스는 아우구스티누스의 씨앗 창조론을 "하나님이 잠들어 있는 일련의 다양한 잠재적 실재들을 완전히 갖춘 세계를 창조하셨으며, 이 잠재적 실재는 장차 하나님의 섭리를 통해 현실로 나타난다"고 설명한다.[4] 따라서 아우구스티누스의 씨앗 창조론은 하나님의 계획이 바로 창조의 본질이며 그 계획대로 창조의 내용이 하나씩 구현되어가는 과정이 뒤따른다고 본 셈이었다. 이렇듯 계획된 창조는 씨앗 창조론처럼 하나님이 창조에 대한 구체적인 계획을 미리 가졌고 마치 씨앗에서 나무가 자라듯 그 계획대로 창조물들이 자연적 인과관계를 따라 하나씩 구현되었다고 보는 관점이다.

세 번째 견해는 계획된 진화와 비슷하지만 보다 하나님의 역할을 직접적으로 강조하는 인상을 주는 인도된 진화(directed evolution)의 입장이다. 계획된 진화와 마찬가지로 인도된 진화의 입장도 하나님의 창조 계획을 인정하며 그 계획에 따라 생물들을 진화의 방법으

하지 않는다. 하나님의 만물 창조는 세계 창조는 물론이요, 이 창조 행위로 말미암아 피조 세계 안에 자리하게 된 인과법칙이 이후에 전개되고 발전해가야 할 방향을 설정해주는 일까지 아우르는 것으로 이해해야 한다. 그렇다면 창조에는 두 '순간', 곧 창조라는 최초 행위와 이후에도 계속해서 섭리에 따라 피조물을 인도해가는 과정에 해당하는 두 순간이 존재하는 셈이다. 아우구스티누스는 창조를 과거 사건으로 생각하는 자연스러운 성향이 존재함을 인정하면서도 하나님을 지금 현재도 일하시면서 '당신이 처음 피조 세계를 세우실 때 피조물 안에 미리 마련해두셨던 세대들'이 펼쳐질 수 있게 이 세대들을 보존하시고 이들이 나아갈 방향을 설정해주신 분으로 인식해야 한다고 역설한다"(『정교하게 조율된 우주』, IVP, 2014, 222-223).

4 같은 책, 229.

로 창조하셨다고 본다. 그러나 진화가 일어나는 시점에 하나님의 감독과 인도하심을 더 강조한다는 점에서 계획된 진화와는 차이점을 드러낸다. 가령 생물학자들이 인정하듯 종에서 종으로의 분화, 즉 진화 현상은 아무렇게나 손쉽게 발생하지 않는다. 지적설계론자들은 종에서 종으로의 분화는 자연적인 방법으로 일어날 수 없다고 주장한다. 반면 지구의 생물 역사를 보면 수많은 종이 멸종했고 새로운 종이 생겨났으며 종이 분화되는 일은 지속되었다. 인도된 진화의 입장은 일어나기 어려운 진화의 사건이 발생하도록 하나님이 감독하고 인도하셨다는 관점이다. 하나님의 창조 계획에 따라 적합한 시점과 장소에서 생물진화가 일어나도록 하나님이 인도하셨다는 것이다. 하지만 인도된 진화의 입장은 지적설계나 진화를 반대하는 창조과학의 입장과는 다르다. 지적설계론자들은 진화가 발생할 가능성이 낮다는 이유를 들어 진화라는 현상이 자연적으로 발생할 수 없으며 신의 간섭을 통해서만 가능하다고 본다. 반면 오랜 지구론이나 젊은 지구론의 입장은 생물이 진화한 현상 자체를 부정한다. 이에 반해 인도된 진화의 입장은 확률이 낮아서 발생하기 어려운 사건이지만 수십 억 년의 지구 역사에서 생물진화가 이어져왔다는 사실 자체가 바로 창조주 하나님이 창조의 계획대로 진화가 발생하도록 인도하셨기 때문이라고 본다.

생물진화를 인정하는 유신론의 세 가지 견해, 즉 열린 진화, 계획된 진화, 인도된 진화와는 다르게 생물진화를 인정하지 않는 유신론의 견해도 있다. 우선 지적설계는 생물진화를 인정하는 입장과 인정하지 않는 입장의 중간 정도에 위치한다. 왜냐하면 지적설계론자 중에는 마이클 비히와 같이 모든 종이 공통 조상을 갖는다는 것을 인정하면서 화석을 통해 밝혀진 생물이 진화된 과정을 인정하는 것이라는 견해를 가진 사람들도 있기 때문이다. 반면 지적설계론자 중에는 젊은 지구론의 입장에서 진화라는 현상 자체를 인정하지 않는 사람들도 있다. 지적설계론자들이 갖는 공통점은 진화가 자연적 과정으로 일어날 수 없다고 보는 점이다. 그들은 종에서 종으로의 분화는 자연적으로 발생할 수 없으며 오직 하나님의 기적적인 간섭을 통해서만 가능하다고 본다. 그래서 하나님이 생물들을 창조한 방법은 자연적 방법 혹은 진화의 방법이 아니라 초자연적인 방법, 곧 기적의 방법이라고 주장한다. 즉 지적설계의 입장은 진화가 발생한 것은 대체적으로 인정하지만 진화는 자연의 인과적 과정을 통해 일어난 것이 아니며 그래서 생물진화 과학은 진화를 설명할 수 없다고 주장한다.

생물진화를 인정하지 않는 나머지 두 가지 유신론의 견해는 오랜 지구론과 젊은 지구론이다. 오랜 지구론은 우주나 지구 창조의 경우는 하나님이 자연계의 다양한 물리적 과정, 즉 자연적 방법을 통해서 오랜 시간에 걸쳐 창조하셨지만 생물진화는 인정하지 않는 입장이다. 오랜 지구론 안에는 넓은 스펙트럼이 있어서 어떤 사람들은 생물종들이 분화하여 복잡한 종들이 나중에 창조되었다는 진화 현상 자체는 인정하기도 하지만 많은 경우 생물이 진화했다는 현상 자체를 부정한다. 더 나아가 생물의 진화는 결코 자연적으로 일어날 수 없다고 본다. 즉 오랜 지구론은 생물진화(현상)가 일어나지 않았으며 하나님은 생물을 진화의 방법으로 창조한 것이 아니라 각각의 종을 독립적으로 기적적이고 완성된 형태로 창조하셨다고 보는 입장이다. 지적설계와의 차이점이라면 생물진화 현상 자체를 인정하느냐 인정하지 않느냐에 있다.

유신론의 스펙트럼에서 가장 극단적인 입장인 젊은 지구론은 창조주의 창조 방법을 주로 기적적인 방법으로 제한한다. 오랜 지구론과 마찬가지로 하나님이 진화의 방법을 사용했을 가능성을 부정할 뿐만 아니라 생물진화가 일어났다는 현상 자체도 부정한다. 그러나 오랜 지구론과는 다르게 젊은 지구론은 생물뿐만 아니라 우주와 지구 창조의 경우도 창조주가 자연적 과정을 통해서 창조한 것이 아니라 즉각적이고 완성된 형태로 기적적인 방법으로 창조했다고 본다. 젊은 지구론은 창세기의 문자적 해석을 통해 우주와 지구의 나이를 약 1만 년으로 보고 생물의 역사도 1만 년으로 보기 때문에 이 입장은 우주와 지구, 그리고 생물의 창조가 모두 자연적인 방법이 아닌 기적적인 방법으로 창조되었다고 보는 입장으로 요약할 수 있다.

위에서 살펴본 열린 진화, 계획된 진화, 인도된 진화, 지적설계, 오랜 지구, 젊은 지구의 6가지 입장들은 모두 신의 창조를 인정하는 유신론의 관점이지만 신이 자연적 방법을 사용했는가 혹은 초자연적 기적의 방법을 사용했는가에 따라, 그리고 신의 섭리와 계획이 자연계와 어떻게 상호작용하는가에 따라 다양하게 나뉜다.

유신론의 관점과 완전히 상반되는 관점은 신의 창조를 인정하지 않는 무신론의 관점이다. 이 관점은 우주와 지구와 생물의 세계가 자연적 과정에 의해 신 없이 스스로 생성되었다고 보는 유물론적 진화의 입장으로서 6가지 유신론의 견해와는 구별된다. 그러나 명확히 구별해야 할 유신론과 무신론의 입장은 종종 극단적인 주장들을 통해 그 경계가 흐려지기도 한다. 가령 스펙트럼의 한쪽 극단에 있는 유물론적 진화의 관점은 나머지 모든 관점을 종종 비과학적이고 비이성적이며 근거 없는 종교적 주관이라고 비판한다. 반면 다른 극단에 있는 젊은 지구론은 나머지 모든 견해를 진화론이라고 싸잡아 비난한다. 하지만 이런 극단적인 이분법은 창조에 관한 폭넓은 관점들을 무시하는 도그마적 관점이다. 무신론자들의 경우, 신의 창조에 대한 신학적 이해가 깊지 않기 때문에 그럴 수도 있겠으나 유신론적 견해인 젊은 지구론자들이 창조에 대한 견해를 지나치게 오도하는 것은 바람직하지 못하다. 젊은 지구론자들은 지구가 젊다는 것을 인정하지 않는 모든 견해를 진화론이라고 부르며 허수아비 공격을 시도한다. 심지어 진화를 반대하는 오랜 지구론의 경우도 지구의 나이가 젊다는 것을 인정하지 않는다는 이유로 진화론이라고 공격한다. 우주의 긴 역사를 인정하고 그 안에서 창조주의 흔적을 검출하려고 노력하는 지적설계의 입장에 대해서도 진화론이라는 공격을 멈추지 않는다. 하나님이 진화가 일어나도록 인도하시고 섭리하셔서 생물들을 창조하셨다고 보는 인도된 진화나, 하나님의 창조 계획에 따라 진화를 사용하여 생물들을 창조하셨다고 보는 계획된 진화의 관점에 대해서 젊은 지구론자들은 진화론이라는 비판을 넘어 이신론이며 무신론에 가깝다는 식의 비난을 가한다. 그 이유는 창조를 보는 다양한 관점을 깊이 이해하지 못했거나 젊은 지구론을 지키기 위해서 의도적으로 다른 견해들은 반성경적이라는 프레임을 씌우기 위함일 수 있다. 결국 지적불성실성의 문제가 제기된다.

현대를 사는 그리스도인들은 창조에 관한 7가지 스펙트럼 중에서 어떤 견해를 가져야 할까? 하나님을 창조주로 고백하고 그리스도의 십자가와 부활을 믿는 그리스도인들은 유물론적 진화의 입장을 가질 수 없다. 그렇다면 6가지 유신론의 견해 중 어느 것이 건강할까? 하나님의 창조를 고백하지만 자신의 신앙 색깔 혹은 성장 배경에 따라 취할 수 있는 견해가 다를 수 있다. 아마도 열린 진화의 입장은 보수적 신앙을 가진 그리스도인들이 취하기에는 조금 급진적인 관점으로 여겨질 수 있다. 그러나 복음주의권의 많은 신학자들과 과학자들은 계획된 진화와 인도된 진화의 관점을 수용하고 있으며 이는 보수적 신앙을 가진 그리스도인들도 충분히 취할 수 있는 입장이다. 만일 성경 해석이나 과학에 대한 수용 정도가 덜하다면 지적설계나 오랜 지구론을 취할 수도 있겠다. 그러나 젊은 지구론은 현대 과학을 대부분 부정하기 때문에 그리스도인 과학자들은 결코 수용할 수 없는 견해라고 할 수 있다. 젊은 지구론은 우주와 지구의 나이가 만 년이라는 주장에 거의 성경과 같은 권위를 부여하는 입장이기 때문에 신학적으로도 건전하지 못하며 문자주의, 근본주의, 세대주의 등 많은 문제를 갖고 있어 건강한 입장이라고 할 수 없다.

요약하자면 복음주의권의 그리스도인들이 취할 수 있는 스펙트럼은 계획된 진화, 인도된 진화, 지적설계, 오랜 지구론 정도가 될 것이다. 많은 그리스도인들이 이 중에서 한두 입장에 서 있겠지만 그렇다고 해서 다른 입장을 가진 그리스도인들에 대해 무신론적이며 성경에 위배되는 견해라고 공격하는 일은 피해야 한다. 성경은 창조의 방법에 관해서 구체적으로 가르치지 않으며 창조의 방법이 기적적이든 자연적이든 간에 창조주 하나님을 고백하고 믿는 신앙은 동일하기 때문이다. 다만 창조의 방법은 자연계시를 통해 과학으로 탐구해야 할 영역이기 때문에 과학과 관련한 깊이 있고 성숙한 비판과 논의가 필요하다. 우리가 가진 과학 지식과 신학적 이해는 여전히 한계를 지님을 인정하고 나의 입장과 다르다고 하더라도 이 4가지 견해 정도는 하나님의 창조를 인정하고 과학과 성경의 가르침을 수용하고자 노력하는 입장으로 인정할 필요가 있다. 제한된 이성을 가진 우리에게 창조 자체는 진리이지만 창조의 그림은 다양하다.

5부

과학과 신학의
대화

17장

인류 원리

현대 과학을 통해 만나는 우주는 광대하며 우주의 역사는 장구하다. 그에 비하면 지구라는 작고 보잘것없는 행성에서 70억의 인구와 함께 사는 나라는 존재는 종종 아무런 의미도 없어 보인다. 이 거대한 우주 안에서 내가 흔적도 없이 사라져도 아무도 신경 쓸 것 같지 않다. 내 가족과 주변 사람들은 잠시 슬퍼하겠지만 시간이 지나면 그마저도 잊힐 것이며 내가 점유하는 100년이라는 시간은 우주의 100억 년이 넘는 시간에 비추어보면 별 의미가 없어 보인다. 19세기에서 20세기에 걸쳐 발전한 현대 과학은 광대한 우주의 시공간을 드러냈으며 헤어날 길 없는 허무주의를 인간의 지성사 안으로 끌고 들어왔다.

이 거대한 우주를 하나님이 창조하셨다면 낭비가 아닐까? 우리 은하 내부에만 태양과 같은 별이 2,000억 개나 있고 우리가 살고 있는 은하와 같은 은하들이 우주 공간에는 1,000억 개 이상 존재한다면 도대체 왜 하나님은 그 은하들을 만드셨을까? 성경에 나오지도 않고 평범한 사람들은 알 수도 없으며 천문학자들이나 탐구할 그 수많은 별들은 왜 만드셨을까? 공간의 낭비 아닐까? 인간의 지성사는 수천 년 밖에 되지 않는데 도대체 100억 년이 넘는 장구한 우주의 역사는 왜 필요할까? 시간의 낭비 아닐까? 이렇게 질문하는 그리스도인들이 종종 있다. 반대로 회의론자나 무신론자들은 이렇게 말한다. 우주의 역사가 100억 년이 넘고 1,000억 개나 되는 은하들이 있다면 하나님이 우주를 창조했다는 기독교 신앙은 틀린 것이 아닌가?

이런 질문에 답을 주는 하나의 힌트가 바로 인류 원리다. 마치 우리 눈에는 하나님이 지구와 태양만 만드시면, 아니 조금 더해서 밤하늘에 인간의 눈으로 직접 볼 수 있는 별 수천 개 정도만 창조하시면 인간이 충분히 잘 살아갈 수 있을 것 같다. 하지만 사실은 우리 인간이 존재하기 위해서는 100억 년 이상의 우주 역사가 필요하고 1,000억 개나 되는 은하가 존재해야 한다. 그것이 한마디로 인류 원리다. 인류 원리란 우주는 마치 인간이 존재할 수 있도록 누군가가 처음부터 미세하게 조절해둔 것처럼 보인다는 뜻이다.[1]

현대 과학을 통해 우리가 이해하는 우주는 매우 독특한 조건을 갖추고 있다. 어떤 면에서는 세밀하게 조절되어 마치 인간이 살 수 있는 조건을 갖추도록 미리 준비된 것처럼 보인다. 그래서 우주를 가리켜 미세-조정된 우주(fine-tuned universe)라고 부른다. 여기서 미세 조정되었다는 것은 인간이 탄생하고 존재할 수 있는 적합한 환경을 만들어내기 위해 우주의 물리적 조건이 마치 누군가에 의해 미리 세밀하

---

1   John D. Barrow, Frank J. Tipler, *The Anthropic Cosmological Principle*(Oxford press, 1988).

게 조절된 것처럼 보인다는 뜻이다. 이러한 미세 조절은 인류를 위해 준비된 것 같기 때문에 이 특징을 가리켜 인류 원리라고 부른다.

쉽게 설명하면 이렇다. 우주는 몇 가지 기본적인 상수들을 통해 우주의 운명이 어떻게 바뀔지 결정된다. 가장 중요한 상수들은 6개를 꼽아볼 수 있다.[2] 전기력과 중력의 비율이라든가, 우주의 물질을 구성하는 원자들의 결합력과 그 중력의 비율, 우주 안에 들어 있는 총 질량, 우주 상수 등 6개가 주요 논의의 대상이다. 이 상수들은 우리가 알고 있는 것처럼 어떤 특정한 값을 갖고 있다. 그런데 이 6가지의 상수 값들이 초기 우주에 아주 조금, 가령 0.00000001%만 변하면 우주의 역사는 확연하게 바뀌어버려 지금과는 매우 다른 우주가 되었을 것이다. 예를 들어 두 번째 상수인 원자들의 결합력과 중력의 비율이 달라지면 어떨까? 만일 이 값이 아주 조금 커지면 초기 우주 원자 시대에 수소라는 원자가 생겨날 수가 없다. 현재 우주 질량의 75%를 차지하는 원소가 수소인데 수소가 생성되지 않는다면 어떤 일이 벌어질까? 수소가 생성되지 않으면 물도 만들어지지 않는다. 그렇다면 우주는 물이 존재하지 않는 우주가 되어버린다는 뜻이다. 물이 존재하지 않는 우주에 생명체가 살 수 있을까? 우리가 아는 현대 과학에 따르면 물이 존재하지 않는다면 생명체가 존재할 수 없다. 즉 이 상수 값이 조금만 컸더라면 물도 존재하지 않고 생명체도 존재하지 않는 전혀 다른 우주가 되어버렸을 것이다. 반대로 이 상수 값이 조금만 작았

---

2 마틴 리스는 그의 책 『여섯 개의 수』(사이언스북스, 2006)에서 우주를 구성하는 기본 상수 6개가 미세 조정되어 있음을 기술하고 있다.

더라면 탄소가 생성되지 않는다. 탄소는 우리 몸을 구성하는 가장 중요한 원소 중 하나다. 탄소는 별들이 생성되면 별의 내부에서 화학 공장이 가동되면서 생성된다. 그리고 별이 수명을 다해서 죽으면 별의 내부에서 만들어졌던 탄소가 우주 공간으로 퍼져나가고 그 별 먼지들이 다시 뭉쳐져서 새로운 별이 만들어지며 행성들이 생성되면 그제서야 탄소가 존재하는 지구와 같은 행성들이 존재할 수 있게 된다. 그런데 두 번째 상수 값이 조금만 작아지면 별들의 내부에서 탄소가 생성되지 않는다. 그렇다면 우주는 탄소가 존재하지 않는 우주가 되어버린다. 탄소가 없다면 역시 생명체가 존재할 수 없다. 우리가 알고 있는 생명체는 탄소를 기반으로 하는 생명체밖에 없다. 다시 말하면 두 번째 상수 값이 조금만 커지면 수소가 존재할 수 없고 조금만 작아지면 탄소가 존재할 수 없는 우주가 되어버린다. 즉 두 번째 상수 값이 정확하게 이 값을 갖지 못하면 우주는 인간이 존재할 수 없는 황량한 우주가 되어버릴 것이다. 그러니까 이 상수 값이 정확하게 동일한 값을 가져서 인간이 존재할 수 있는 우주로 미세하게 조절되었다는 것은 마치 인류를 탄생시키기 위해 누군가가 우주의 조건을 미리 조절해둔 것처럼 여겨진다는 뜻이다.

한 가지 예만 들었지만, 6개의 상수가 똑같이 미세하게 조절되어 있고 각 상수 값이 조금만 달라져도 우주는 인류가 존재할 수 없는 색다른 우주가 되었을 것이다. 그렇다면 도대체 어떻게 이 상수들이 딱 맞는 그 값을 갖게 되었을까? 왜 그것이 마치 인류를 위해 준비된 것처럼 보이는 걸까? 이 질문에 대한 답변은 크게 세 가지로 살펴볼 수 있다.

첫 번째는 다중우주론으로서 이 현상을 우연에 돌리는 설명이다.

다중우주는 우주가 하나가 아니라 매우 많다는 개념이다. 즉 우리가 사는 우주는 하나이지만 실제로는 수많은 다른 우주가 있을 수 있다는 설명이다. 만일 우주가 하나라면 그 우주가 인류가 존재할 수 있는 독특한 조건을 갖추는 것이 이상하다고 여겨질 수 있지만 반대로 우주가 수없이 많다면 그중 하나가 인류가 존재할 조건을 갖추고 있다고 해도 별로 이상할 것이 없다. 수많은 우주 중 하나쯤은 그런 조건을 갖출 수 있으니까 말이다. 가령 복권을 한 번 샀는데 당첨이 된다면 기이하게 여겨질 것이다. 그런데 가만히 생각해보면 매주 누군가는 복권에 당첨된다. 내가 사는 복권은 하나이지만, 수많은 사람이 사는 복권의 숫자는 매우 많기 때문이다. 혹은 하나가 아니라 발행되는 수만큼 복권을 산다면 그중에서 하나는 당연히 당첨될 것이다. 이와 비슷하게 인류가 존재할 조건을 갖춘 우주는 매우 특이하지만 우주의 개수가 많다면 그중에서 하나쯤은 그런 우주가 있을 수도 있다는 설명이다.

두 번째는 아직 모른다는 설명이다. 현대 과학을 토대로 우주가 왜 그렇게 특정한 상수 값을 갖게 되었는지 그래서 마치 인류가 존재하기 위해 미세하게 조절된 것처럼 보이는지는 아직 알 수 없다. 그러나 과학이 더 발전하다 보면 현재 우리가 찾지 못한 답을 과학 연구를 통해서 찾을 수 있을 것이다. 지금은 우리가 모르지만 이 상수 값들이 특정한 값을 갖는 과학적인(그러니까 필연적인) 이유가 있을 것이다. 이런 견해를 가진 과학자들도 많다.

세 번째는 초월적 존재의 섭리라는 설명이다.[3] 자연세계를 넘어서

---

3   알리스터 맥그래스, 『정교하게 조율된 우주』(IVP, 2014), 9장 "태초에: 우주 상수"를 보

는 신과 같은 존재가 우주의 역사를 통해 인류를 탄생시키기 위해서 우주의 조건을 미세하게 조절하여 창조했다. 종종 이 세 번째 설명은 지적설계의 논증으로도 사용된다.[4]

　이 세 가지 설명 중에 어떤 설명이 맞을까? 첫 번째 설명은 많은 이론물리학자들이 선호한다. 초끈이론이라든지 M이론 등으로 빅뱅 자체를 설명하려는 시도는 많은 경우 다중우주 모델을 가정하고서 그중 하나의 우주인 우리가 사는 우주가 빅뱅을 통해 시작되었다는 시나리오를 제시한다. 그러나 2부에서 다룬 것처럼 다중우주론은 아직 엄밀한 경험적 증거를 통해 입증된 정설이라기보다는 가능성을 가진 하나의 가설로 보는 것이 현재 과학계의 평가다. 두 번째 설명은 첫 번째 설명과 비슷하게 우주가 미세 조절된 이유를 과학적 원인으로 설명하려는 시도다. 과학은 급격하게 변해왔고 그 결과 우리가 상상도 하지 못했던 다양한 지식을 우리에게 선보였다. 그렇기 때문에 앞으로 50년 뒤 혹은 100년 뒤에 과학이 어떤 결과들을 내놓을지 섣불리 재단하기는 어렵다. 한편으로는 과학이 새로운 통찰을 통해 인류 원리에 대한 과학적 답변을 제시할 수 있지 않을까 기대되기도 하고, 다른 한편으로는 인간의 이성으로는 영원히 풀지 못할 숙제가 되지 않을까 하는 생각도 든다. 100년 뒤의 사람들은 인류 원리에 대해 어떻게 생각하게 될지 무척이나 궁금하다. 그러나 만일 100년 뒤에 6개의 상수 값이 왜 그 값을 갖게 되었는지 과학적으로 설명 가

라.

4 　리차드 칼슨 편저, 『현대과학과 기독교의 논쟁』(살림, 2003), 3부 "조건적 일치"를 보면 지적설계론자인 스티븐 마이어의 신가설이 바로 이런 논점을 제시한다.

능하게 되면 어떨까? 그러면 그 설명은 창조주가 우주를 설계하고 섭리하여 인간을 창조했다는 기독교 신앙을 부정하게 될까? 그렇지 않다. 만일 인류 원리에 관해 과학적 설명이 가능하다면 우리는 창조주가 과학이 설명한 방식대로 우주를 창조하셨고 인간을 만드신 것으로 이해할 수 있다. 신은 과학으로 설명할 수 없는 방법을 사용해야만 한다고 우리가 고집한다면 그것은 오히려 하나님보다 앞서 나가는 것이다. 우리는 창조의 방법에 대해서 미리 알 수가 없다. 성경도 창조의 방법을 세밀하게 알려주지 않는다. 하나님이 어떻게 창조하셨는지 알기 위해서는 하나님이 주신 일반계시인 자연이라는 책을 봐야 한다. 자연을 읽어내는 과학을 통해 인과적 설명이 가능하다면 하나님께서 자연적 방법을 통해서 창조하셨다는 것을 우리는 배울 수 있을 뿐이다.

1,000억 개의 은하들과 그 안에 담긴 1,000억 개의 별들은 필요 없는 존재들일까? 100억 년이 넘는 시간은 쓸모 없는 시간 낭비일까? 인류 원리에 따르면 그렇지 않다. 우주가 왜 그렇게 미세 조절되어 있는지에 대한 설명은 불분명하더라도 인류가 존재하기 위해서는 1,000억 개의 은하와 100억 년의 우주 역사가 반드시 필요했다. 은하의 숫자들이 적었더라면 우주의 팽창이 더 빨라져서 인류가 살 수 없는 우주가 되었을 것이다. 인류는 별들이 탄소를 충분히 만들어낸 우주 역사의 후반부에 탄생할 수 있는 조건을 갖추게 되었다. 단지 태양계만 창조된다고 해서 인류가 존재할 수는 없다. 오늘 우리가 여기 존재하기 위해 우주의 모든 별들과 은하들은 하나하나 다 필요했다. 오늘 당신이 여기 존재하도록 하기 위해 창조주 하나님은 100억 년이

넘는 긴 시간 동안 수많은 별과 은하들을 창조하고 섭리하시며 준비해오셨다. 밤하늘의 빛나는 모든 별은 다 당신을 위해 존재한다.

18장

창조를
이해하는 틀

1, 2, 3, 4부를 거치며 우리는 하나님이 우리에게 주신 두 가지 책이라는 전통에서 출발하여 그리스도인으로서 과학을 어떻게 이해해야 하는가를 살펴보았다. 신학은 특별계시인 성경을 읽어가는 과정으로, 또한 과학은 일반계시인 자연이라는 책을 읽어가는 과정으로 이해하는 두 가지 책이란 개념은 한국교회에 만연한 이원론을 극복하고 하나님의 창조세계를 폭넓게 이해하는 중요한 출발점이다. 또한 우리는 성경을 내 마음대로, 읽히는 대로 읽는 것이 옳지 않으며 하나님께서 성경을 통해 우리에게 주시려는 메시지와 저자의 의도를 제대로 파악하기 위해서는 해석의 과정을 거칠 수밖에 없고 그럼에도 불구하고 우리의 해석은 완벽하지 않기 때문에 성경과 우리의 해석 사이에는 언제나 넘을 수 없는 장벽이 있음을 살펴보았다. 뿐만 아니라 과학도 일반계시인 자연이라는 책을 읽어가는 과정이기 때문에 과학 역시 분명한 한계가 있음을 논했다. 과학은 자연이라는 실재에 대한 영원한 근사이므로 과학과 창조세계 사이에는 언제나 해석이라는 간극

이 존재한다. 그렇기 때문에 한 분 하나님이 저술한 특별계시와 일반계시 사이에는 모순이 존재하지 않지만, 우리의 해석, 즉 성경에 대한 해석인 당대의 신학과 자연에 대한 해석인 당대의 과학 사이에는 충돌이 존재할 가능성이 있다. 따라서 이러한 충돌이 발생한다면 우리는 각각의 해석이 올바른지 점검해야 한다는 점도 살펴보았다. 우리가 믿고 고백하는 하나님은 인간의 제한된 언어로 획일적으로 묘사될 수 있는 존재가 아니며 그렇기 때문에 우리는 성경과 자연에 대한 해석을 끊임없이 되풀이하면서 하나님과 창조세계를 보다 정확하게 이해하며 실재에 더 가깝게 다가가는 과정에 있다.

이런 관점에서는 과학과 신앙이 결코 모순되지 않으며 오히려 서로 양립 가능하다. 과학은 창조주 하나님이 만드신 창조세계를 보다 명확하게 우리에게 알려주는 도구이며 그 과학을 통해 우리는 놀라운 창조주의 능력과 그의 섭리를 배우면서 창조의 신비와 경이로움을 바탕으로 창조주를 찬양하고 그분께 감사할 수 있다.

그러나 과학과 신앙이 충돌하는 것처럼 보이는 시기에는 종종 과학이 그리스도인들의 신앙에 위협적인 것으로 여겨진다. 과학은 새로운 발견을 통해 창조세계를 보는 우리의 시각을 급격하게 바꾸어왔으며 그러한 변화에 대한 요구는 종종 마치 신앙을 포기하라고 요구하는 것처럼 보이기도 했다. 역사를 돌아보면 이런 과정은 지금도 계속되고 있다.

코페르니쿠스와 갈릴레이를 통해 지구가 움직인다는 주장이 퍼지기 시작한 중세 시대에 살던 사람들은 지구가 움직일 수 없다고 철저하게 믿고 있었고 따라서 지구가 움직인다는 주장은 성경에 위배된다고 생각했다. 천동설이 틀렸고 지동설이 옳다는 과학자들의 주장은 천동설과 기독교 신앙을 결합해서 하나로 인지하던 그들에게는 마치 천동설과 함께 기독교 신앙을 버리라는 요구처럼 들렸을 것이다. 그러나 과학은 결코 기독교 신앙 자체를 버리라는 압력을 가하지 않았다. 과학은 천동설이 자연이라는 실재와 맞지 않음을 알렸을 뿐이다. 시간이 흐르자 많은 그리스도인들은 천동설과 기독교 신앙을 동일시했던 혼합주의가 잘못이었다는 점을 깨닫게 되었고 천동설과 기독교 신앙을 분리하여 천동설을 폐기하게 되었다. 성경은 하나님이 지구를 우주의 중심에 놓고 움직이지 않게 창조하셨는지, 혹은 태양을 중심에 놓고 지구가 움직이게 창조하셨는지를 다루지 않는다. 문제는 잘못된 성경 해석을 바탕으로 천동설을 기독교 신앙의 핵심 요소로 받아들였던 당대의 창조신학에 있었다.

천동설-지동설 논쟁 뒤에 이어진 뉴턴의 중력 이론도 비슷한 양상을 겪는다. 뉴턴은 사과가 나무에서 떨어지는 현상이나 달이 지구 주위를 공전하는 현상을 똑같이 중력이라는 개념으로 설명했다. 달이 지구 주위를 한 달에 한 번 공전하는 현상을 중력으로 설명하자 그의 중력 이론은 많은 반대에 부딪혔다. 자연현상의 원인을 자연 내부에서 찾는 근대 과학이 막 성립하던 시기에 살던 사람들은 여전히 초자연적 원인을 가지고 다양한 자연현상을 이해했다. 매일 달이 뜨고 지는 현상은 창조주의 명령을 받은 천사들이 달을 끌고 다니기 때문이라는 단순한 생각은 그 시대를 살던 평범한 사람들의 상식을 반영한다. 하나님이 해와 달을 규칙적으로 동에서 떠서 서에서 지도록 천사들을 통해 운반한다고 생각했던 그들에게 뉴턴의 중력 개념은 지극히 무신론적이고 이신론적 개념이었다. 왜냐하면 뉴턴의 중력 이론은 하나님도 천사도 필요 없게 만들었기 때문이다. 하나님이 필요 없이 그저 중력에 의해서 달과 천체들의 운행이 이루어진다면 그만큼 더 무신론적이며 이신론적인 사상도 없다는 게 그들의 판단이었을 것이다. 그러나 시간이 흐르면서 그들의 오류는 명백해졌다. 무엇이 잘못이었을까? 하나님이 달의 운동을 섭리하는 방법을 단지 천사를 통한 기적적이고 초자연적인 방법에 제한시킨 것이 그들의 문제였다. 수백 년이 지나 현대를 사는 그리스도인들은 달이 지구의 중력에 의해 한 달에 한 번씩 지구 주위를 공전함을 의심하지 않는다. 그리고 지구의 중력을 통해 달의 운동을 주관하시는 것이 바로 하나님의 섭리요, 다스리심이라고 이해한다.

지구의 나이에 대해서도 그리스도인들은 큰 충격을 겪었다. 17세기 초까지만 해도 일반 사람들은 하나님의 창조세계가 얼마나 오래되었는지 제대로 이해하지 못했다. 많은 사람이 창세기 족보에 의지하여 하나님이 약 6천 년 전에 천지를 창조했으며 그래서 지구의 연대도 6천 년이라고 생각했다. 그러나 17, 18세기에 지질학이 발전하면서 지구가 매우 오래되었다는 다양한 과학적 증거들이 나왔고 19세기 초중반에는 지구가 최소한 수백만 년도 더 오래되었다는 관점이 정설이 되었다. 지구가 오래되었다는 과학적 결론에 대해 많은 그리스도인들은 반감을 가졌다. 오래된 지구를 제시하는 지질학은 성경에 위배되며, 지질학을 받아들이면 기독교 신앙을 포기하는 것이라고 여긴 사람들도 많았을 것이다(물론 지금도 그렇게 생각하는 그리스도인들이 있다!). 그러나 성경은 지구의 연대에 대해서 정확하게 언급하지 않으며 창조세계가 얼마나 긴 연대를 갖는지에 관해서 별 관심이 없다. 문제는 성경을 문자적으로 해석하여 젊은 지구라는 개념을 기독교 신앙과 결합시킨 혼합주의였다. 젊은 지구와 기독교 신앙을 결합한 사람들은 지질학을 수용하는 것을 기독교 신앙을 버리는 것으로 받아들였다. 하지만 진짜 문제는 기독교 신앙이 아니라 잘못된 성경 해석이다. 젊은 지구라는 개념은 기독교 신앙의 핵심이 아니라 근대 과학 이전 사람들이 가졌던 잘못된 상식에 불과하다.

100여 년이 지나 또 한 번의 충격이 왔다. 바로 찰스 다윈을 통한 생물진화 개념이었다. 다윈 이전의 사람들은 하나님이 생물의 다양한 종을 기적적인 방법을 통해 즉각적이고 완성된 형태로 창조했다고 생각했다. 그러나 다윈은 종과 종이 서로 연결되어 있으며 공통의 조상에서 분화되어 진화했음을 세밀하게 밝히기 시작했다. 다윈 시절에는 결정적인 증거가 부족했지만 그 이후 등장한 유전학과 유전 정보는 화석을 비롯한 고생물학적 증거와 발생학 및 지리학 등과 더불어 생물종들이 순간적이고 기적적으로 창조된 것이 아니라 긴 시대를 걸쳐 변화하고 적응한 결과 현재의 종들에 이르게 되었다는 생물진화를 부인할 수 없는 사실로 만들었다. 생물진화를 반대했던 사람들은 하나님이 생물을 창조한 방법을 즉각적이고 기적적인 방법에 제한시켰다. 그들은 바로 성경이 그렇게 증거한다고 믿었기 때문에 생물진화는 성경에 위배된다고 생각했다. 무엇이 잘못되었을가? 이전의 사례와 마찬가지로 생물종이 독립적이고 즉각적으로 창조되었다고 보는 관점과 기독교 신앙을 동일시한 관점이 문제였다. 그래서 그들은 생물진화를 결코 받아들일 수 없었다. 하지만 독립적·즉각적 창조와 기독교 신앙을 동일시하는 관점은 신학적으로 잘못된 것이었다. 창세기 1, 2장은 하나님이 생물종들을 어떤 방식으로 창조했는지 중요하게 다루지 않으며, 즉각적 창조를 창조신학의 핵심에 두는 것은 천동설을 창조신학의 핵심에 두거나 혹은 천사가 달을 끄는 초자연적 방식을 창조신학의 핵심에 두는 것과 마찬가지로 오류일 뿐이다.

역사가 보여주는 이런 과정들은 우리에게 어떤 교훈을 줄까? 가장 중요한 점은 당대의 과학을 기독교 신앙과 너무 강하게 결합하는 것이 매우 위험하다는 것이다. 과학은 주로 자연현상의 인과관계를 다룬다. 즉 하나님이 어떻게 창조하셨는지 창조의 방법을 주로 다룬다. 그러나 기독교 신앙과 창조신학은 특정한 창조 방법 자체에 좌우되지 않는다. 하나님이 기적적으로 창조했든 자연적 방법을 통해 창조했든 간에 하나님이 창조주가 되신다는 사실은 변함이 없다. 천동설 방식으로 태양계를 만들었든 혹은 지동설 방식으로 태양계를 만들었든 그것은 하나님이 성경을 통해 우리에게 주시고자 하는 주요한 메시지가 아니다. 성경은 누가 창조주인가에 초점을 두고 있으며 그 핵심 메시지를 우리에게 전하기 위해 계시된 것이다.

그러나 한 시대를 사는 그리스도인들은 그 시대의 주류 견해를 벗어나기가 좀처럼 쉽지 않다. 하나님이 천동설처럼 태양계를 만드셨다고 굳게 믿고 있다면 천동설이 틀렸다는 과학적 주장은 자신의 신앙을 위협하는 것처럼 들린다. 천사가 달을 운반한다고 믿고 있다면 뉴턴의 중력 법칙은 반기독교적인 사상으로 들릴 수밖에 없다. 하나님이 생물종들을 하나하나 기적적인 방법으로 창조했다고 믿고 있다면 생물진화 개념은 반성경적인 개념으로 보일 수밖에 없다.

과학과 신앙의 긴장은 창조라는 진리가 창조의 그림이라는 그릇에 담길 수밖에 없다는 한계 때문에 생겨난다. 하나님의 창조를 이해하려면 창조의 내용을 담을 어떤 그릇이 필요하다. 그 그릇은 주로 당대의 상식 혹은 주류 견해에 의해 생성된다. 하나님이 창조주 되심을 믿으려면 하나님이 어떻게 창조하셨는가에 대해 어느 정도 구체적인 그림을 그릴 수밖에 없다. 단지 하나님이 창조주라는 고백만으로는 구체적 내용을 담지 못한다. 그 대신 하나님이 창조하신 과정이나 창조 역사에 대한 어떤 구체적인 내용, 즉 창조의 그림을 토대로 우리는 창조주를 고백한다.

　　창세기가 쓰여진 고대 근동 지역에 살던 사람들은 그 당대의 상식을 토대로 하나님의 창조를 이해했다. 그들에게 하나님이 창조주이심을 설명하려면 그들이 이해하는 방식대로 하나님이 창조세계를 창조하셨다는 구체적인 그림을 제시해야 한다. 그래서 창세기의 창조 기사를 보면 바다에 둘러싸인 편평한 땅(지구)에 돔과 같은 형태의 하늘과 그 하늘에 담긴 해와 달과 별들로 구성된 창조의 그림을 볼 수 있다. 천동설이 주류 견해였던 중세 시대의 사람들은 지구가 우주의 중심에 있고 태양과 5개의 행성이 지구 주위를 공전하는 태양계를 그리면서 그런 창조의 그림 위에 창조신앙을 세웠을 것이다. 즉 하나님이 창조주라는 창조의 진리는 어떤 구체적인 창조의 그림을 토대로 그 그릇 안에 담길 수밖에 없다. 또한 창조세계에 대한 이해가 발전하면서 창조의 그림은 각 시대마다 변하게 된다. 마치 천동설에서 지동설로 변했듯이 말이다.

　　그렇기 때문에 우리는 하나님이 창조주라는 진리와, 하나님이 어떤 방법으로 혹은 어떤 형태로 창조하셨는가라는 창조의 그림을 구별할 줄 알아야 한다. 그리고 창조라는 진리와 그 진리를 담은 하나의 그릇, 곧 한 가지 형태의 창조 그림을 너무 심각하게 결합시키지 말아야 한다. 창조와 창조의 그림을 동일시한다면 천동설과 창조신앙을 동일시했던 중세 시대 사람들처럼 혹은 천사가 달을 끄는 방식과 창조신앙을 동일시했던 뉴턴 시대의 사람들처럼 심각한 오류를 범하게 될 것이다.

또한 우리는 창조의 그림이 조금씩 깨지고 변하는 것을 두려워하지 말아야 한다. 천동설이 무너졌지만 창조신앙이 무너지지 않았고, 천사가 달을 끄는 것이 아님이 판명 났지만 하나님의 섭리와 다스리심에 대한 신앙이 파괴되지 않았다. 지구의 나이가 6천 년이 아님을 알게 되었지만 성경의 권위가 떨어지거나 믿지 못할 책이 되지 않았다. 따라서 과학이 발전함에 따라 성경에 대한 우리의 해석이 변하는 것을 두려워하지 말아야 한다. 그 변화는 오히려 우리의 제한된 이성 안에 가두어두었던 창조주와 그의 역사를 해방시키는 것이다. 그 변화는 오히려 제한되었던 창조의 관점을 확장시키며 창조신앙을 더욱 튼튼한 기초 위에 바로 세우는 과정이다.

코페르니쿠스의 원리

코페르니쿠스의 원리라고 부르는 관점이 있다. 평범성의 원리라고도 불리는 이 관점은 지구에서 우주를 보는 관점이 특별하지 않고 평범하다는 뜻이다. 지동설이 나온 이후로 지구가 우주의 중심에 있다는 이론은 폐기되었다. 지구가 우주의 중심이라는 오해가 무너지면서 지구는 우주의 변두리로 영원히 밀려났다. 1부에서 살펴보았듯 지구가 속한 태양계도 우리 은하의 중심에서 25,000광년 떨어진 변두리에 존재한다. 지구와 태양계가 속해 있는 우리 은하는 천억 개나 되는 수많은 은하 중 하나에 불과하다. 다시 말하면 지구는 물리적으로 별로 특별하지 않다. 인간이 살고 있는 지구가 우주에서 차지하는 위치는 보잘것없다. 중세 이전의 사람들이 지구가 우주의 중심이라고 생각한 이유는 신이 특별하게 만들어 모든 창조물을 다스리게 한 인류가 사는 지구야말로 당연히 우주의 중심에 있어야 한다는 철학적 전제 때문이다. 그러나 코페르니쿠스 이후 이 관점은 영원히 무너졌다.

코페르니쿠스 원리는 생물학에까지 확장되었다. 생물학은 인간이 침팬지나 오랑우탄 등의 영장류와 생물학적으로 비슷하다고 알려준다. 두뇌의 크기나 직립 보행 등 차이점을 강조할 수도 있겠지만 인간은 유인원과 생물학적으로 비슷하며 기능을 하는 유전자 역시 98% 정도 비슷하다. 인간이 생물학적으로 그리 특별하지 않다는 뜻이다. 다른 생물들과 마찬가지로 인류도 공통 조상에서 분화되어 나왔고 긴 시간 동안 변화를 거친 진화의 방법으로 창조되었다고 생물학은 우리에게 알려준다. 만일 그렇다면 인간의 존엄성은 어디서 찾아야 할까? 인간이 다른 동물들과 달리 그리 특별한 존재가 아니라면 인간은 존엄한 존재라고 할 수 있을까? 인간이 특별한 방법으로 창조되지 않았다면 인간은 특별한 존재일 수 있을까?

과거의 사람들은 인간이 사는 지구의 위치가 우주의 중심이라거나 혹은 인간은 다른 동물과는 달리 특별한 방법으로 창조되었다는 사실에 기초해서 인간의 존엄성을 찾았다. 그러나 평범성의 원리는 인간이 물리학적으로 혹은 생물학적으로 그다지 특별하지 않다고 말해준다. 그럼 우리는 어디서 인간의 특별성을 찾아야 할까?

인간이 특별한 이유는 우리가 물리적으로 특별한 공간에 살고 있다거나 혹은 우리가 생물학적으로 특별한 방법으로 만들어졌기 때문이 아니다. 오히려 평범한 곳에 살고 평범한 방법으로 창조된 인간이 특별한 이유는 창조주 하나님이 인간을 특별한 존재로 삼으셨기 때문이다. 하나님은 별 먼지에서 만들어진 탄소 등으로 구성된 보잘것없는 흙으로부터 우리를 창조하셨다. 하나님의 창조의 방법이나 과정 자체는 별로 그리 특별하지 않았다. 그러나 중요한 것은 그분이 우리를 선택하셨고 하나님을 대리할 존재로 만드셨다는 점이다.

존 스토트는 『로마서 강해』에서 아담의 창조에 관해 흥미로운 관점을 제시한다. 하나님은 생물학적 인간(호모 사피엔스)을 진화와 같은 자연적 방법으로 창조하셨을 수 있지만, 그를 선택하시고 그 코에 생기를 불어넣는 과정을 통해 인간을 진정한 의미의 인간으로 만드셨다. 하나님이 생물학적 인간(호모 사피엔스)을 선택하여 그와 인격적 관계를 맺음으로써 단지 생물학적 인간이었던 인간은 진정한 의미의 인간, 즉 신적 인간(호모 디비누스)이 된다. 존 스토트의 관점은 하나님이 자연의 인과관계를 통해 생물학적 인간을 창조하셨지만 그 인간에게 하나님의 형상을 부여하고 하나님과 관계를 맺고 사귈 수 있는 존재로 만드시면서 인간은 참 인간, 즉 신적 인간이 되었다는 것이다. 즉 인간이 특별한 이유는 우리가 창조된 방법이 기적적 방법과 같은 특별한 방법이기 때문이 아니라, 하나님이 우리를 특별한 존재로 삼아주셨기 때문이다. 곰곰이 생각해보면 사실 창조의 방법이 특별하다고 해서 특별한 존재가 되는 것은 아니며 창조의 방법이 평범하다고 해서 평범한 존재가 되는 것도 아니다. 단지 그동안 우리는 순간적이고 완성된 형태로 창조되면 무언가 특별한 존재가 되는 것으로 창조의 방법과 인간의 특별성을 연결시켜서 생각해왔을 뿐이다.

되돌아보면 우리 모두는 평범하게 창조되었다. 그렇지만 우리 모두는 특별하다. 혹시 평범하게 창조되지 않고 특별하게 창조된 분이 있다면 한번 만나보고 싶다. 우리 모두는 부모의 사랑을 통해서 정자와 난자가 수정된 단세포에서 시작되었으며 세포의 자기복제를 통해 아기로 태어났다. 생물학적으로 보면 우리 한 사람 한 사람이 창조된 방법은 그리 특별하지 않다. 그럼에도 불구하고 우리는 특별하다. 그 이유는 우리가 단세포를 거치지 않고 갑자기 하루 만에 아기로 뚝딱 창조되었기 때문이 아니다. 비록 창조의 방법은 평범하더라도 그 평범한 존재를 하나님이 계획하고 선택하고 그리고 인격적인 존재로 사랑하시기 때문에 우리는 특별한 존재가 된다.

우리는 특별한 존재가 아니면 사랑받지 못하는 세상에서 살고 있다. 1등을 해야 인정받고 이겨야 살아남는 승자 독식의 시대에 살며, 심지어 교회에서도 특별해지라고 가르친다. 공부를 잘 하든가 말을 잘 타든가 무언가 특별함을 지녀야 사랑받는 세상이기 때문에 특별해지라고 가르친다. 과연 하나님도 그러실까? 하나님도 우리가 무언가 특별해야만 우리를 사랑하실까? 기도를 잘하거나 새벽기도를 열심히 하거나 십일조를 많이 바치는 등 무언가 특별해져야 우리를 사랑하실까? 그렇지 않다. 하나님은 평범한 우리를 사랑하신다. 비록 우리가 보잘것없어도 하나님은 그런 우리를 사랑하신다. 우리가 특별한 이유는 무언가 특별해서가 아니라, 거꾸로 평범한 우리를 하나님이 사랑해주시기 때문에 우리가 특별한 존재로 탈바꿈하는 것이다.

창조주 하나님이 인간을 선택하여 언약 관계를 맺고, 그렇게 하나님과의 관계가 시작되면서 인간은 참 인간이 되었다는 존 스토트의 관점, 즉 "호모 사피엔스에서 호모 디비누스"로의 변화는 참 의미심장하다. 그리고 바로 이것이 우리가 평범성의 원리를 대하는 태도가 되어야 하지 않을까. 지구의 위치나 인간의 특별한 창조 방법과 같은 차별성을 통해서 인간의 존엄성을 지키려는 노력은 코페르니쿠스 이후 평범성의 원리에 의해 가망이 없어 보인다. 진화론자들이 주장하는 것처럼 인간이 존엄하지 않으며 동물과 같다는 식의 주장에 대항하기 위해서 인간의 차별성을 강조하는 방식은 적합한 전략이 되기 어렵다. 인간과 창조세계의 차별성에 기대기보다는 오히려 창조주와 인간의 관계의 특별함에서 인간의 존엄성을 찾는 것이 훨씬 바른 길이다. 과학적 증거에 기대어 인간의 존엄성을 강조하기보다는 신학적 증거에 기대어 인간의 존엄성을 찾아야 한다.

그렇다면 성경이 증거하는 인간과 창조세계의 차별성, 그리고 하나님의 형상이란 무엇일까? 하나님의 형상이라는 말은 생물학적 겉모습을 뜻하지 않는다. 하나님이 손가락이 10개 있어서 우리 인간도 하나님처럼 손가락이 10개 있도록 창조했다는 말이 아니다. 하나님의 형상대로 인간을 창조했다는 말은 하나님의 대리자로 인간을 창조했다는 의미다. 고대 근동 지역의 왕국에서 왕권이 미치는 영토를 표시

할 때 왕의 모습을 닮은 형상을 세워 왕의 통치를 드러냈듯이 하나님의 형상이란 바로 하나님의 대리자로서 창조세계를 보호하고 다스릴 존재를 드러낸다. 고대 근동의 신들이 노예로 삼기 위해 인간을 창조한 것과 달리 하나님은 그분을 대리할 존재로 인간을 창조하셨다.

그렇다면 하나님의 형상이란 구체적으로 무엇일까? 신학적으로 쉽지 않은 질문이지만 우리는 충분한 힌트를 얻을 수 있다. 아우구스티누스는 『신국론』에서 하나님의 형상을 구성하는 다섯 가지 요소를 설명하는데 그중 가장 주목해볼 것은 이성이다. 하나님을 대리하여 창조세계를 보호하고 다스리려면 창조세계가 어떻게 운행되는지 이해할 수 있어야 한다. 그렇기 때문에 가장 중요한 요소는 이성 혹은 지성이다. 아담이 동물들의 특징을 보고 하나하나 이름을 지었듯이 창조세계를 보고 관찰하고 이해하고 이름을 짓거나 또 그것을 보호하고 다스리기 위해서는 이성적 능력이 필요하다. 하나님은 인간을 하나님의 대리자로 삼으면서 하나님의 형상을 부여하셨고 그래서 우리 인간은 창조세계와는 차별성을 갖는 이성적 능력을 갖게 되었다. 인간을 다른 동물과 구별하는 특징은 의식과 언어라고 할 수 있으며 이것은 이성이라는 특징으로 분류된다.

하나님은 즉각적이고 순간적인 창조의 방법이 아니라 자연의 인과관계를 사용한 자연적 방법으로 인간을 창조하셨다. 그 창조 방법은 평범할 수 있지만 그럼에도 하나님은 인간을 하나님의 대리자인 특별한 존재로 삼으셨고 인간에게 자신의 형상을 부여하셨다. 하나님의 형상을 가진 인간은 하나님과 인격적 관계를 맺으며 사랑하고 배신할 수 있는 자유의지를 가진 존재로, 그리고 하나님의 속성을 닮은 조화롭고 아름다운 창조세계를 관찰하고 이해하며 자신이 누구인가를 스스로 물을 수 있는 존재가 되었다. 이성을 가진 우리 인간은 창조주와 창조세계를 점점 더 깊이 이해하며 인생의 의미를 묻고 자신이 어떻게 살아가야 할지 고찰하는 존재가 되었다.

앞으로 과학은 얼마나 더 발전할까? 지난 수백 년 동안 새로운 발견을 통해 인류에게 지대한 심리적 충격을 던져온 과학은 앞으로 또 어떤 새로운 발견을 통해서 인류의 지성에 도전할까? 창조세계의 새로운 모습을 발견해온 과학은 그리스도인들이 가진 창조세계에 대한 관점을 현저하게 바꾸어왔다. 그렇다면 앞으로 또 어떤 커다란 심리적 충격과 도전이 그리스도인들을 기다리고 있을까? 평범성의 원리는 어디까지 더 확장될까?

과학이 기독교 신앙에 던지는 도전은 지구의 연대 문제나 생물진화 문제 정도가 아니다. 과학은 하나님의 일반계시인 자연이라는 책을 읽어가는 해석이기 때문에 기독교 신앙과 근원적으로 모순될 수 없다. 창세기 등의 성경 본문이 과학과 모순되는 듯한 문제는 건전한 창조신학에 기초하여 성경을 바르게 해석함으로써 해결해갈 수 있다. 그러나 과학이 기독교 신앙에 던지는 가장 큰 도전은 그동안 우리가 갖고 있던 창조세계에 대한 이해를 깨뜨리는 도전이다. 종종 기독교 신앙과 결합되어 있던 우리의 제한된 관점, 즉 우주와 지구와 생물의 세계가 이럴 것이라고 생각했던 그 창조의 그림은 과학의 발전 과정에서 도전받는다. 과학은 앞으로 뇌과학의 발전을 통해 인간의 정신 현상을 충분히 설명해낼지도 모른다. 의학의 발전을 통해 생명체를 인공적으로 만들어낼지도 모른다. 우주 어딘가에서 외계 생명체가 발견될지도 모른다. 이러한 과학적 발견은 기독교 신앙에 어떤 질문들을 던질까? 우리가 극복해야 할 도전은 단순히 성경 해석 문제나 과학에 대한 반감이 아니다. 오히려 새로운 발견들과 더불어 앞으로 과학이 던져줄 심리적 충격을 어떻게 극복할 것인가, 우리가 그동안 가졌던 잘못된 시각을 넘어서 기독교 신앙 안에 과학이 제시하는 새로운 발견을 어떻게 수용하여 창조신학을 새롭게 변화시켜갈 것인가, 이것이 바로 과학이 우리에게 던지는 도전이다.

에필로그

과학시대라고 할 수 있는 21세기에 과학이 기독교에 도전이 되는 이유를 크게 세 가지로 살펴보았다. 첫째는 현대 과학이 제시하는 내용 그 자체가 기독교에 도전이 되는 듯하다. 21세기 과학은 성경이 기록되었던 시대에 살던 인류가 이해했던 우주 혹은 자연과는 너무나 다른 그림을 우리에게 보여주고 있기 때문이다. 현대 과학을 통해 밝혀진 우주의 모습과 자연의 역사는 성경이 제시하는 하나님의 창조세계의 역사와는 전혀 다른 매우 이질적인 모습으로 보이기 때문에 마치 과학과 기독교가 모순되는 것과 같은 인상을 받게 된다. 그러나 과학은 기독교에 도전이 될 수 없다. 왜냐하면 자연세계는 하나님의 창조 역사를 담고 있고 과학은 그 자연을 탐구하여 하나님의 창조 역사를 드러내기 때문이다. 물론 과학은 하나님이 주신 자연이라는 책을 우리에게 읽어준다. 과학이 발전하면서 그동안 우리가 몰랐던 새로운 창조의 그림을 보여주기 때문에 혼란과 갈등이 생기기도 한다. 그러나 이러한 혼란과 갈등은 오히려 하나님의 창조세계를 더 깊이 이해하도록 돕고 창조신학을 더 풍성히 만들고 하나님을 더 찬양하도록 만드는 계기가 된다.

둘째는 과학을 근거로 무신론을 주장하는 과학주의 무신론자들 때문에 과학이 기독교에 도전이 되는 것으로 보인다. 그러나 신이 없다는 도킨스와 같은 과학주의 무신론자들의 주장은 과학이 아니라 과학을 해석한 하나의 철학적 주장일 뿐이다. 과학은 결코 무신론자들의 주장을 지지해주지 않는다. 무신론자들의 주장에 대해서는 보다 지성적으로 그들의 논리를 이해하는 것과 더불어 우리의 신앙을 보다 합리적으로 설명하고 방어할 필요가 있다. 우리는 일방적으로 자신의 믿음을 강조하기보다는 이성적인 대화를 할 수 있는 지성적 힘을 반드시 길러야 한다.

세 번째로 과학이 기독교에 도전이 되는 듯한 이유는 바로 성경을 과학 교과서처럼 읽는 근본주의적 혹은 문자주의적 오류 때문이다. 성경에서 자연에 대한 지식을 얻으려 한다거나 우주의 역사나 연대기를 찾으려는 잘못된 접근을 하면 고대 근동 지역 사람들의 상식적 수준에 맞춰 기술된 우주의 모습을 읽어낼 수밖에 없고 마치 그것이 실제 우주의 모습이라고 오해하게 된다. 창조과학으로 대표되는 이러한 접근은 성경이 가르치지 않는 내용까지 성경에서 읽어내는 오류를 낳는다. 만일 이런 견해에 갇혀 있다면 과학이 신앙에 도전이 될 것이다. 그러나 이런 문자주의적 접근은 잘못된 성경 해석과 창조신학 때문에 발생한다. 창조과학식의 성경 이해는 하나님의 창조를 바르기 이해하기 위해 우리가 반드시 극복해야 할 문제다.

과학이 우리에게 주는 진정한 도전은 과학이 새롭게 제시하는 우주와 생물의 역사를, 즉 과거와 달리 더 자세하게 밝혀진 하나님의 창조의 역사를, 우리가 기존에 가지고 있었던 지식의 한계를 깨고 창조

과학시대의 도전과 기독교의 응답

신학 안에 어떻게 수용해야 할 것인가라는 점이다. 이 도전은 결국 과학을 비판적으로 그러나 하나님의 일반계시를 이해하는 도구로 수용하고 창조신학의 폭과 깊이를 확장하면서 우리가 감당해야 할 과제다.

참고문헌

〈과학과 신학의 대화 입문〉

데보라 하스마, 로렌 하스마.『오리진』. IVP. 2012.

로버트 휘셔.『하나님이 창조하셨다고? 도대체 어떻게?』. CUP. 2009.

리처드 라이트.『신앙의 눈으로 본 생물학』. IVP. 1995.

버나드 램.『과학과 성경의 대화』. IVP. 2016.

우종학.『무신론 기자, 크리스천 과학자에게 따지다』. IVP. 2014.

이언 바버.『과학이 종교를 만날 때』. 김영사. 2002.

존 호트.『과학과 종교, 상생의 길을 가다』. 들녘. 2003.

찰스 험멜.『갈릴레오 사건』. IVP. 1991.

한스 큉.『한스 큉, 과학을 말하다』. 분도출판사. 2011.

Alister E. McGrath. *Science and Religion*. Blackwell. 1999.

〈성서신학 관련〉

고든 D. 피, 더글라스 스튜어트.『성경을 어떻게 읽을 것인가』. 성서유니온. 1988.

김구원.『성경, 어떻게 읽을 것인가?』. 복있는사람. 2013.

데니스 O. 라무뤼 등저.『아담의 역사성 논쟁』. 새물결플러스. 2015.

리처드 E. 에이버벡 등저.『창조 기사 논쟁』. 새물결플러스. 2016.

존 H. 월튼.『창세기 1장과 고대 근동 우주론』. 새물결플러스. 2017.

_____.『창세기 1장의 잃어버린 세계』. 그리심. 2011.

트렘퍼 롱맨 3세.『어떻게 창세기를 읽을 것인가』. IVP. 2006.

피터 엔즈.『성육신의 관점에서 본 성경 영감설』. CLC. 2006.

_____.『아담의 진화』. CLC. 2014.

〈과학주의 무신론 비판〉

달라스 윌라드 편집.『세상이 묻고 진리가 답하다』. IVP. 2011.

알리스터 맥그래스, 조에나 맥그래스.『도킨스의 망상』. 살림. 2007.

알리스터 맥그래스.『도킨스의 신』. SFC. 2007.

_____.『신 없는 사람들』. IVP. 2012.

에드거 앤드류스『신을 탐하다』. 복있는사람. 2012.

윤동철.『새로운 무신론자들과의 대화』. 새물결플러스. 2014.

카렌 암스트롱.『신을 위한 변론』. 웅진. 2010.

테리 이글턴.『신을 옹호하다』. 모멘토. 2010.

〈창조과학 되돌아보기〉

김민석.『창조론 연대기』. 새물결플러스. 2017.

양승훈.『창조연대 논쟁』. SFC. 2017.

윤철민.『개혁신학 vs. 창조과학』. CLC. 2013.

_____.『창조과학과 세대주의』. CLC. 2017.

임택규.『아론의 송아지』. 새물결플러스. 2017.

Davis A. Young, Ralph F. Stearley. *The Bible, Rocks and Time*. IVP. 2008.

Hugh Ross. *Creation and Time*. Navpress. 1994.

Robert T. Pennock. *Tower of Babel*. MIT Press. 1999.

〈다양한 창조 관점에 대한 이해〉

C. S. 루이스.『기적』. 홍성사. 2008.

_____.『피고석의 하나님』. 홍성사. 2011.

리차드 칼슨.『현대과학과 기독교의 논쟁』. 살림. 2003.

제럴드 라우.『한눈에 보는 기원 논쟁』. 새물결플러스. 2016.

존 C. 레녹스.『최초의 7일』. 새물결플러스. 2015.

존 마크 레이놀즈 등저.『창조와 진화에 대한 세 가지 견해』. IVP. 2001.

〈진화 창조론 관련〉

신재식.『예수와 다윈의 동행』. 사이언스북스. 2013.

존 F. 호트.『다윈 이후의 하느님』. 한국기독교연구소. 2008.

_____.『신과 진화에 관한 101가지 질문』. 지성사. 2004.

코너 커닝햄.『다윈의 경건한 생각』. 새물결플러스. 2012.

테드 피터스, 마르티네즈 휼릿.『하나님과 진화를 동시에 믿을 수 있는가』. 동연. 2015.

프랜시스 S. 콜린스.『신의 언어』. 김영사. 2009.

Keith B. Miller Ed. *Perspectives on an Evolving Creation*. Eerdmans. 2003.

〈과학사 관련〉

R. 호이카스.『근대과학의 출현과 종교』. 정음사. 1987.

데이비드 C. 린드버그, 로널드 L. 넘버스 엮음.『신과 자연(상)』. 이화여자대학출판부.
      1998.

래리 위덤.『생명과 우주에 대한 과학과 종교 논쟁, 최근 50년』. 혜문서관. 2008.

로널드 L. 넘버스.『과학과 종교는 적인가 동지인가』. 뜨인돌. 2010.

_____.『창조론자들』. 새물결플러스. 2016.

마크 A. 놀.『복음주의 지성의 스캔들』. IVP. 2010.

〈과학신학 관련〉

마이클 루스.『다윈주의자가 기독교인이 될 수 있는가?』. 청년정신. 2002.

마크 A. 놀.『그리스도와 지성』. IVP. 2015.

마크 해리스.『창조의 본성』. 두리반. 2016.

말콤 지브스.『마음 뇌 영혼 신』. IVP. 2015.

알리스터 맥그래스.『우주의 의미를 찾아서』. 새물결플러스. 2013.

_____.『정교하게 조율된 우주』. IVP. 2014.

_____. *The Foundations of Dialogue in Science and Religion*. Wiley-
      Blackwell. 1991.

존 W. 쿠퍼.『철학자들의 신과 성서의 하나님』. 새물결플러스. 2011.

존 폴킹혼. 『과학시대의 신론』. 동명사. 1998.

_____. 『쿼크, 카오스 그리고 기독교』. SFC. 2009.

_____ 엮음. 『케노시스 창조이론』. 새물결플러스. 2015.

_____. *Quantum Physics and Theology*. Yale University Press. 2007.

_____. *The God of Hope and the End of the World*. Yale University Press. 2002.

테드 피터스 엮음. 『과학과 종교』. 동연. 2002.

한국교회탐구센터 편저. 『뇌과학과 기독교 신앙』. IVP. 2016.

_____ 편저. 『외계인과 기독교 신앙』. IVP. 2017.

Gregory A. Boyd. *Satan and the Problem of Evil*. IVP. 2001.

Harry Lee Poe, Jimmy H. Davis. *God and the Cosmos*. IVP. 2012.

John Sanders. *The God Who Risks*. IVP. 2007.

과학시대의 도전과 기독교의 응답

Copyright ⓒ 우종학 2017

1쇄 발행 2017년 5월 25일
12쇄 발행 2024년 5월 24일

지은이   우종학
펴낸이   김요한
펴낸곳   새물결플러스

편 집   왕희광 정인철 노재현 이형일 나유영 노동래
디자인   황진주 김은경
마케팅   박성민
총 무   김명화 이성순
영 상   최정호
아카데미 차상희

홈페이지 www.holywaveplus.com
이메일   hwpbooks@hwpbooks.com
출판등록 2008년 8월 21일 제2008-24호
주 소   (우) 04114 서울시 마포구 신촌로28가길 29
전 화   02) 2652-3161
팩 스   02) 2652-3191

ISBN 979-11-6129-015-7 03230

책값은 뒤표지에 있습니다.